X.media.press

Springer
Berlin
Heidelberg
New York
Hongkong
London
Mailand
Paris
Tokio

Corinna Jacobs

Digitale Panoramen

Tipps, Tricks und Techniken für die Panoramafotografie

Mit 179 Abbildungen und 

Springer

Corinna Jacobs
Sommerhalde 13
71672 Marbach
corinna.jacobs@web.de

Additional material to this book can be downloaded from http://extras.springer.com.

ISSN 1439-3107
ISBN 978-3-642-62178-9   ISBN 978-3-642-18584-7 (eBook)
DOI 10.1007/978-3-642-18584-7

Bibliografische Information der Deutschen Bibliothek
Die Deutsche Bibliothek verzeichnet diese Publikation in der Deutschen Nationalbibliografie; detaillierte bibliografische Daten sind im Internet über <http://dnb.ddb.de> abrufbar.

Umschlaggestaltung: KünkelLopka, Heidelberg
Satz: Belichtungsfertige Daten von der Autorin
Gedruckt auf säurefreiem Papier   33/3142 GF   543210

Vorwort

Faszinierend wirken digitale Panoramen überall: ob auf der privaten Homepage oder beim professionellen Einsatz in den Bereichen Architektur, Museen, Firmen- oder Produktpräsentationen. Sie finden in diesem Buch eine umfassende und zugleich leicht verständliche Darstellung aller notwendigen Schritte bei der Panoramafotografie: von der Produktion digitaler oder analoger Bildreihen über das Zusammensetzen (Stitchen) mit geeigneten Software-Tools bis hin zur Publikation interaktiver Panoramen im Internet. Das Buch führt in die Produktion zylindrischer und sphärischer Panoramen ein und erläutert die Verknüpfung einzelner Panoramen zu virtuellen Rundgängen. Ebenso wird die Produktion interaktiver Objektpräsentationen, den so genannten Objektmovies, beschrieben. Es werden unter anderem Software-Produkte wie REALVIZ Stitcher, VR Worx und PTools vorgestellt, und die Publikation im Internet mittels QuickTime VR, PTViewer, VRML, iPIX und HotMedia wird beschrieben.

Unabhängig davon, ob die digitalen Bilder mit Panoramakamera, normalem oder Fisheye-Objektiv, Singlerow- oder Multirow-Technik aufgenommen werden, zu allen Alternativen bietet dieses Buch praktische Tipps und Kniffe. Detaillierte Vergleiche der einzelnen Techniken erleichtern die Auswahl des geeigneten Verfahrens für individuelle Ziele. So wird die Panoramafotografie zu einem besonderen Erlebnis und qualitativ hochwertige Ergebnisse sind die Folge.

Für den Einsteiger empfiehlt sich dieses Werk, da zunächst die Grundlagen der Digitalfotografie und der Panoramafotografie anschaulich erklärt werden. Dem erfahrenen Fotografen oder Mediengestalter erschließen sich auch Spezialthemen wie die Objektfotografie zur Produktion von Objektmovies.

Einsteiger sollten auf jeden Fall mit Kapitel 1 bis 3 beginnen, dort wird in die Grundlagen der Panoramatechnik und Fotografie eingeführt. Kapitel 4 richtet sich mit der Beschreibung spezieller Korrekturverfahren eher an erfahrene Anwender. In Kapitel 5 gibt es Tipps für die Auswahl von geeignetem Equipment. In den Kapiteln 6 und 7 wird in die Produktion zylindrischer und sphärischer Panoramen eingeführt. Kapitel 8 widmet sich der Produktion von Objektmovies und in Kapitel 9 wird die Verbindung von mehreren Panoramen und weiteren Medien zu virtuellen Rundgängen beschrieben. In Kapitel 10 erfahren Sie, wie digitale Panoramen und Objektmovies im Internet publiziert werden können.

Es werden hier im Buch hauptsächlich die englischen Fachbegriffe verwendet, da die vorgestellte Software zur Erzeugung von digitalen Panoramen, Objektmovies und virtuellen Rundgängen überwiegend in englischer Sprache erhältlich ist. Einige dieser englischen Begriffe und noch weitere Fachtermini werden am Ende des Buchs im Glossar erklärt. Die einzelnen Bearbeitungsschritte der vorgestellten Software sind zur besseren Nachvollziehbarkeit exakt aufgeführt. Die jeweiligen Funktionsaufrufe in den Menüs der Software sind im Text *kursiv* gedruckt.

Verweise auf die CD sind mit diesem CD-Symbol gekennzeichnet

Diesem Buch liegt eine CD mit Beispieldateien und Demo-Versionen der Software bei. Im Buch wird in bestimmten Kapiteln auf die CD verwiesen, Sie erkennen diese Verweise anhand des CD-Symbols. Auf der CD befinden sich dieselben Bilder, die in den jeweiligen Kapiteln im Buch gezeigt werden. Neben den Bildern sind zur besseren Nachvollziehbarkeit des Workflows teilweise bearbeitete Projektdateien der jeweiligen Software angelegt. Sie finden diese Bilder und Projektdateien auf der CD im Bereich „Workshop", die Ordner sind analog zu den jeweiligen Buchkapiteln benannt. Die beigefügten Rohbilder können zu Testzwecken auch mit anderen Software-Produkten, die ähnliche Funktionen anbieten, bearbeitet werden. Dies ist bei den Objektmovies relativ unkompliziert, so können alle hier vorgestellten Programme sowohl Singlerow- als auch Multirow-Objektmovies erzeugen. Auch bei der Produktion von zylindrischen Panoramen können die Rohbilder problemlos mit allen vorgestellten Programmen gestitcht werden. Lediglich bei den sphärischen und kubischen Panoramen sind nicht alle Programme in der Lage, sowohl „normale" Bilder als auch Fisheye-Bilder oder Bilder von Panoramakameras zu verarbeiten. Einen tabellarischen Überblick über die Funktionen der einzelnen Software-Produkte bietet Kapitel 12.

Um alle interaktiven Panoramen und Objektmovies betrachten zu können, benötigen Sie das QuickTime-Plug-in, das iPIX-Plug-in, einen VRML-Viewer (beispielsweise den Cortona-Player) und Sie sollten Java in Ihrem Browser aktiviert haben. Wo Sie die erforderlichen Plug-ins herunterladen können, erfahren Sie in Kapitel B.1.7 und in der Readme-Datei auf der beiliegenden CD. Einige Software-Hersteller haben uns freundlicherweise die Installationsdatei ihres Plug-ins zur Verfügung gestellt. Sie finden diese Dateien auf der beiliegenden CD im Bereich „Viewer".

Für nahezu alle der hier vorgestellten Software-Produkte gibt es Demo-Versionen zum Download auf den Hersteller-Websites. Die Links sind in den entsprechenden Kapiteln aufgeführt, damit Sie sich die Software zum Testen herunterladen können. Einige Hersteller haben uns genehmigt, Testversionen ihrer Produkte auf der Buch-CD zu veröffentlichen. Sie finden diese Programme im Bereich „Demo-Versionen" auf der beigefügten CD.

Im Software-Bereich schreitet die Weiterentwicklung der Produkte sehr schnell voran. Daher lohnt sich vor der Installation von Programmen, die auf der Buch-CD enthalten sind, auf alle Fälle ein Besuch auf der Website des jeweiligen Herstellers. Hier sind gegebenenfalls aktuellere Versionen der Software erhältlich.

Vielen Dank an alle Firmen und Institutionen, die mich bei der Entstehung dieses Buches unterstützt haben:

Hochschule der Medien Stuttgart, Fachhochschule Ravensburg-Weingarten, Pano-Maxx, Roundshot, Marc Kairies Panorama Systeme, Apple, REALVIZ, Spheron, iPIX, iseemedia, VR Toolbox, Kaidan, Studio Gruppe Vier, Die Lotsen, Hobby Foto, Nightshift Multimedia, Sun Microsystems

Besten Dank an alle, die mir mit Rat und Tat zur Seite gestanden sind:

Peter Beck, Johannes Schaugg, Marc Kairies, Frank Schmidt, Marcus Weiß, Tim Kondermann, Torben Ohme, Jürgen Gemmrich, Joachim Vollmer, Bernd Häußermann, Stephen Elzenbeck, Andrea Sojka, Hans Friedrich

Besonderen Dank an den Springer-Verlag mit der Lektorin Jutta-Maria Fleschutz und der Herstellerin Gabriele Fischer. Vielen Dank auch an Julia Merz von KünkelLopka für die Cover-Gestaltung.

Marbach, Juli 2003   **Corinna Jacobs**

Inhaltsverzeichnis

1. Einleitung

1.1 Faszination Panorama

Die Geschichte der Panoramen hat ihre Ursprünge im 18. Jahrhundert. Das Panorama wurde 1787 von Robert Barker in London zum Patent angemeldet. Es handelte sich damals um eine neue Form der Malerei, bei der rundumlaufende Gemälde in eigens dafür errichteten Gebäuden auf die Innenseite der Wände gemalt wurden. Diese so genannten Rotunden schlossen oben mit einer Kuppel ab, wobei diese Panoramadarstellungen eine Höhe von bis zu 15 m aufwiesen. Eine ausgefeilte Lichttechnik und spezielle Maltechniken regten die Phantasie des in der Mitte auf einer Plattform stehenden Betrachters an. Das Ziel lautete: perfekte Illusion. Beliebte Motive waren damals reale und historische Stadtansichten, Kriegsdarstellungen sowie ferne Länder. Die Panoramamaler verwendeten zur Abbildung der Motive vor Ort zunächst die Camera Obscura und später auch die Fotografie. Diese Darstellungen dienten als Grundlage für die Rundgemälde. Eines dieser frühen Panoramen von Robert Barker können Sie im Internet betrachten: http://www.ex.ac.uk/bill.douglas/collection/panorama/barker.html [Stand 10.03.2003].

Bis heute üben solche großen Panoramadarstellungen ihren Reiz aus. So gibt es im thüringischen Bad Frankenhausen ein Panorama-Museum, wo das 1987 fertig gestellte Monumentalgemälde „Frühbürgerliche Revolution in Deutschland" des Künstlers Werner Tübke ausgestellt ist. Dieses Panoramabild ist in einem zylindrischen Gebäude zu sehen und es besitzt eine Höhe von 14 m. Weitere Informationen über die Ausstellung erhalten Sie auf der Website des Museums: http://www.panorama-museum.de [Stand 10.03.2003].

Solche Riesenpanoramen erfreuen sich heute auch in fotografischer Form großer Beliebtheit. So ist beispielsweise von Mai bis Dezember 2003 in Leipzig in einem ehemaligen Gasometer das „größte Panorama der Welt" zu sehen. Hierbei handelt es sich um ein Himalaja-Panorama, das von Yadegar Asisi anlässlich des 50. Jahrestages der Erstbesteigung des Mount Everest aus Detailfotografien und 3D-Modellen zu einer großformatigen Panoramadarstellung collagiert wurde. Dieses 36 m hohe Panorama versetzt die Besucher zusammen mit der Einspielung von atmosphärischen Tönen wie Wettergeräuschen in die Illusion, sich am Fuße des Everest-Gipfels zu befinden. Nähere Informationen zum Himalaja-Panorama bietet die Website des Künstlers: http://www.yadegarasisi.com [Stand 10.03.2003].

Auch in kleineren Formaten übten Panoramabilder schon immer besondere Faszination aus. Von der gemalten Variante weitete sich die Entwicklung der Panoramen mit der Erfindung der Fotografie im Jahr 1839 schnell auch auf dieses neue Medium aus. So folgten der Einführung der Fotografie sehr bald die ersten Ideen für Panoramakameras. Bereits 1843 patentierte der Österreicher Joseph Puchberger eine Kamera mit drehbarer Optik, bei der das Objektiv während der Aufnahme von Hand mit einer Kurbel gedreht wurde. Puchbergers Kamera arbeitete damals noch mit Daguerreotypien und erreichte einen horizontalen Bildwinkel von 150°. Diese Technik wurde von Kodak weiterentwickelt und so konnte man 1899 die erste Panoramakamera, das Modell No. 4, erwerben. Dieses Modell hatte eine kompaktere Bauform als die ersten Entwicklungen, daher boten sich vielfältige Einsatzmöglichkeiten. Später gab es auch Kameras mit einem feststehenden Objektiv, das durch seine kurze Brennweite ebenfalls eine Panoramaaufnahme ermöglichte. Damals wurden mit solchen Kameras häufig große gesellschaftliche Festivitäten dokumentiert, daher wurden sie auch als Banquet-Kameras bezeichnet.

Seit damals hat sich die Technik der Panoramafotografie stetig verbessert. Aktuelle Panoramakameras sind beispielsweise Noblex Kameras mit rotierendem Objektiv, Seitz Roundshot Kameras mit Drehmotor oder digitale Scankameras von Spheron. Diese Spezialkameras können bis zu 20.000 € kosten, daher lohnt sich die Anschaffung nur für professionelle Fotografen. Zudem sind solche Panoramakameras meist nur für Panoramaaufnahmen geeignet und lassen sich für die herkömmliche Fotografie nicht verwenden.

Es gibt auch günstigere Lösungen, solche Panoramen zu fotografieren. Spezielle Software ermöglicht es, konventionell aufgenommene Bilder am Computer zusammenzusetzen und auf diese Weise digitale Panoramabilder zu erzeugen. Die so entstandenen Panoramabilder können auf Fotopapier ausbelichtet werden oder für die Betrachtung am Bildschirm zu digitalen Panoramen umgewandelt werden. Bei diesen interaktiven Panoramen sieht der Betrachter am Bildschirm nur einen Ausschnitt des gesamten Panoramas. Mittels spezieller Viewer-Software kann man sich mit der Maus in verschiedene Richtungen bewegen und sich fast so realitätsnah umsehen, als ob man direkt vor Ort wäre. Man kann den Bildausschnitt des Panoramas verkleinern oder vergrößern und so einen besonders interessanten Bereich genauer betrachten. Viele virtuelle Rundgänge enthalten so genannte Hotspots, über die ein bestimmter Bildbereich mit weiteren interaktiven Funktionen gekoppelt ist. Diese Hotspots können Geräusche, Musik und Text ansteuern, oder man kann zu anderen Panoramen springen und so einen größeren Bereich, wie etwa ein komplettes Gebäude, virtuell erkunden. Die interaktive Panoramatechnik wird kontinuierlich weiterentwickelt. Den momentanen Stand der Entwicklung zeigt das nächste Kapitel.

1.2 Panoramen im Internet

Es gibt derzeit eine Reihe verschiedener Panoramaformen im Web. Im Folgenden erhalten Sie einen kurzen Überblick, jeweils unter Angabe eines Beispiel-Links. Da das Internet ein sehr schnelllebiges Medium ist, kann es durchaus sein, dass ein hier aufgeführter Link nicht mehr besteht. Für diesen Fall finden sich auf der beigelegten CD unter Workshop ebenfalls verschiedene Beispiele zu zylindrischen, sphärischen und kubischen Panoramen sowie virtuellen Rundgängen und Objektmovies in den jeweils angegebenen Ordnern.

Um die Panoramen betrachten zu können, wird das QuickTime-Plug-in ab Version 5 benötigt. Download des QuickTime-Players unter: http://www.apple.com/quicktime/download [Stand 10.03.2003].

Ebenso sollte Java im jeweiligen Browser installiert und aktiviert sein. Download unter: http://java.sun.com/getjava/de [Stand 10.03.2003].

Zylindrische Panoramen

Diese Art von Panoramen werden momentan im Netz am häufigsten verwendet. Die vertikale Schwenkrichtung ist bei den zylindrischen Panoramen begrenzt. Ein Beispiel finden Sie unter: http://www.kaidan.com/nightri.html [Stand 08.03.2003]

Auf der CD finden Sie Beispiele für diese Panoramaform unter: \Workshop\Kap_06 zylindrische Panoramen

Sphärische Panoramen

Bei dieser Panoramavariante kann man den Blick in alle Richtungen schweifen lassen, horizontal wie vertikal. Ein Beispiel für diese kugelförmig projizierten Panoramen finden Sie unter: http://360vr.com/ptvr/anasazi.html [Stand 08.03.2003]

Auf der CD finden Sie Beispiele für diese Panoramaform unter: \Workshop\Kap_07 sphaerische Panoramen

Kubische Panoramen

Für den Betrachter wirken kubische und sphärischen Panoramen sehr ähnlich, man kann bei beiden Varianten in horizontale und vertikale Richtung schwenken. Anstelle der kugelförmigen wird hier eine würfelförmige Projektion angewandt. Ein Beispiel für kubische Panoramen finden Sie unter: http://www.apple.com/quicktime/gallery/cubicvr [Stand 08.03.2003]

Auf der CD finden Sie Beispiele für diese Panoramaform unter: \Workshop\Kap_07 sphaerische Panoramen

Objektmovies

Ein Objektmovie ist ein „umgekehrtes" Panorama, bei dem anstelle der Kamera das Objekt auf einem Drehteller gedreht und durch eine fest installierte Kamera fotografiert wird. Ein Beispiel für solche Objektmovies finden Sie unter: http://www.apple.com/hardware/gallery [Stand 08.03.2003]

Auf der CD finden Sie Beispiele für diese Panoramaform unter: \Workshop\Kap_08 Objektmovies

Die im Folgenden näher vorgestellten Stereo- und Macro-Panoramen sind Panorama-Sonderformen.

Stereo-Panoramen

Stereo-Panoramen sind 3D-Panoramen, die mit zwei im Augenabstand aufgestellten Kameras produziert werden. Die dreidimensionale Wirkung wird mit einer rot-grünen oder rot-blauen Brille sichtbar. Ebenso können Polfilter-Brillen verwendet werden, die auch in IMAX 3D-Kinos zum Einsatz kommen. Ein Beispiel für ein Stereo-Panorama finden Sie unter:
http://www.outline.be/quicktime/musee3d.html [Stand 08.03.2003]

Makro-Panoramen

Hierbei handelt es sich um Rundumansichten von sehr kleinen Räumen, in denen es keinen Platz für ein herkömmliches Fotoset gibt. Man behilft sich mit einer spiegelnden Metallkugel, die inmitten der Szene liegt. Die Abbildung dieser Spiegelkugel wird fotografiert und zu einem Panorama weiterverarbeitet. Der Begriff Makro-Panorama kann irritierend wirken, handelt es sich bei diesen Panoramen doch um Darstellungen von Mikrowelten. Der Name rührt jedoch von der Makrofotografie her, bei der kleine Gegenstände durch Nahaufnahmen vergrößert dargestellt werden können. Ein Beispiel finden Sie unter:
http://home.no.net/dmaurer/~dersch/html/Micros.html [Stand 08.03.2003]

Panoramen mit Sound

Man kann Panoramen mit Hintergrundsound kombinieren. Es gibt auch gerichteten Sound, der nur an einer bestimmten Stelle im Panorama zu hören ist. Dadurch werden Dynamik und Bewegung assoziiert, obwohl Standbilder verwendet werden. Ein Beispiel für diesen so genannten „directional sound" finden Sie unter:
http://www.pbs.org/wnet/newyork/hidden/coneyisland/mermaidpano.mov
[Stand 08.03.2003]

Panoramen mit Video

Hier ist an einer oder mehreren Stellen des Panoramas eine Videospur eingebunden. Dadurch wirkt das Panorama wesentlich lebendiger. Ein Beispiel finden Sie unter:
http://www.vrhotwires.com/beetle-pano.mov [Stand 08.03.2003]

Grundsätzlich sind alle hier vorgestellten Panoramaformen zu virtuellen Rundgängen verlinkbar. Die Einbindung von zusätzlichen Funktionen wie Sound oder Video ist abhängig von der gewählten Publikationsform.

Virtuelle Rundgänge

Hier sind mehrere Einzelpanoramen mittels so genannter Hotspots miteinander verlinkt. Klickt man auf einen Hotspot im Panorama, gelangt man zur nächsten Stelle des Rundgangs. Solche Virtual Walks gibt es sowohl mit Real- als auch mit 3D-Bildern. Prinzipiell sind alle Panoramen und Objektmovies auch mit computergenerierten Bildern realisierbar.

Für einen fotorealistischen Rundgang finden Sie ein Beispiel unter: http://www.soh.nsw.gov.au/virtual_tour/vrtour.html [Stand 08.03.2003]

Ein Beispiel für einen Rundgang durch eine 3D-Welt finden Sie unter: http://www.alteredearth.com/vr/cubicvr/shaft1.htm [Stand 08.03.2003]

Auf der CD finden Sie Beispiele für diese Panoramaform unter: \Workshop\Kap_09 virtuelle Rundgaenge

1.3 Panoramaformen – Projektion

Das Wort Projektion wird verwendet, um zu beschreiben, wie die Perspektive der Panoramabilder durch die Software verändert wird, um eine realistische Darstellung des Panoramas am Bildschirm zu ermöglichen. Das Zusammenfügen der Einzelbilder (aus dem Englischen: Stitchen) wird von einer Software übernommen, die in der Lage ist, die Bilder zusammenzusetzen und die dafür erforderliche Raumkrümmung durch Projektion darzustellen. Es werden bei der Panoramaproduktion drei verschiedene Projektionsformen eingesetzt:

- zylindrisch – cylindrical

- sphärisch – spherical

- kubisch – cubical

Die am häufigsten verwendete Projektionsform ist derzeit immer noch die zylindrische, doch zunehmend finden auch die sphärischen und kubischen Panoramaformate im Web Verwendung.

1.3.1 Zylindrische Projektion

Bei dieser Projektionsform wird das Panoramabild quasi um einen Zylinder gewickelt, in dessen Mitte sich der Betrachter befindet. Bei der zylindrischen Projektion wird das Panoramabild leicht gewölbt, dadurch bekommt das Panorama eine für den Betrachter realistischere Anmutung. Bei einigen Java-Viewern und auch bei vielen mit Flash realisierten Panoramadarstellungen wird einfacher verfahren. Ein Panorama-Bildstreifen wird je nach Mausposition hinter einem Ausschnittfenster nach rechts oder links bewegt. Bei diesem Darstellungstrick erscheint das Panorama flach verglichen mit der leicht gewölbten „echten" zylindrischen Projektion.

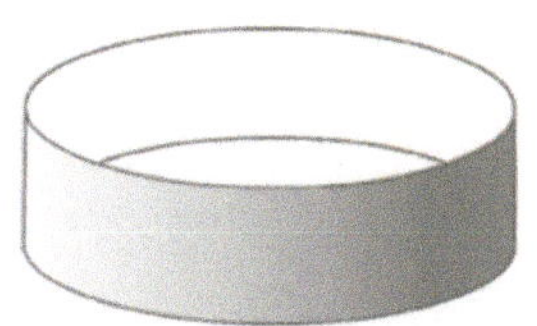

Abbildung 1.1
Das Panoramabild wird zylindrisch projiziert

Diese Art der Projektion kann bis zu 120° an vertikalem Blickwinkel darstellen. Die zylindrische Projektion eignet sich am besten für Motive, bei denen der obere und untere Bildbereich nicht so wichtig ist und daher ausgeklammert werden kann.

Abbildung 1.2
Zylindrisches Panoramabild mit begrenztem vertikalem Blickwinkel

1.3.2 Sphärische Projektion

Die sphärische Projektion unterscheidet sich dadurch von der zylindrischen, dass der vertikale Schwenkbereich hier nicht begrenzt ist. Das zugrunde liegende sphärische (manchmal auch als equirectangular bezeichnete) Panoramabild enthält 360° horizontale und 180° vertikale Bildinformation, daher hat ein Bild im Equirectangular-Format ein Seitenverhältnis von 2:1. Diese sphärischen Bilder werden kugelförmig projiziert und der Betrachter befindet sich optisch im Zentrum dieser Kugel. Bei der sphärischen Projektion wird die Verzerrung in horizontaler und vertikaler Richtung durch den jeweiligen Viewer korrigiert, so dass der Betrachter den gewählten Bildausschnitt unverzerrt wahrnimmt.

Sphärische Panoramen eignen sich für die meisten Motive, es sei denn, man möchte bewusst auf unschöne Decken- oder Bodenbereiche verzichten.

Abbildung 1.3
Das Panoramabild wird sphärisch projiziert

Abbildung 1.4
Sphärisches Panoramabild mit einem Seitenverhältnis von 2:1

1.3.3 Kubische Projektion

Wie bei der sphärischen gibt es auch bei der kubischen Projektion keine Beschränkung des vertikalen Blickwinkels. Die Technik, die der würfelförmigen Projektion zugrunde liegt, ist weniger kompliziert als die der zylindrischen Projektion. Ein Würfel hat acht Ecken und sechs Seitenflächen. Für die kubische Darstellung werden sechs quadratische Bilder gespeichert. Der Viewer setzt diese Seitenflächen wieder zu einem Würfel zusammen und verzerrt das Bild dahingehend, dass eine kantenlose Darstellung ermöglicht wird.

Das der kubischen Projektion zugrunde liegende Panoramabild hat exakt dieselben Abmessungen wie das für die sphärische Projektion genutzte Bild, dieses wird lediglich in einem anderen Format gespeichert. Daher unterscheidet sich für den Betrachter die kubische kaum von der sphärischen Projektion. Wird allerdings stark ins Bild hineingezoomt, sind gelegentlich die Kanten des Würfels sichtbar.

Abbildung 1.5
Das Panoramabild wird
kubisch projiziert

Abbildung 1.6
Die Würfelseiten werden
einzeln gespeichert

2. Grundlagen

2.1 Produktion digitaler Panoramen

Bevor die verschiedenen Techniken ausführlicher beschieben werden, erfolgt hier ein kurzer Überblick über die Panoramaproduktion.

2.1.1 Aufnahme mit einer Panoramakamera

Die komfortabelste Lösung ist die Aufnahme eines Panoramabilds mit einer speziellen Panoramakamera. Dies kann eine analoge oder digitale Kamera sein, die sich während der Aufnahme eines Panoramas einmal um die eigene Achse dreht und so die komplette Kameraumgebung abbildet. Hier müssen für ein digitales 360°-Panorama in der Regel nur die beiden Nahtkanten zusammengefügt werden. Abhängig vom verwendeten Objektiv können dabei zylindrische, kubische oder sphärische Panoramen entstehen.

2.1.2 Aufnahme von Einzelbildern

Ein anderer Weg geht über die Aufnahme einer oder mehrerer Bilderreihen, bei denen diverse Einzelbilder entstehen, die sich jeweils um einen gewissen Prozentsatz überlappen. Hierbei wird die Kamera nach jedem Einzelbild um einen bestimmten Winkel weitergedreht, dort wird das nächste Bild aufgenommen, bis man die kompletten 360° erfasst hat. Die so entstandenen Bilder werden später mittels spezieller Stitching-Software zu einem Panoramabild zusammengefügt. Abhängig von der Anzahl der Einzelbilder und des gewählten Projektionsformats können dabei zylindrische, sphärische oder kubische Panoramen entstehen. Hier ist ebenfalls die Verwendung analoger wie digitaler Kameras möglich.

2.1.3 Korrektur von Abbildungsfehlern

Die meisten Objektive rufen kissen- oder tonnenförmige Verzeichnungen, Vignettierung oder chromatische Aberration hervor (siehe Kapitel 2.2.3). Daher ist es ratsam, diese Abbildungsfehler vor oder während des Stitchens mit geeigneter Software zu korrigieren. Bleiben stark verzerrte Bilder unkorrigiert, können diese unter Umständen nicht gestitcht werden.

2.1.4 Stitchen der Einzelbilder

Im nächsten Schritt werden die Einzelbilder zu einem Panoramabild zusammengefügt. Hierzu werden die Einzelbilder schon beim Definieren der Überlappungskanten in die richtige Perspektive projiziert, dadurch wird das Positionieren der Einzelbilder im Gesamtpanorama erleichtert. Die Parameter für diese Projektion ergeben sich aus den Aufnahmewerten wie dem verwendeten Objektiv, dem Abstand und der Anzahl der Einzelbilder. Die Stitching-Software blendet meist die Einzelbilder im Überlappungsbereich ineinander, um einen weichen und somit unsichtbaren Übergang zu schaffen.

2.1.5 Retusche des Panoramabilds

Bei der Erzeugung eines sphärischen Panoramas hat man in der Regel später im Bodenbereich die Füße des Stativs oder des Fotografen im Bild. Möchte man diesen Bildbereich authentisch erscheinen lassen, sollte dieser Bereich retuschiert werden. Die Vorgehensweise richtet sich nach der Aufnahmetechnik und der verwendeten Stitching-Software (siehe Kapitel 7).

2.1.6 Publikation des Panoramas

Je nach Zielgruppe und nach Panoramaformat können die fertig gestellten Panoramen auf unterschiedliche Weise publiziert werden. Zylindrische Panoramabilder eignen sich neben der Bildschirmdarstellung auch für den Druck, man kann diese Bilder ausdrucken oder ausbelichten lassen (siehe Kapitel 10.6). Um die Panoramen digital zu publizieren, gibt es verschiedene Möglichkeiten, die alle in Kapitel 10 beschrieben werden. Eine Übersicht über die Panoramaformate und deren Darstellung mittels Viewer bietet Kapitel 13.

2.2 Begriffsdefinitionen

Hier werden vor der Einführung in die Panoramaproduktion einige wichtige Begriffe erklärt. Die im Buch vorgestellte Software ist meist nicht in deutscher Sprache, sondern überwiegend in Englisch erhältlich. Daher werden zur besseren Verständlichkeit der Software teilweise die englischen Begriffe übernommen oder in Klammern aufgeführt.

2.2.1 Objektive

Für die Panoramafotografie können verschiedenste Objektivtypen zum Einsatz kommen. Um die Anzahl der Bilder zu ermitteln, die für ein Panoramabild erforderlich sind, ist es jedoch entscheidend, wie groß der Bildwinkel des verwendeten Objektivs ist. Über die Abhängigkeit von Brennweite und Bildwinkel informiert Kapitel 2.2.2. Generell kann man sagen: Je größer der Bildwinkel ist, desto weniger Einzelbilder werden benötigt.

Da jeder Objektivtyp andere Eigenschaften besitzt, ist es wichtig, die einzelnen Objektivtypen zu klassifizieren. Es wird zwischen normal abbildenden Objektiven und Fisheye-Objektiven unterschieden.

2.2.1.1 Rechtwinklig abbildende Objektive

Ein rechtwinklig abbildendes Objektiv wird auch als rektilineares Objektiv bezeichnet. Wobei rektilinear die Eigenschaft beschreibt, gerade Linien und Winkel auch als solche abzubilden. In der Regel werden diese Objektive als „normale" Objektive bezeichnet. Umgerechnet auf den Wahrnehmungsbereich des menschlichen Auges bewegen sich solche Objektive im Brennweitenbereich von 35 - 50 mm. Objektive, die rechtwinklig abbilden und einen größeren Bildbereich aufnehmen können als unser Auge, also die Weitwinkelobjektive mit einem Brennweitenbereich unter 35 mm, haben häufig lineare Verzerrungen (siehe Kapitel 2.2.3.1). Die Abbildungsmöglichkeiten dieser normalen Objektive erschöpfen sich bei einem Brennweitenwert von etwa 14 mm. Geringere Brennweitenwerte und damit größere Bildwinkel sind dann nur noch mit Fisheye-Objektiven realisierbar, diese bilden dann allerdings nicht rektilinear ab.

Ein Beispiel für die rechtwinklige Abbildung finden Sie auf der folgenden Seite (siehe Abbildung 2.1).

Abbildung 2.1
Motiv aufgenommen mit einem rechtwinklig abbildenden Objektiv

2.2.1.2 Fisheye-Objektive

Ein Fisheye-Objektiv ist ein extremes Weitwinkelobjektiv, bei dem die Proportionen der abzubildenden Szene radial verzerrt sind, um den großen Bildwinkel zu erzeugen. Dadurch erscheinen alle geraden Linien im Bild bogenförmig nach außen verzerrt. Diese Verzerrung verstärkt sich zum Randbereich des Bildes hin. Lediglich die Bildmitte wird aus der Sicht des menschlichen Auges korrekt abgebildet. Die kleinste Brennweite bei dieser Art der Objektive liegt bei 6 mm. Hier wird ein Bildwinkel von bis zu 220° erreicht.

Die Fisheye-Objektive lassen sich nochmals unterteilen in solche mit zirkularer (circular) Darstellung und solche, die ein Vollbild (full frame) abbilden. Bei einigen Digitalkameras mit Fisheye-Konvertern lässt sich je nach Bedarf zwischen diesen beiden Fisheye-Modi wechseln.

Circular Fisheyes

Wird bei der Kamera der circular-Modus gewählt oder ein zirkulares Fisheye-Objektiv verwendet, erscheint ein kreisrundes Bild, mit der oben beschriebenen Fisheye-Optik. Die Ränder werden schwarz dargestellt.

Abbildung 2.2
Motiv aufgenommen mit einem zirkular abbildenden Fisheye-Objektiv

Full frame Fisheyes

Wird die Einstellung full frame Fisheye gewählt oder ein entsprechendes Fisheye-Objektiv verwendet, werden die runden Kanten schon bei der Aufnahme abgeschnitten. Man erhält ein weitwinkliges Bild mit rechtwinkligen Kanten, das die für Fisheye-Objektive typischen tonnenförmigen Verzerrungen aufweist.

Abbildung 2.3
Motiv aufgenommen mit einem Fisheye-Objektiv im Vollbildmodus

2.2.2 Brennweite und Bildwinkel

Der Abstand vom optischen Mittelpunkt eines Objektivs bis zur Bildebene wird als Brennweite bezeichnet. Wobei der Bildwinkel den Bildbereich definiert, der von der realen Szene abgebildet wird. Beim Kleinbildformat wird ein Objektiv mit 50 mm Brennweite für gewöhnlich als Standardobjektiv charakterisiert. Die Brennweite ist hierbei nur geringfügig größer als die Bilddiagonale (ca. 43 mm), so dass der sich daraus ergebende Bildwinkel von ungefähr 45° dem des menschlichen Auges entspricht. Mit einem solchen Objektiv erstellte Aufnahmen werden vom Betrachter als perspektivisch neutral empfunden. Brennweiten kleiner als 50 mm gelten als Weitwinkel, mit ihnen lässt sich ein größerer Blickwinkel festhalten. Brennweiten mit mehr als 50 mm nennt man Tele, mit ihnen kann man Objekte näher heranholen, was einen geringeren Bildwinkel zur Folge hat.

Bei den meisten Software-Produkten zum Stitchen von Panoramabildern ist die Eingabe des Bildwinkels oder des Brennweitenwertes des verwendeten Objektivs erforderlich. Einige Programme ermitteln diesen Wert anhand der importierten Bilder automatisch. Die Software benötigt diese Werte für die richtige Darstellung der Projektion beim Stitchen. Im Englischen wird beim Bildwinkel von field of view (FOV) gesprochen. Es werden der horizontal field of view (HFOV) und der vertical field of view (VFOV) unterschieden. Der vertikale Bildwinkel meint die vertikale Ausdehnung, die mit einem bestimmten Objektiv in einem Bild dargestellt werden kann. Der horizontale Bildwinkel beschreibt die Ausdehnung der Abbildung in horizontaler Richtung. Der Bildwinkel wird jeweils in Grad angegeben.

Formeln zur Berechnung des Bildwinkels

Kameraausrichtung hochkant (portrait)

$$\text{horizontaler Bildwinkel (HFOV)} = 2 \cdot \arctan\left(\frac{12}{\text{Brennweite}}\right)$$

$$\text{vertikaler Bildwinkel (VFOV)} = 2 \cdot \arctan\left(\frac{18}{\text{Brennweite}}\right)$$

Kameraausrichtung quer (landscape)

$$\text{horizontaler Bildwinkel (HFOV)} = 2 \cdot \arctan\left(\frac{18}{\text{Brennweite}}\right)$$

$$\text{vertikaler Bildwinkel (VFOV)} = 2 \cdot \arctan\left(\frac{12}{\text{Brennweite}}\right)$$

Die folgende Tabelle gibt die Bildwinkel unterschiedlicher Brennweiten für Kleinbildkameras wieder. Bei den digitalen Panoramen empfiehlt sich für einen möglichst großen vertikalen Schwenkbereich die Verwendung von Bildern im Hochkantformat. Daher beziehen sich die Werte in der Tabelle auf eine hochkant ausgerichtete Kamera. Außerdem gelten diese Werte nur für Kleinbildfilm, bei der Verwendung von Digitalkameras muss die durch die Größe des Chips bedingte Brennweitenverlängerung beachtet werden (siehe Kapitel 3.1.2). Der genaue Wert des Bildwinkels ist wichtig zur Ermittlung der Einzelbildanzahl für ein Panorama (siehe Kapitel 2.2.4).

Bildwinkel in Abhängigkeit der Brennweite

Objektivtyp	Brennweite*	Bildwinkel (horizontal)	Bildwinkel (vertikal)
Fisheye	6-8 mm	180-220°	180-220°
Fisheye	15-16 mm	140-160°	140-160°
Weitwinkel	17 mm	70°	93°
Weitwinkel	20 mm	62°	84°
Weitwinkel	24 mm	53°	74°

Objektivtyp	Brennweite*	Bildwinkel (horizontal)	Bildwinkel (vertikal)
Weitwinkel	28 mm	46°	65°
Weitwinkel	35 mm	38°	54°
Standard	50 mm	27°	40°
Tele	80 mm	17°	25°
Tele	120 mm	11°	17°
Tele	200 mm	7°	10°

* Die Angaben für die Brennweite können nur ungefähre Werte sein, da sich die Brennweite in der Regel mit einer Nahfokussierung ändert. Daher beziehen sich die Werte meist auf einen Schärfebereich von unendlich.

2.2.3 Abbildungsfehler von Objektiven

Jede Linse verursacht zahlreiche Abbildungsfehler, die in Form von Verzerrungen, Unschärfen und Farbsäumen sichtbar werden. Für Objektive werden mehrere Linsen aus unterschiedlichen Glassorten kombiniert, um diese Fehler weitgehend zu korrigieren. Abhängig von der Qualität des gewählten Objektivs sind solche Abbildungsfehler mehr oder weniger stark wahrnehmbar.

2.2.3.1 Lineare Verzerrung

Von linearer Verzerrung spricht man, wenn gerade Linien eines Objekts durch die Abbildung der Linse gekrümmt erscheinen. Bei Landschaftsaufnahmen fällt diese Verzerrung weniger auf. Bei der Architekturfotografie jedoch oder bei Panoramen von Innenräumen ist die Verzerrung, die durch die Objektivkonstruktion zustande kommt, eine nicht zu vernachlässigende Größe. Man unterscheidet zwischen kissen- und tonnenförmiger Verzerrung. Je hochwertiger das Objektiv ist, desto geringer sind die Abbildungsfehler. Solche Verzeichnungen treten am häufigsten bei preisgünstigen Weitwinkelobjektiven und Zoomobjektiven auf oder wenn Weitwinkeladapter für Digitalkameras verwendet werden. Bei der tonnenförmigen Verzerrung sind die geraden Linien in der Abbildung nach außen gewölbt. Bei der kissenförmigen Verzerrung neigt sich die Krümmung in Richtung des Bildzentrums (siehe Abbildung 2.4).

Der Grad der Verzerrung kann anhand der Abweichung der gekrümmten Linie von einer geraden Referenzlinie gemessen werden. Hierbei wird der Abstand gemessen, den die gekrümmte Linie von der Geraden im Verhältnis zur Bildhöhe abweicht, dieser Wert wird in Prozent angegeben. Bei digitalen Kompaktkameras liegt der Wert für die tonnenförmige Verzerrung bei etwa 1 %, der Wert für die kissenförmige Verzerrung bewegt sich um 0,6 %. Bleiben diese Verzerrungen unkorrigiert, ergeben sich je nach verwendeter Stitching-Software später beim Zusammenfügen der Bilder Probleme. Einige Stitching-Programme sind in der Lage, diese linearen Verzerrungen zu korrigieren. Mit REALVIZ Stitcher können Verzeichnungen während des Stitching-Vorgangs beseitigt werden (siehe Kapitel 6.3.4 und 7.3.2). Mit Hilfe von PTools können zahlreiche Objektivfehler sowohl beim Stitchen einer Panoramareihe als auch bei einzelnen Bildern korrigiert werden (siehe Kapitel 4.1.1).

Abbildung 2.4
Von links nach rechts:
tonnenförmige Verzerrung
keine Verzerrung
kissenförmige Verzerrung

2.2.3.2 Perspektivische Verzerrung

Eine weitere Form der Verzerrung ist die perspektivische Verzerrung. Hierbei handelt es sich jedoch nicht um einen Abbildungsfehler im Objektiv, da die Perspektive nicht durch das Objektiv, sondern ausschließlich durch den Aufnahmestandpunkt bestimmt wird.

Es kann vorkommen, dass ein zusammengesetztes Panorama nicht perfekt aussieht, da die Perspektive verzerrt erscheint und vertikale Linien nicht korrekt dargestellt werden. Dies ist beispielsweise bei der Abbildung hoher Gebäude der Fall, hier können sich die Linien nach oben hin verjüngen, diesen Effekt nennt man stürzende Linien. Je größer die Neigung der Kamera ist, umso stärker tritt dieser Effekt auf. Bei der Verwendung von Fachkameras oder Shiftobjektiven kann die perspektivische Bildwiedergabe durch Bewegung der optischen Achse beeinflusst und so die Verzerrung beseitigt werden. Diese perspektivische Verzerrung lässt sich auch mit Bildbearbeitungs-Software wie Photoshop (siehe Kapitel 4.1.2) oder mit PTools korrigieren.

Die perspektivische Verzerrung kann beispielsweise bei der Architekturfotografie bewusst als Mittel zur Bildgestaltung eingesetzt werden, in diesem Fall wird sie nicht korrigiert.

2.2.3.3 Vignettierung

Mit Vignettierung bezeichnet man den häufig auftretenden Helligkeitsabfall zu den Rändern hin. Während die Bildmitte korrekt belichtet wird,
erscheinen die Bildränder mit zunehmendem Abstand vom Bildmittelpunkt leicht unterbelichtet. Dieser Abbildungsfehler tritt verstärkt bei
Weitwinkelobjektiven auf. Die Vignettierung stört jedoch nur, wenn der
Lichtverlust zum Bildrand hin mehr als eine Blende beträgt. Aufnahmeseitig lässt sich dieser Fehler durch die Verwendung eines speziellen Radial-
Graufilters verhindern, der in der Mitte neutralgrau ist und zum Rand hin
farblos verläuft. Die Vignettierung kann mit Bildbearbeitungs-Software
wie Photoshop und PTools (siehe Kapitel 4.1.3) korrigiert werden.

Abbildung 2.5
Vignettierung wird durch
die abgedunkelten Ecken
sichtbar

2.2.3.4 Chromatische Aberration

Die chromatische Aberration entsteht, wenn Lichtstrahlen, abhängig von
ihrer Wellenlänge, unterschiedlich von einer Linse gebrochen werden und
somit keinen gemeinsamen Brennpunkt besitzen. Diese Fokusdifferenz
der Licht-Grundfarben Rot, Blau und Grün wird auch als Farbquer- oder
Farblängsfehler bezeichnet. Sichtbar wird die chromatische Aberration
durch Unschärfen und Farbsäume. Dieser Abbildungsfehler tritt besonders
bei Teleobjektiven mit langen Brennweiten und bei Zoomobjektiven mit
vielen Linsenelementen auf. Die meisten Objektive sind achromatisch korrigiert, so dass zwei der Grundfarben in einer Bildebene fokussiert werden.
Ein solches optisches System nennt sich Achromat. Ein Objektiv, das für
alle drei Grundfarben optimiert ist, wird als Apochromat bezeichnet. Die
chromatische Aberration kann mit Bildbearbeitungs-Software wie PTools
(siehe Kapitel 4.1.4) korrigiert werden.

Steht man vor der Entscheidung, ob die Abbildungsfehler des verwendeten
Objektivs korrigiert werden müssen, empfiehlt es sich, die Einzelbilder
mit der gewählten Software zu einem Testpanorama zu stitchen. Wenn es
Probleme beim Stitchen gibt oder die Darstellung nicht wie gewünscht
aussieht, wird dieser zusätzliche Bearbeitungsschritt erforderlich.

Nicht alle Abbildungs-
fehler müssen korrigiert
werden

2.2.4 Ermittlung der erforderlichen Bildanzahl

Damit ein Panorama aus Einzelbildern ohne Probleme zusammengefügt werden kann, benötigt man eine bestimmte Anzahl an Bildern. Anhand des Bildwinkels des verwendeten Objektivs lässt sich die Anzahl der benötigten Bilder und der Grad der Überlappung bestimmen. Ein gebräuchlicher Wert für die Überlappung zwischen den Einzelbildern ist 30 %. Prinzipiell kann jedes Objektiv verwendet werden. Je weitwinkliger das Objektiv und je größer der Bildwinkel, umso weniger Bilder benötigt man für ein 360°-Panorama.

Für ein zylindrisches Panorama wird in der Regel eine horizontale Bildreihe benötigt, diese Technik wird auch als Singlerow bezeichnet. Möchte man einen größeren vertikalen Bildwinkel haben oder ein sphärisches Panorama produzieren, kommt die Multirow-Technik, bestehend aus mehreren sich überlappenden Bildreihen, zum Einsatz.

In den beiden nachfolgenden Tabellen finden Sie die benötigte Anzahl von Einzelbildern in Abhängigkeit vom verwendeten Objektiv. Hier ist beim Einsatz von digitalen Spiegelreflexkameras die Brennweitenverlängerung (siehe Kapitel 3.3) zu beachten. Die in den Tabellen angegebenen Brennweitenwerte sind auf 35 mm Kleinbild umgerechnet. Die Bilder können prinzipiell im Querformat oder hochkant aufgenommen werden. Für einen größeren vertikalen Schwenkbereich im späteren Panorama empfiehlt sich vor allem bei der zylindrischen Panoramaproduktion eine Ausrichtung im Portraitmodus. Um sich mit den aufgenommenen Bildern alle späteren Produktionsprozesse offen zu halten und beispielsweise aus einem sphärischen Panorama ein zylindrisches zu machen, wird in den Tabellen von Bildern im Portraitmodus ausgegangen. Die Werte in den Tabellen gelten für Panoramaaufnahmen mit 30 % Überlappung. In der Tabelle für Multirow-Panoramen bezeichnen die positiven Neigungswerte eine Neigung nach oben und die negativen eine Neigung nach unten.

Die Angaben in den Tabellen basieren auf folgenden Gleichungen:

Formeln zur Berechnung des Bildwinkels und der benötigten Anzahl von Einzelbildern

$$\text{Querformat: HFOV} = 2 \cdot \arctan \left(\frac{18}{\text{Brennweite}} \right)$$

$$\text{Hochformat: HFOV} = 2 \cdot \arctan \left(\frac{12}{\text{Brennweite}} \right)$$

$$\text{Anzahl der aufzunehmenden Bilder} = \frac{100 \cdot A}{(100 - B) \cdot \text{HFOV}}$$

A = endgültiger Panoramabildwinkel (hier 360°)
B = Überlappung der einzelnen Bilder (hier 30 %)
HFOV = horizontal field of view (horizontaler Bildwinkel)

Anzahl der Bilder für Singlerow-Aufnahmen

Brennweite	Bildwinkel	Bildanzahl	Anordnung der Bilder
15 mm	100° / 77°	6	im Abstand von je 60°
20 mm	84° / 62°	8	im Abstand von je 45°
28 mm	65° / 46°	10	im Abstand von je 36°
35 mm	54° / 38°	12	im Abstand von je 30°

Anzahl der Bilder für Multirow-Aufnahmen

Brennweite	Bildwinkel	Bildanzahl	Anordnung der Bilder
15 mm	100° / 77°	14	• ein Bild mit + 90° Neigung • sechs Bilder im Abstand von je 60° mit + 30° Neigung • sechs Bilder im Abstand von je 60° mit - 30° Neigung • ein Bild mit - 90° Neigung
20 mm	84° / 62°	26	• ein Bild mit + 90° Neigung • acht Bilder im Abstand von je 45° mit + 60° Neigung • acht Bilder im Abstand von je 45° mit 0° Neigung • acht Bilder im Abstand von je 45° mit - 60° Neigung • ein Bild mit - 90° Neigung
28 mm	65° / 46°	32	• ein Bild mit + 90° Neigung • zehn Bilder im Abstand von je 36° mit + 45° Neigung • zehn Bilder im Abstand von je 36° mit 0° Neigung • zehn Bilder im Abstand von je 36° mit - 45° Neigung • ein Bild mit - 90° Neigung
35 mm	54° / 38°	50	• ein Bild mit + 90° Neigung • zwölf Bilder im Abstand von je 30° mit + 60° Neigung • zwölf Bilder im Abstand von je 30° mit + 20° Neigung • zwölf Bilder im Abstand von je 30° mit - 20° Neigung • zwölf Bilder im Abstand von je 30° mit - 60° Neigung • ein Bild mit - 90° Neigung

Statt der hier beschriebenen 30 % kann auch mit 50 % Überlappung gearbeitet werden. So erhält man mehr Bildinformation für die anschließende Bildbearbeitung, allerdings haben einige Stitching-Programme Probleme mit zu großer Überlappung. Bei 50-prozentiger Überlappung kann die Anzahl der Einzelbilder für eine horizontale Bildreihe durch eine einfache Faustregel ermittelt werden. Hierfür ist die Kamera auf ein Stativ montiert und wird horizontal so oft weitergedreht, bis man ohne Überlappung (Kante an Kante) einmal eine komplette Kreisbewegung vollzieht. Wird die Anzahl der für diesen Kreis benötigten Bilder verdoppelt, erhält man die genaue Anzahl der Bilder für einen 360°-Schwenk mit 50 % Überlappung. Diese Vorgehensweise empfiehlt sich beispielsweise auch, wenn die exakte Brennweite des Objektivs nicht bekannt ist oder man die Anzahl der Einzelbilder nicht berechnen möchte.

Die hier gezeigte Berechnung des Bildwinkels gilt nur für normale, rechtwinklig abbildende Objektive. Fisheye-Objektive können so nicht berechnet werden. In den technischen Datenblättern der Objektive finden sich Angaben über den Bildwinkel. Anhand dieses Wertes wird die Anzahl der benötigten Bilder für eine Sphäre ermittelt. Beispielsweise hat ein 8-mm-Fisheye-Objektiv einen Bildwinkel von rund 180°. Man benötigt folglich für eine 360°-Sphäre mindestens zwei Aufnahmen. Werden mehr Bilder fotografiert, erhält man einen größeren Überlappungsbereich und dadurch mehr Bildinformation für Stitching und Retusche.

Bildwinkel bei Fisheye-Objektiven

2.2.5 Ermittlung des Nodalpunkts

Bei der Aufnahme von Panoramabildern ist es generell erforderlich, als Mittelpunkt für die Drehung der Kamera das optische Zentrum der Kamera- und Objektivkonstruktion, den so genannten Nodalpunkt, zu wählen. Ist dies nicht der Fall, kommt es zu Parallaxefehlern.

Die Problematik des Parallaxefehlers kann mit einem einfachen Experiment verdeutlicht werden. Man schließt ein Auge und sucht sich eine vertikale Linie in der Nähe und eine zweite Linie, die dahinter weiter entfernt liegt, beispielsweise die Kante eines Fensters im Raum und die Hausecke des Nachbarhauses. Wenn man nun den Kopf dreht und dabei die Position beider Linien zueinander beobachtet, kann man feststellen, dass sich hierbei die Position dieser beiden Linien zueinander verändert. Dies ist darin begründet, dass das optische Zentrum der Augen nicht mit der Drehachse des Kopfes übereinstimmt. Genau so verhält es sich bei der Panoramaaufnahme. Wenn sich die Kamera nicht um den richtigen Punkt dreht, wird es schwierig bis unmöglich, aus diesen Bildern ein Panoramabild zu stitchen.

Den Nodalpunkt (Englisch: nodal point) der verwendeten Kamera- und Objektivkombination zu lokalisieren ist einer der wichtigsten Faktoren für erfolgreiche Panoramafotografie. Da man die erforderlichen Angaben dafür von den Herstellern in der Regel nicht bekommt, muss man den Nodalpunkt für das verwendete Objektiv selbst bestimmen. Wichtig: Der

Wird die Kamera um den Nodalpunkt gedreht, können Parallaxefehler vermieden werden

Nodalpunkt ändert sich mit der Brennweite und kann sich je nach Objektiv-konstruktion an einer anderen Position befinden. Angaben über die Position der Nodalpunkte verschiedener Digitalkameras sind im Internet verfügbar unter: http://www. digitalkamera.de/Info/Workshop/Panorama/NodalPoint3-de.asp [Stand 10.03.2003]. Falls der Wert für Ihre Kamera dort nicht aufgeführt ist, können Sie ihn anhand der nachfolgend beschriebenen Vorgehensweise selbst ermitteln.

Für die Feststellung des Nodalpunkts benötigt man eine Konstruktion, die das Verschieben der Kamera oberhalb der Stativ-Drehachse in beide horizontale Richtungen ermöglicht. Dies kann ein spezieller Panoramakopf eines Stativherstellers sein (siehe Abbildung 2.6) oder eine Eigenkonstruktion, etwa zwei über Kreuz montierte Makro-Einstellschlitten.

Man sucht sich je eine nahe und eine entfernte vertikale Linie, die miteinander in Deckung gebracht werden können (beispielsweise ein Pfosten dicht vor der Kamera und eine weiter entfernte Häuserecke). Das Stativ wird etwa einen halben Meter vor dem nahen vertikalen Objekt aufgestellt, so dass sich dieses genau zwischen dem Stativ und dem entfernten vertikalen Objekt befindet. Dann wird das Stativ mittels Wasserwaage exakt horizontal ausgerichtet. Sollten das Stativ und der Panoramakopf separate Einstellmöglichkeiten haben, wird zunächst das Stativ ungefähr ausgerichtet. Die Feineinstellung nimmt man dann am Stativkopf vor.

Ist die Kamera auf dem Stativ befestigt, wird am Objektiv die Brennweiteneinstellung vorgenommen, mit der man die Panoramaaufnahmen machen möchte. Diese Einstellung muss reproduzierbar sein. Hat man kein Objektiv mit Festbrennweite, verwendet man die maximale Weitwinkelstellung eines Zoomobjektivs. Allerdings sollte man sich bei der Verwendung eines Zoomobjektivs über die schlechtere optische Qualität solcher Objektive bewusst sein.

Die Kamera wird nun so justiert, dass sich der horizontale Mittelpunkt des Objektivs genau über der Drehachse des Stativkopfes befindet. Dann schaut man durch den Sucher oder auf den zugeschalteten Monitor und visiert die beiden ausgesuchten vertikalen Linien an. Wenn der optische Sucher nicht exakt über dem Objektiv eingebaut ist (was bei Kompaktkameras meistens der Fall ist), verwendet man besser den LCD-Monitor. Die beiden vertikalen Objekte sollten auf dem Monitor am rechten Bildrand dicht beieinander erscheinen, je dichter, desto besser. Eventuell muss dazu das Stativ noch etwas verstellt und womöglich auch die horizontale Ausrichtung des Kopfes nachkorrigiert werden.

Stimmt die Ausrichtung an dieser Seite, dreht man den Stativkopf nach rechts, so dass die dicht beieinander liegenden Objekte gerade noch am linken Rand auf dem Monitor erscheinen. Der Abstand zwischen den Objekten am linken Bildrand muss genauso groß erscheinen wie am rechten Bildrand. Ist dies nicht der Fall, kann dieser Abstand durch Verschieben der Kamera nach vorne oder hinten angeglichen werden. Zur Kontrolle empfiehlt sich mehrmaliges Hin- und Herschwenken. Bleibt der Abstand zwischen den beiden Objekten über den gesamten Schwenkbereich immer gleich, hat man den Nodalpunkt gefunden.

Abbildung 2.6
Panorama-Stativkopf zur komfortablen Justierung des Nodalpunkts

Abbildung 2.7
Nodalpunkt nicht exakt justiert, daher verändert sich der Abstand der beiden Linien

Abbildung 2.8
Nodalpunkt exakt justiert, daher verändert sich der Abstand der beiden Linien nicht

Für normale Objektive ist diese Methode infolge der geraden Abbildung von Linien sehr einfach und gebräuchlich. Aufgrund der radial verzerrten Proportionen und der gekrümmten Darstellung von Linien kann bei Fisheye-Objektiven der Abstand der beiden senkrechten Linien meist nicht durch den Sucher oder LCD-Monitor festgestellt werden.

Ermittlung des Nodalpunkts bei Fisheye-Objektiven

Abbildung 2.9
Der Abstand der Linien lässt sich bei Fisheye-Objektiven meist nicht durch den Sucher oder Monitor erkennen

Im Grunde weicht die Vorgehensweise bei Fisheye-Objektiven von der bereits beschriebenen Methode zur Ermittlung des Nodalpunkts nur geringfügig ab. Bei den Fisheye-Objektiven empfiehlt es sich, zusätzlich zum Blick durch den Sucher eine Aufnahme zu machen, denn erst in der vergrößerten Darstellung kann man detailliert erkennen, ob sich die Position der beiden senkrechten Linien über den Schwenk verändert oder nicht. Dazu wird die Kamera so auf dem Stativkopf positioniert, dass die vordere Kante des Objektivs sich in etwa auf der Drehachse befindet. In dieser Position werden zwei Aufnahmen gemacht, einmal vom rechten Bildbereich und einmal vom linken Bildbereich. Diese Kameraposition sollte notiert werden. Am besten werden gleich mehrere Positionen aufgenommen und protokolliert, so kann anschließend am Bildschirm über die Vergrößerung der entsprechenden Bildbereiche der Nodalpunkt ermittelt werden.

Abbildung 2.10
In der Vergrößerung ist der Abstand der beiden Linien gut erkennbar

Bei beiden Methoden sollte die ermittelte Position des Nodalpunkts notiert werden

Für beide Methoden ist es ratsam, die ermittelten Einstellungen festzuhalten oder entsprechende Markierungen am Stativkopf anzubringen. So kann beim nächsten Panorama-Shooting die Kamera wieder in der gleichen Position montiert werden.

3. Aufnahmetechnik

3.1 Unterschiede analog – digital

Bei der Suche nach einer geeigneten Kamera kann zwischen analoger und digitaler Aufnahmetechnik gewählt werden. Für bestimmte Anwendungsbereiche bieten beide Lösungen sowohl Vorteile als auch Nachteile. Welche das sind und was es bei der Produktion zu beachten gibt, wird im Folgenden näher beleuchtet.

Bei der Verwendung einer analogen Filmkamera ist die Auswahl von geeignetem Filmmaterial entscheidend für die Qualität der Bilder (siehe Kapitel 3.2.1). In der Regel sind mit analogen Aufnahmen höhere Auflösungen möglich als mit derzeit handelsüblichen Digitalkameras. Allerdings ist die spätere Auflösung abhängig von der Art und Weise, wie man die Bilder digitalisieren wird. Das Bildmaterial kann einem Fachlabor überlassen und dort mit professionellen Trommelscannern digitalisiert werden oder man kann selbst scannen (siehe Kapitel 3.2.2).

Der schnellere Produktionsweg ist sicher die Verwendung von Digitalkameras. Auch wenn viele Aufnahmen benötigt werden, beispielsweise für einen virtuellen Rundgang, empfiehlt sich die Verwendung einer Digitalkamera. Zur Aufzeichnung der Bilder werden hier anstelle von Filmmaterial lichtempfindliche CCD-Chips verwendet. Nach der Aufnahme können die Bilder jederzeit vom Speicherchip der Kamera auf ein Notebook geladen und dort auch gleich kontrolliert werden. Zum Vergleich der Produktionsweg bei der Analogtechnik: Auf einen Film passen maximal 36 Bilder, dann muss ein neuer Film eingelegt werden. Um die Bilder sichten zu können, müssen diese erst entwickelt und für die Bearbeitung am Rechner digitalisiert werden. Die hochwertige Digitalisierung einer großen Bildmenge ist zeit- und kostenaufwendig.

Es werden hauptsächlich Fotokameras eingesetzt, obwohl anstelle von diesen Kameras auch Videokameras verwendet werden können. Allerdings erhält man mit derzeit handelsüblichen Videokameras lediglich eine Auflösung von 72 dpi bei einer Bildgröße von 1024 x 768 Pixeln. Es gibt auch Videokameras mit integriertem Speicherchip für Einzelbilder, hier ist die Auflösung wie bei digitalen Fotokameras abhängig vom eingebauten CCD-Chip.

3.1.1 Analogtechnik

Vorteile

- Es sind höhere Auflösungen möglich als mit handelsüblichen Digitalkameras.
- Analoge Kameras sind meist kostengünstiger als hochauflösende Digitalkameras.
- Für analoge Kameras gibt es eine größere Auswahl an höherwertigen Objektiven.

Nachteile

- Der Bearbeitungsprozess dauert bedingt durch die Entwicklungsdauer länger als bei Digitalkameras.
- Die Bilder müssen nach der Entwicklung digitalisiert und meist noch farbkorrigiert werden. Gegebenenfalls kann auch die Retusche von Staub und Kratzspuren erforderlich sein.

3.1.2 Digitaltechnik

Vorteile

- Die Aufnahmen können vor Ort betrachtet werden, so können gegebenenfalls einzelne Bilder oder die ganze Bildreihe erneut aufgenommen werden.
- Die Produktionsdauer eines Panoramas ist kürzer, da die Filmentwicklung wegfällt.
- Die Bilder müssen nicht gescannt und danach eventuell von Staub und Kratzern befreit werden.
- Mit Hilfe der Bildkontrolle auf dem Display können hier schneller gute Ergebnisse erzielt werden.

Nachteile

- Verglichen mit High-End-Scans von Filmmaterial haben die Digitalkameras momentan meist noch eine geringere Auflösung.
- Speicherchips sind wesentlich teurer als Filmmaterial. Werden viele Bilder in hoher Auflösung benötigt, müssen die Bilder vor Ort auf einem Rechner oder einer transportablen Festplatte zwischengespeichert werden.
- Professionelle Digitalkameras mit hoher Auflösung sind in der Anschaffung teurer als vergleichbare Filmkameras.

3.2 Analogfotografie

3.2.1 Filmmaterial

Die drei gebräuchlichsten Arten von Filmmaterial sind Schwarzweiß-, Farbnegativ- und Farbdiapositivfilme. Für digitale Panoramen empfiehlt sich die Verwendung von Farbfilmen, da schwarzweiße Panoramen eher in speziellen Effekten ihre Wirkung erzielen, etwa bei einer direkten Gegenüberstellung eines historischen mit einem aktuellen Panorama. Ein Beispiel dazu finden Sie unter: http://www.pbs.org/wnet/newyork/hidden/columbuscircle/cc-pano.mov [Stand 08.04.2003]. Durch die Verwendung von Farbfilmen wird der spätere Verwendungszweck nicht begrenzt. In der Bildbearbeitung kann eine farbige Aufnahme jederzeit farblich verändert und nachträglich in ein schwarzweißes Bild umgewandelt werden.

Farbnegativfilme weisen nach der Entwicklung umgekehrte Helligkeits- und Farbwerte auf. Diese Farbnegative werden durch einen weiteren Bearbeitungsschritt zu Positivpapierbildern. Je nach gewähltem Labor ist durch diese Farbumwandlung die Farbtreue oft nicht mehr hundertprozentig gegeben. Für die digitale Bildbearbeitung und zur späteren Darstellung auf dem Bildschirm müssen die Negativstreifen oder die entwickelten Papierabzüge eingescannt werden (siehe Kapitel 3.2.2). Die Farbnegativfilme verfügen über einen höheren Helligkeits- oder Kontrastumfang als Diapositivfilme. — *Farbnegativfilme*

Beim Diapositivfilm wird durch die veränderte chemische Schicht des Filmmaterials schon beim Entwicklungsvorgang ein farbrichtiges Abbild hergestellt. Dadurch ist hier die Farbtreue größer. Um ein Diapositiv betrachten zu können, benötigt man einen Diabetrachter oder Projektor, der das Bild vergrößert darstellt. Diapositive müssen ebenfalls vor der Bildbearbeitung digitalisiert werden (siehe Kapitel 3.2.2.3). — *Diapositivfilme*

Hat man sich zwischen Farbnegativ- oder Diapositivmaterial entschieden, gilt es, den Farbbereich des Films auszuwählen. Hierbei wird zwischen Tageslicht- und Kunstlichtfilmen unterschieden. Bei Tageslichtfilmen ist das Verhältnis von Blau und Rot der Farbtemperatur des gewöhnlichen Tageslichts (ca. 5600 Kelvin) angepasst. Werden diese Filme hingegen im Kunstlichtbereich verwendet, wirken die Farben wärmer und leicht rotstichig. Bei den Kunstlichtfilmen verhält es sich genau umgekehrt. Sie reagieren auf Blau empfindlicher und gleichen die Farbtemperatur von Kunstlicht (ca. 3200 Kelvin) auf ein neutrales Niveau aus. Verwendet man Kunstlichtfilme im Tageslicht, weisen die Bilder später einen deutlichen Blaustich auf. Bei Mischlicht entscheidet man am besten danach, welcher Lichtbereich im Bild dominanter ist und farbrichtig dargestellt werden soll. — *Tageslicht- und Kunstlichtfilme*

Für jedes Filmmaterial stehen unterschiedliche Filmempfindlichkeiten zur Auswahl. Die Filmempfindlichkeit wird in ISO (International Standards Organisation) angegeben. Je höher dieser Wert ist, desto höher ist die jeweilige Lichtempfindlichkeit des Films. Empfindlichere Filme erlau- — *Filmempfindlichkeit ISO* ben korrekt belichtete Aufnahmen bei ungünstigen Lichtverhältnissen, allerdings besitzen sie eine gröbere Kornstruktur und zeigen oftmals geringere Bildschärfe. Bei ausreichender Helligkeit sollte man wegen des feineren Korns und der besseren Bildqualität eher einen Film mit niedrigem ISO-Wert verwenden. Für Außenaufnahmen kann ein 100-ISO-Film ausreichend sein, im Innenbereich empfiehlt sich die Verwendung eines 200-ISO-Films, da so die dunkleren Bildbereiche noch ausreichend Zeichnung haben.

Für eine Panoramareihe sollte das gleiche Filmmaterial verwendet werden

Wird mehr als ein Film für eine Panorama- oder Objektreihe benötigt, muss unbedingt darauf geachtet werden, dass bei allen Aufnahmen das gleiche Filmmaterial zum Einsatz kommt. Andernfalls kann es bedingt durch das Material zu unschönen Farbunterschieden kommen.

3.2.2 Scanner

Bei der Verwendung von analogen Kameras müssen die Bilder vor der weiteren Bildbearbeitung digitalisiert werden. Dies kann entweder nach der Entwicklung direkt im Labor geschehen oder mit einem eigenen Scanner. Dieses Kapitel erklärt die Unterschiede der verschiedenen Scannertypen und weist kurz in die Technik des Scanvorgangs ein.

3.2.2.1 Funktionsweise von Scannern

Ein Scanner ist mit lichtempfindlichen Sensoren ausgestattet. Ein vom Sensor ausgesandter Lichtstrahl tastet die Text- oder Bildvorlage ab, die Reflexion der Vorlage wird wiederum vom Sensor erfasst und in digitale Daten umgewandelt. Dazu wird die Vorlage in eine Matrix von Bildelementen (Pixeln) zerlegt. Für jedes dieser Pixel wird die Information über Helligkeit und Farbe an den Computer weitergegeben. In dieser digitalen Form können die Bilddaten im Rechner weiterbearbeitet werden.

3.2.2.2 Scanauflösung

Die Scanauflösung wird in ppi oder dpi angegeben

Als Scanauflösung wird meist vereinfachend die Anzahl Bildelemente pro Längeneinheit, ppi (Pixel per Inch), bezeichnet, mit der eine Vorlage erfasst wird. Häufig wird die Einheit ppi auch mit dpi (Dots per Inch) angegeben. Eine lineare Scanzeile besteht aus einer Reihe von lichtempfindlichen Elementen. Die Anzahl der Punkte pro Zeile ist für die Auflösung des Gerätes in einer Richtung bestimmend. Je mehr Bildpunkte auf eine bestimmte Länge passen, desto feiner oder höher ist die Auflösung. Die Auflösung in Scanrichtung muss nicht identisch mit der durch die Scanzeile definierten Auflösung sein. So sieht man häufig bei Scannern Angaben wie zum Beispiel 600 x 1200 ppi. Die geringere Auflösung in der einen Richtung wird bei solchen Scannern rechnerisch durch Interpolation erhöht, damit das Bild im richtigen Seitenverhältnis und nicht verzerrt erscheint.

Für die Wahl der richtigen Scanauflösung gilt grundsätzlich: Je höher die Auflösung beim Einscannen gewählt wird, desto besser ist die Qualität des eingelesenen Bildes. Allerdings steigt mit der Anzahl Pixel auch der Speicherbedarf für ein Bild und die Rechenzeit für die Bildbearbeitung.

Ist der Verwendungszweck eines Bildes bekannt, macht es wenig Sinn, das Bild mit einer zu hohen Auflösung einzuscannen. Die richtige Scanauflösung lässt sich aus der Auflösung der Ausgabe errechnen. Meist können in der Scanner-Software direkt Ausgabegröße und Auflösung eingegeben werden, die Software berechnet daraus die benötigte Scanauflösung.

> Die Scanauflösung sollte nicht zu niedrig und nicht zu hoch gewählt werden

3.2.2.3 Scannertypen

Farbscanner werden für die unterschiedlichsten Anwendungen und Bedürfnisse in verschiedenen Ausführungen und Baugrößen hergestellt. Sie arbeiten je nach Bauart anders und liefern unterschiedliche Qualität, weshalb die richtige Gerätewahl oft recht schwierig ist.

Die preisgünstigsten Modelle sind zurzeit bereits für unter 100 € zu haben, während Profigeräte 6000 € und mehr kosten können. Zwischen den Extremen etabliert sich zunehmend eine Mittelklasse, die innerhalb gewisser Grenzen durchaus professionelle Bildqualität liefert.

Handscanner

Die mobilen Handscanner sind klein und preiswert. Sie werden manuell bedient und arbeiten daher nicht so präzise wie die Flachbettscanner. Diese Scanner werden wie eine Maus von Hand über die zu verarbeitende Vorlage geführt. Größere Vorlagen werden durch mehrmaliges Abtasten digitalisiert. Voraussetzung für brauchbare Ergebnisse sind eine ruhige Hand, gleichmäßige Geschwindigkeit und eine Kante zum Anlegen des Scanners. Der Vorteil der Handscanner liegt in der Mobilität und im geringen Preis.

> Handscanner werden manuell bedient

Einzugscanner

Dieser Scannertyp arbeitet präziser als die Handscanner, da er mit einem Papiereinzug ausgestattet ist. Die Vorlagen werden wie bei einem Faxgerät durch den Papiereinzug eingezogen und eingescannt. Es gibt diese Scanner für eine Vorlagenbreite von maximal 25 cm. Eine DIN-A4-Seite kann im Hochformat mit einer Auflösung von 200 bis 800 ppi eingescannt werden.

> Einzugscanner arbeiten mit einem Einzugprinzip ähnlich wie Faxgeräte

Fotoscanner

Fotoscanner sind meist Einzugscanner

Bei diesen Geräten handelt es sich um Einzugscanner, sie werden jedoch ausschließlich für das Einlesen von Fotos vom Passbild- bis zum Panoramaformat 10 x 29 cm verwendet. Je nach Modell ist auch das Scannen von 35-mm-Dias und Negativstreifen möglich.

Flachbettscanner

Flachbettscanner tasten die Vorlagen ähnlich wie ein Kopierer ab

Beim Flachbettscanner wird die Vorlage flach auf eine Glasplatte nach unten gelegt. Diese Methode erlaubt es, neben Fotos und Bildern auch größere Vorlagen, wie etwa Bücher oder Zeitungen, abzutasten. Die Vorlagen müssen hier wie bei einem Fotokopierer flach auf der Glasscheibe aufliegen, damit der Scan die richtige Bildschärfe aufweisen kann. Die Untergrenze des Auflösungsvermögens solcher Geräte liegt bei 300 x 600 ppi, die Obergrenze zurzeit etwa bei 8000 x 8000 ppi. Diese hohen Werte bezeichnen jedoch nicht die physikalische, sondern die interpolierte Auflösung der Scanner.

Zu vielen Flachbettscannern sind Durchlichtaufsätze erhältlich oder fest integriert, mit denen auch Dias und Negative eingescannt werden können. Allerdings sind die Flachbettscanner von der Auflösung her meist nicht für diese kleine Bildfläche optimiert und weisen daher einen geringeren Dichteumfang auf als die speziell für diesen Zweck entwickelten Filmscanner.

Dia- und Filmscanner

Filmscanner sind auf das Format des jeweiligen Filmmaterials optimiert

Beim Dia und beim Negativ ist es notwendig, dass sie beim Scannen von hinten beleuchtet werden. Die speziellen Filmscanner bieten diese Funktion an und meist ist das Einlesen von Positiv- und Negativfilmen verschiedener Formate möglich. Die Scanauflösung ist für diese kleinen Vorlagen optimiert und die Scanergebnisse sind qualitativ hochwertiger als Dia- oder Negativscans, die mit der Durchlichteinheit eines Flachbettscanners erzeugt wurden. Als weiteren Vorteil bieten die Filmscanner meist die Möglichkeit, den Scanner jeweils genau auf die Filmebene zu fokussieren. So kann das Scanergebnis verbessert werden. Die optische Auflösung der Filmscanner kann 2700 x 2700 ppi und mehr betragen.

Es gibt auch Filmscanner, die für das Einscannen von APS-Filmen ausgerüstet sind. Dabei wird die Filmkassette in den Scanner eingelegt, der automatisch den Vorlagentyp (Negativ- oder Diapositivfilm) erkennt. Für die Positionierung der Bilder sorgt die mitgelieferte Software.

Trommelscanner

Mit professionellen Trommelscannern lassen sich meist die hochwertigsten Ergebnisse erzielen

Bei Trommelscannern handelt es sich um Hochleistungsscanner, die aufgrund des hohen Anschaffungspreises meist nur in der professionellen Reproduktionstechnik für die digitale Bilderfassung von Farbfotos eingesetzt werden. Sie besitzen anstelle von CCD-Sensoren hochempfindliche Photoverstärker, so genannte Photo Multiplier Tubes (PMT), zur Erfassung und Verstärkung der Farbdaten. Die Vorlage wird auf einer rotierenden Trommel befestigt, an welcher der Abtastkopf zeilenweise vorbeibewegt wird. Aufgrund der präzisen Mechanik lassen sich mit diesen Geräten sehr hohe Auflösungen erreichen. Die Vorlagen müssen für den Scanvorgang absolut plan auf die Trommel montiert werden.

3.2.2.4 Scanner-Software

Für alle Scannertypen gilt, dass die Qualität der Resultate nicht nur vom Scanner selbst, sondern auch von der verwendeten Scanner-Software und den dort getroffenen Einstellungen abhängt. Meist unterscheidet und berücksichtigt die Scanner-Software die verschiedenen Eigenschaften von Vorlagen wie Fotos, Bilder aus Zeitungen und Zeitschriften, Grafiken oder Text. Mit Hilfe der Entrasterungsfunktion lassen sich bei gedruckten Bildvorlagen störende Moiré-Effekte vermeiden. Dabei stehen für gewöhnlich mehrere Rasterweiten zur Auswahl. Über ein Vorschaufenster besteht meistens die Möglichkeit, einen Bildbereich auszuwählen und zu vergrößern sowie mit Filterfunktionen das Bild schon beim Scannen zu manipulieren. In der Regel errechnet die Scanner-Software Einstellungen wie Auflösung, Kontrast und Helligkeit anhand der Angaben über Art, Größe und Qualität der Vorlage automatisch. Diese Einstellungen können bei der überwiegenden Zahl der Software-Produkte auch manuell vorgenommen werden.

Die Ergebnisse des Scanvorgangs werden durch die Scanner-Software maßgeblich beeinflusst

3.2.3 Bilder-CDs

Eine weitere Möglichkeit, analoge Bilder in digitaler Form zu erhalten, bietet der Fotofachhandel mit der Bilder-CD. Wenn mit Negativfilm gearbeitet wurde, kann bei der Entwicklung neben den Papierbildern eine Bilder-CD in Auftrag gegeben werden. Allerdings liegt die Auflösung bei diesen Pauschalangeboten meist lediglich bei 1,3 Megapixeln. Die qualitativ hochwertigere Variante ist, ausgewählte Negative oder Dias ins Labor zum Scannen zu geben. Diese werden dann in einer Auflösung von 6 Megapixeln, auf Wunsch auch mit höherer Auflösung, von professionellen Trommelscannern erfasst. Man erhält die Bilddaten dann ebenfalls auf CD. Die Kosten pro Scan liegen bei rund 0,60 € und die Bearbeitungsdauer beträgt bei dieser Variante momentan etwa 10 Tage.

Die hier vorgestellten Varianten der Bilder-CD werden unter anderem von Kodak angeboten. Die einfachere und günstigere Variante heißt Kodak Picture CD (http://www.kodak.de/DE/de/consumer/pictureCD [Stand 31.01.2003]). Die qualitativ hochwertigere, aber auch kostspieligere Möglichkeit nennt sich Kodak Photo CD (http://www.photocd.de [Stand 31.01.2003]).

Bei Bilder-CDs sollte auf die teils unterschiedliche Auflösung der Angebote geachtet werden

3.3 Digitalfotografie

Da man für die spätere Bildbearbeitung am Computer die Fotos ohnehin in digitaler Form benötigt, wird der Produktionsprozess durch die Verwendung von Digitalkameras vereinfacht und verkürzt. Bei der Digitalfotografie ist es hilfreich, ein Notebook ans Fotoset mitzunehmen. Am Bildschirm kann die Bildqualität besser beurteilt werden als auf dem kleinen Kameradisplay. Wenn viele Bilder aufgenommen werden, beispielsweise bei virtuellen Rundgängen, können diese vor Ort vom Kamerachip auf den Rechner übertragen werden. Des Weiteren hat man so auch die Möglichkeit, die Bilder gleich vor Ort zu stitchen und zu kontrollieren, wie gut die Einzelbilder zusammenpassen. Währenddessen sollte wenn möglich das Set aufgebaut bleiben, damit sich nachträglich aufgenommene Bilder problemlos einfügen lassen.

Auflösung   Digitalfotos haben verglichen mit Filmmaterial eine geringere Auflösung. Dieser Nachteil kann jedoch in Kauf genommen werden, da die Bilder fürs Web später ohnehin komprimiert werden. Dennoch sollte man einen guten Kompromiss zwischen zu großer und zu geringer Auflösung finden. Eine zu hohe Auflösung kann je nach verwendeter Kamera und Speicherkarte zu verlängerten Speicherzeiten führen, in denen abgewartet werden muss, bis weitere Aufnahmen gemacht werden können. Eine zu geringe Auflösung mindert eindeutig die Qualität. Man wählt die Auflösung am besten so groß wie möglich, abhängig vom zur Verfügung stehenden Speicher, und verkleinert die Bilder erst nach Beendigung aller Bearbeitungsschritte für die Publikation im Web. Denn auch für die Bildbearbeitung ist es von Vorteil, mehr Bildinformation zur Verfügung zu haben.

Komprimierung   Es ist zudem ratsam, die Bilder unkomprimiert aufzunehmen. Die meisten Kameras bieten dafür das TIFF- oder RAW-Format. Wählt man hingegen das JPG-Format, besteht durch die verlustbehaftete Komprimierung die Gefahr, dass sich der Datenverlust bei jedem weiteren Speichervorgang in diesem Format noch verstärkt. So können Bilddetails unwiderruflich verloren gehen. Beim unkomprimierten TIFF-Format und bei höherer Auflösung hat man zudem die Möglichkeit, die Bilder auch für eine Printpublikation zu verwenden.

Brennweitenverlängerung   Werden digitale Spiegelreflexkameras mit Wechselobjektiven verwendet, die für analoge Kameras konzipiert sind, muss die Brennweitenverlängerung beachtet werden. Der CCD-Chip, der in digitalen Kameras anstelle des Films sitzt, ist kleiner als das Filmmaterial. So ergibt sich eine rechnerische Verlängerung der Objektivbrennweite um genau den Faktor, den der Chip kleiner ist als der Film. Der Wert der Brennweitenverlängerung ist meist im technischen Datenblatt der jeweiligen Kamera zu finden. Ein gebräuchlicher Faktor ist 1,6. In diesem Fall hätte ein 20-mm-Objektiv die optische Wirkung eines 32-mm-Objektivs. Verwendet man hingegen eine Digitalkamera mit eingebautem Objektiv kann man davon ausgehen, dass der Hersteller das Linsensystem optimal auf die Chipgröße abgestimmt hat und der angegebene Brennweitenwert einem vergleichbaren Wert für 35 mm Kleinbild entspricht. Die exakten Werte für Brennweite und Bildwinkel sind bei der Panoramafotografie wichtig für die Berechnung der Anzahl der Einzelbilder (siehe Kapitel 2.2.4).

3.4 Tipps für die Aufnahme von Panoramen

Die Empfehlungen in diesem Kapitel beziehen sich überwiegend auf die Panoramafotografie. Tipps für die Aufnahme von Objekten erhalten Sie in Kapitel 8.2.4.

3.4.1 Allgemeine Aufnahmetipps

Die Herausforderung bei der Panoramafotografie besteht darin, dass im Gegensatz zur normalen Fotografie nicht nur ein bestimmter Bildausschnitt mit optimaler Ausleuchtung erfasst wird, sondern die gesamte Umgebung fotografiert wird. Wird nur im Tageslicht oder im reinen Kunstlichtbereich fotografiert, ist dies relativ unproblematisch. Bei Mischlichtsituationen wird es schwieriger, eine gleichmäßige Farbstimmung des Panoramas zu erhalten.

Es empfiehlt sich, für alle Bilder eines Panoramas dieselben Einstellungen vorzunehmen. Dazu zählen ISO-Wert, Blende und Belichtungszeit. Mit dem Belichtungsspeicher der Kamera werden komfortabel alle Bilder mit den gleichen Belichtungseinstellungen fotografiert. So können Helligkeitssprünge zwischen den Einzelbildern verhindert werden. Dafür ist es sinnvoll, den Belichtungswert eines Bildausschnittes zu speichern, der einen guten Mittelwert des Lichtspektrums der Szene widerspiegelt. Bei Digitalkameras sollte der Weißwert bei allen Bildern identisch sein und wenn möglich manuell abgeglichen werden.

Gleiche Belichtungseinstellungen wählen

Bei Panoramen sind für gewöhnlich Bilder mit hoher Tiefenschärfe erwünscht. Für ein Bild mit hoher Tiefenschärfe empfiehlt es sich, eine kleine Blendenöffnung (kleine Blendenöffnung = großer Blendenwert) zu wählen. Die Helligkeit wird durch die Wahl einer passenden Belichtungszeit beeinflusst. Längere Belichtungszeiten sind unproblematisch, da die Kamera bei der Panoramafotografie meist auf einem Stativ befestigt ist.

Bei Außen- und Innenaufnahmen mit Sonnenlicht besteht die Gefahr, dass es während der Aufnahme eines Panoramas zu Schwankungen der Lichtstimmung kommt. Daher sollte man darauf achten, dass eine Panoramareihe entweder bei Sonnenschein oder bei Bewölkung fotografiert wird. Andernfalls enthält das Panorama sonnige und schattige Abschnitte im Wechsel.

Panoramareihen sollten entweder bei Sonne oder bei Bewölkung aufgenommen werden

Werden Aufnahmen bei Sonnenlicht gemacht, sollte man darauf achten, dass der eigene Schatten möglichst nicht mit abgebildet wird. Sonst müssen diese meist unerwünschten Bildbereiche nachträglich retuschiert werden.

Im Wind bewegte Objekte können Probleme bereiten

Bei Außenaufnahmen kann windiges Wetter Probleme bereiten, weil dabei Pflanzen vom Wind bewegt werden und sich so bei jedem Einzelbild in einer anderen Position befinden. Die Pflanzen sehen dann nach dem Stitchen im Panoramabild „verwischt" aus. Dies kann natürlich auch bewusst als Effekt eingesetzt werden. Meist ist jedoch ein klares Abbild unserer Umwelt gewünscht, daher sollten bei starkem Wind keine Außenpanoramen aufgenommen werden.

Es sollte kein Blitz verwendet werden

Auf die Verwendung eines Blitzgerätes sollte man ganz verzichten, da die Aufhellung durch den Blitz meist zu intensiv und zu gerichtet ist. Eine diffusere Aufhellung ist besser geeignet, beispielsweise in Form eines flächenförmigen Reflektors, der das vorhandene Licht verstärkt, oder eines Scheinwerfers mit Diffusor. Allerdings muss dieses Zusatzlicht für eine gleichmäßige Aufhellung des kompletten Panoramas etwas mehr als den Bildwinkel eines Einzelbildes abdecken. Das Licht wird dann für jede Aufnahme mit der Kamera mitgeschwenkt.

Mit High Dynamic Range (HDR) kann der Kontrastumfang erhöht werden

Erscheinen die Helligkeitsunterschiede trotzdem zu stark, so dass etwa bei Innenaufnahmen Fenster, durch die Tageslicht hereinfällt, nicht mehr differenziert dargestellt werden, kann man die aufwendige, aber sehr wirkungsvolle HDR-Technik (High Dynamic Range) einsetzen. Dafür wird von jedem Einzelbild eine Belichtungsreihe mit verschiedenen Blendenwerten gemacht. Diese Bilderreihe wird dann mit spezieller HDR-Software zu einem Einzelbild verschmolzen, das einen hohen Kontrastumfang hat. Bei dem so entstandenen Bild werden sowohl die hellen als auch die dunklen Stellen detailreich dargestellt (siehe Kapitel 4.2).

Die Position der Kamera ist für den Gesamteindruck des Panoramas entscheidend

Die Position der Kamera sollte bei Innenräumen sowohl auf horizontaler als auch auf vertikaler Ebene möglichst mittig sein. Wird das Stativ nicht hoch genug aufgestellt, sitzt in der späteren Abbildung der Horizont zu tief im Vergleich zum tatsächlichen Horizont, den der Betrachter vor Ort hätte. Ebenso ist es ratsam, in einem Raum zu allen Wänden in etwa denselben Abstand zu haben. Differieren die Abstände zu sehr, wirkt sich das ungünstig auf die Abbildung aus – der Mittelpunkt der Szene wirkt verschoben.

Kamera und Stativ sollten während der Aufnahme einer Panoramareihe nicht bewegt werden

Es muss unbedingt darauf geachtet werden, dass das Stativ während eines Panorama-Shootings nicht bewegt wird. Werden die Bilder nicht mit exakt demselben Drehpunkt aufgenommen, gestaltet sich das nachfolgende Stitchen schwierig bis unmöglich. Für die exakte horizontale Ausrichtung empfiehlt sich die Verwendung einer Kamerawasserwaage. Da jede Bewegung des Stativs und der Kamera nach der Justierung vermieden werden soll, ist es ratsam, die zeitverzögerte Selbstauslöserfunktion der Kamera oder einen Fernauslöser zu verwenden.

Es empfiehlt sich, die Panoramareihe im Uhrzeigersinn aufzunehmen, da die meisten Stitching-Programme von einer Bearbeitung im Uhrzeigersinn ausgehen. So müssen die Bilder im Nachhinein nicht umsortiert werden. Zwar bieten die meisten Stitching-Programme das Umsortieren der Bilder an, selbst wenn diese schon zur Bearbeitung importiert wurden, doch ist es einfacher, wenn die Bilder schon in der richtigen Reihenfolge aufgenommen wurden.

Bewegte Bildelemente sind prinzipiell problematisch, da sie sich bei den Einzelbildern des Panoramas in einer jeweils anderen Position befinden. Wenn beispielsweise jemand durchs Bild läuft, der nicht auf dem Panorama zu sehen sein soll, empfiehlt es sich, mehrere Aufnahmen von derselben Kameraposition aus zu machen. Die überflüssigen Bilder werden hinterher entfernt.

Die Abbildung von Bewegungen kann zu Problemen führen

Sollen bewegte Objekte abgebildet werden, dürfen sich diese nicht im Überlappungsbereich der Einzelbilder befinden, sonst wirken sie nach dem Stitchen wie eingeblendet oder sind nur halb vorhanden. Ebenfalls problematisch wird es bei großen monochromen Flächen, damit haben einige Stitching-Programme Schwierigkeiten. Für welche Aufnahmesituation welche Panoramatechnik sinnvoll ist, wird in Kapitel 11 erörtert.

3.4.2 Tipps für die Aufnahme mit Digitalkameras

Es empfiehlt sich, möglichst mit aufgeladenen Akkus zu fotografieren, da sich bei einigen Kameramodellen der Akkuschacht auf der Unterseite der Kamera befindet. Dort ist die Kamera auf dem Stativ befestigt und sollte während einer Panoramaserie nicht bewegt werden, da sonst die Justierung erneut vorgenommen werden muss.

Für die Aufnahme einer Panoramareihe kann nach Einstellung der Belichtungswerte wie Belichtungszeit, Blende und Weißabgleich auf den LCD-Monitor verzichtet werden, sofern alle Bilder mit den gleichen Werten aufgenommen werden. Bei abgeschaltetem LCD-Monitor können die Akkus wesentlich länger verwendet werden.

Bei Außenaufnahmen kann es zu Problemen mit direkter Sonneneinstrahlung kommen. Direkte Sonne führt zu einer Überbelichtung der CCD-Sensoren, die in der Digitalfotografie Blooming genannt wird. Dabei erreicht die Ladung der CCD-Chips einen Maximalwert und die aufgenommene Bildinformation ist an dieser Stelle weiß ohne weiteren Kontrast. Bei sehr starker Überbelichtung kann dieses Übermaß an Ladung auf benachbarte CCD-Elemente übergehen und so große Teile des Bildes weiß erscheinen lassen. Um dies zu verhindern, sollte man direkte Sonneneinstrahlung meiden. Es ist daher ratsam, zu warten, bis die Sonne tiefer steht oder etwa hinter einer Wolke verschwunden ist. Man kann die Sonne im Bild auch abdecken, beispielsweise mit der Hand. Allerdings muss diese Stelle hinterher retuschiert werden. Die Mühe lohnt sich jedoch, da das Ergebnis in der Regel besser aussieht als eine überstrahlte Aufnahme.

Direkte Sonneneinstrahlung sollte beim Einsatz von Digitalkameras vermieden werden

3.4.3 Tipps für die Aufnahme mit analogen Kameras

Das Berühren der Kamera durch Wechseln des Films während einer Panoramareihe kann die Justierung negativ beeinflussen. Im schlimmsten Fall können die Einzelbilder hinterher nicht ohne Probleme zusammengefügt werden. Daher sollte man bei Beginn einer Panoramaserie darauf achten, dass auf dem Film noch genügend freie Bilder zur Verfügung stehen oder gegebenenfalls für jede Panoramareihe einen neuen Film einlegen.

4. Spezielle Korrekturverfahren

4.1 Korrektur von Abbildungsfehlern

Abbildungsfehler lassen sich meist durch die Verwendung von hochwertigen Objektiven vermeiden. Sollte es dennoch zu unerwünschten Darstellungsfehlern kommen, können einige dieser Fehler mit geeigneter Software korrigiert werden. Im folgenden Kapitel werden Korrekturmöglichkeiten für die am häufigsten vorkommenden Abbildungsfehler aufgezeigt. Im Herstellerverzeichnis finden Sie weitere Informationen über Bildbearbeitungs-Software, die für die Korrektur von Abbildungsfehlern geeignet ist (siehe Kapitel B.1.9).

4.1.1 Verzeichnungen korrigieren

Die hauptsächlich bei Weitwinkelobjektiven verbreitete tonnen- oder kissenförmige Verzeichnung kann mit der Software PanoTools (PTools) nachträglich korrigiert werden. Es ist möglich, sowohl Einzelbilder als auch ganze Panoramareihen zu korrigieren. Beim normalen Stitchen einer Panoramareihe mit PTools wird die Verzeichnung der Aufnahmen dahingehend korrigiert, dass die Einzelbilder sich optimal zu einem Panoramabild zusammenfügen lassen. Im Folgenden wird die Korrektur linearer Verzerrung von Einzelbildern aufgezeigt.

Für die Ermittlung der Verzeichnung eines bestimmten Objektivs empfiehlt sich die Einzelbildkorrektur anhand eines Referenzbildes. Ist der Verzeichnungsgrad für ein bestimmtes Objektiv einmal ermittelt, können alle weiteren mit diesem Objektiv aufgenommenen Bilder mit denselben Korrekturwerten bearbeitet werden. Für diese Korrektur eignet sich am besten ein Bild mit Gitterraster, das sich einfach mit nahezu jedem Zeichenprogramm erstellen lässt. Dieses Gitterraster wird mit der zu korrigierenden Optik aufgenommen. Aufgrund der Gitterstruktur können Verzerrungen sehr gut in ihrer Ausdehnungsrichtung (als tonnen- oder kissenförmig) identifiziert werden. Für ein einwandfreies Ergebnis ist die exakte Justage der Kamera bei der Aufnahme eines solchen Gitterrasters ausschlaggebend.

Auf der CD finden Sie die Software PTools unter: \Demo-Versionen\Mac bzw. \Demo-Versionen\PC

Abbildung 4.1
Unverzerrtes Referenzbild
(links) und tonnenförmige
Verzerrung (rechts)

 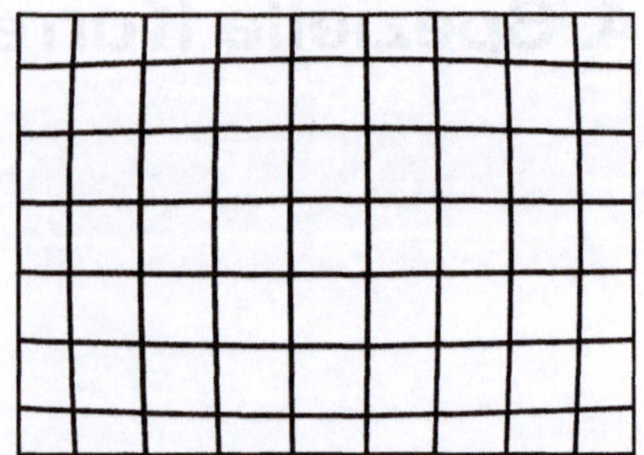

Vor Beginn der Korrektur sollte sichergestellt werden, dass der Monitor unverzerrt abbildet. Bei den meisten Modellen lassen sich Verzeichnungen über das Monitor-Menü kalibrieren. Für die Kalibrierung bietet sich gleichermaßen die Verwendung eines Gitterrasters an.

Das Software-Paket PTools enthält Plug-ins für die Bildbearbeitungs-Software Photoshop. Mit diesen so genannten Filtern können diverse Bildkorrekturen vorgenommen werden. Über den Filter *Correct* können lineare und perspektivische Verzerrungen sowie chromatische Aberration beseitigt werden. PTools berechnet die Korrektur anhand einer ganzrationalen Funktion. Um diese Funktion ausführen zu können, werden vier Koeffizienten benötigt: a, b, c und d (siehe Abbildung 4.3). Diese Koeffizienten haben bei jedem Objektiv andere Werte.

Anhand des Referenzbildes, das möglichst viele gerade Linien enthält, stellt man fest, ob das verwendete Objektiv eher zur tonnenförmigen oder zur kissenförmigen Verzerrung neigt. Die am häufigsten vorkommende Objektiv-Verzeichnung ist die tonnenförmige Verzerrung. Soll die Verzeichnung in Photoshop mit den PTools-Filtern korrigiert werden, wird das Dialogfeld über *Filter > Panorama Tools > Correct* aufgerufen.

Abbildung 4.2
Korrektur der Verzerrung
mittels PTools-Filter
Correct für Photoshop

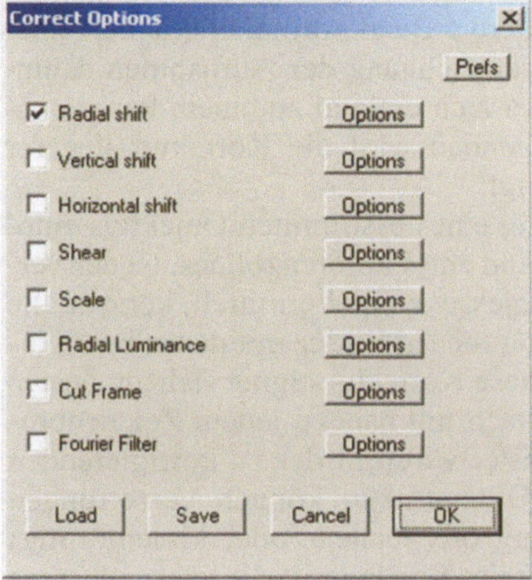

Für diese Art der Verzerrung wird die Funktion *Radial shift* benötigt. Über *Options* wird ein weiteres Dialogfeld geöffnet.

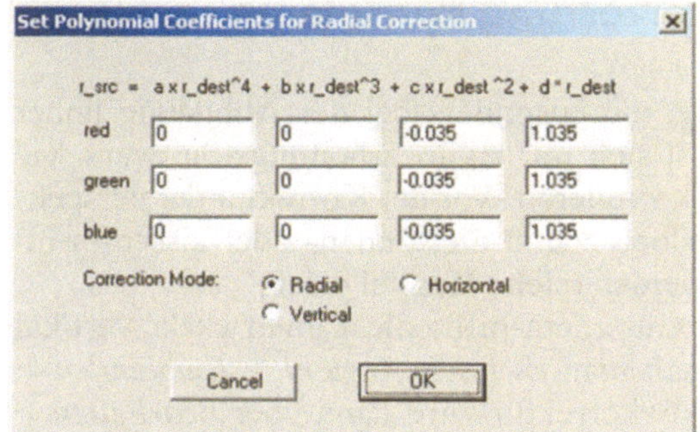

Abbildung 4.3
Eingabe der Koeffizienten a, b, c und d für die Funktion *Radial shift*

In diesem Dialogfeld können gezielt Werte für die Koeffizienten a, b, c und d eingegeben werden. Zur Korrektur von Verzerrungen werden die Werte für Rot, Grün und Blau jeweils gleich gewählt. Negative Koeffizientenwerte beseitigen tonnenförmige Verzerrungen, während positive Werte kissenförmige Verzerrungen eliminieren. Es empfiehlt sich zuerst den c-Koeffizienten zu verändern und die Werte bei a und b unverändert (also auf 0) zu lassen. Soll das zu korrigierende Bild in seiner Größe unverändert bleiben, muss der Wert für d so gewählt werden, dass die Summe aus den Koeffizienten a, b, c und d die Zahl 1 ergibt (a + b + c + d = 1). Hierbei ist darauf zu achten, dass bei der Eingabe einer Dezimalzahl statt eines Kommas ein Punkt gesetzt wird, sonst kann die Berechnung nicht erfolgen. Unter *Correction Mode* sollte *Radial* aktiviert sein. Über den *OK*-Button wird diese Funktion auf das jeweilige Bild angewandt. Sie können bei tonnenförmiger Verzerrung für einen ersten Testlauf die Werte aus Abbildung 4.3 übernehmen und in weiteren Durchgängen für das von Ihnen verwendete Objektiv optimieren. Wenn die vorher gekrümmten Linien gerade erscheinen, war die Korrektur der Verzeichnung erfolgreich.

Abbildung 4.4
Das vorher verzerrte Bild nach der Korrektur mit PTools

Es empfiehlt sich, die Korrekturwerte zu speichern, so können alle weiteren Bilder, die mit der betreffenden Kamera-Objektiv-Kombination gemacht werden, schnell und effektiv korrigiert werden.

Weitere Informationen über die Korrektur von Verzerrungen mit PTools erhalten Sie unter:
http://home.no.net/dmaurer/~dersch/barrel/barrel.html [Stand 23.03.2003]
http://www.all-in-one.ee/~dersch/barrel/barrel.html [Stand 23.03.2003]

4.1.2 Perspektivische Verzerrung korrigieren

Die perspektivische Verzerrung, die besonders bei der Abbildung hoher Gebäude ins Gewicht fällt, lässt sich mit Bildbearbeitungs-Software wie Photoshop schnell und einfach korrigieren. Vor der Korrektur der perspektivischen Verzerrung sollten jedoch zuerst die tonnen- oder kissenförmigen Verzeichnungen beseitigt werden (siehe Kapitel 4.1.1).

Ein über das Bild gelegtes Gitternetz hilft, die Linien exakt vertikal auszurichten. In Photoshop erhält man es unter *Ansicht > Einblenden > Raster*. Die eigentliche Perspektivkorrektur wird dann über *Bearbeiten > Transformieren > Perspektivisch verzerren* aktiviert. Mit gedrückter Maus werden die Bildecken in die gewünschte Position gebracht.

Abbildung 4.5
Korrektur der perspektivischen Verzerrung in Photoshop

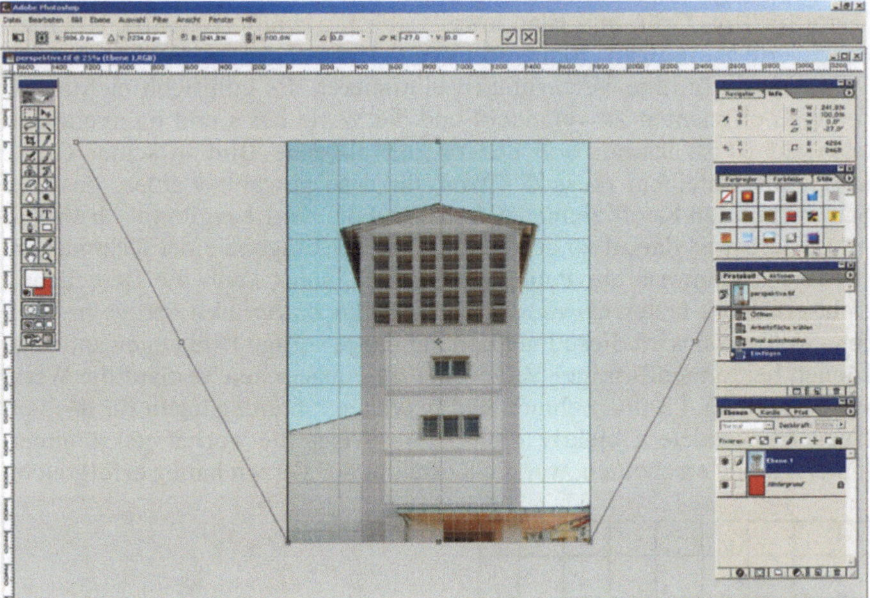

Ist das Motiv leicht schräg aufgenommen worden, müssen zusätzlich noch die horizontalen Linien angepasst werden. Dies geschieht über *Bearbeiten > Transformieren > Verzerren*. Hier wird die entsprechende Bildecke mit gedrückter Maustaste an die gewünschte Stelle gezogen, bis alle Linien gerade erscheinen.

Das Ergebnis der Korrektur sehen Sie in Abbildung 4.6. Die Korrektur der perspektivischen Verzerrung macht jedoch nicht immer Sinn, vor allem bei Architekturaufnahmen wird diese Verzerrung häufig als Mittel zur Bildgestaltung eingesetzt.

Abbildung 4.6
links: verzerrt
rechts: korrigiert

4.1.3 Vignettierung korrigieren

Der hauptsächlich bei Weitwinkelobjektiven auftretende Helligkeitsabfall zu den Bildrändern hin kann mit den PTools-Filtern für Photoshop nachträglich korrigiert werden. Mit dem Filter *Correct* kann unter anderem die Vignettierung beseitigt werden.

Um die Stärke und Ausdehnung der Vignettierung eines Objektivs feststellen zu können, empfiehlt sich die Aufnahme einer gleichmäßig ausgeleuchteten, möglichst hellen Fläche.

Für die Korrektur der Vignettierung in Photoshop wird das PTools-Dialogfeld über *Filter > Panorama Tools > Correct* aufgerufen.

Auf der CD finden Sie die Software PTools unter:
\Demo-Versionen\Mac
bzw. \Demo-Versionen\PC

Abbildung 4.7
Korrektur der Vignettierung mittels PTools-Filter
Correct für Photoshop

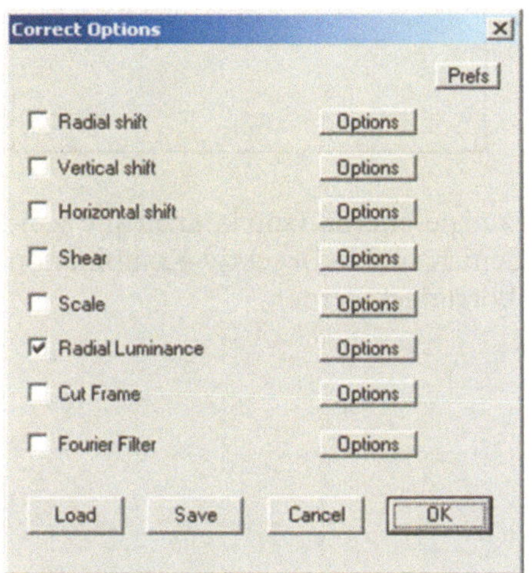

Für diese Art von Objektivfehler wird die Funktion *Radial Luminance* benötigt. Über *Options* wird ein weiteres Dialogfeld geöffnet.

Abbildung 4.8
Eingabe der Korrektur-
werte für die Farbkanäle
Rot, Grün und Blau

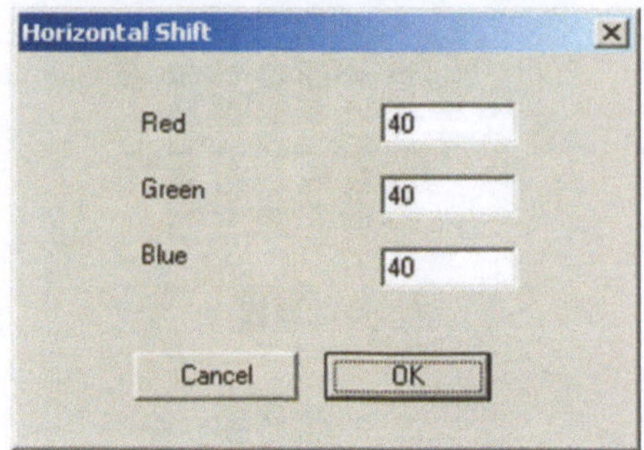

Im Dialogfeld *Horizontal Shift* können gezielt die Werte für Rot, Grün und Blau eingegeben werden. Für ein gleichmäßiges Ergebnis werden zur Korrektur der Vignettierung die Werte für alle drei Farben identisch gewählt. Die Vignettierung wird dadurch beseitigt, dass die Bildmitte abgedunkelt und die Bildecken aufgehellt werden. Der Faktor hierfür ist jeweils die Hälfte des Wertes, der im Dialogfeld gewählt wurde. So werden beispielsweise bei Eingabe des Wertes 40 die Bildecken um den Faktor 20 aufgehellt und die Bildmitte um den Faktor 20 abgedunkelt. Sie können für einen ersten Testlauf die Werte aus Abbildung 4.8 übernehmen und für das von Ihnen verwendete Objektiv in weiteren Durchgängen optimieren. Wenn die vorher dunkleren Bildränder in der Helligkeit ausgeglichen erscheinen, war die Korrektur der Vignettierung erfolgreich.

Abbildung 4.9
links: mit Vignettierung
rechts: korrigiertes Bild

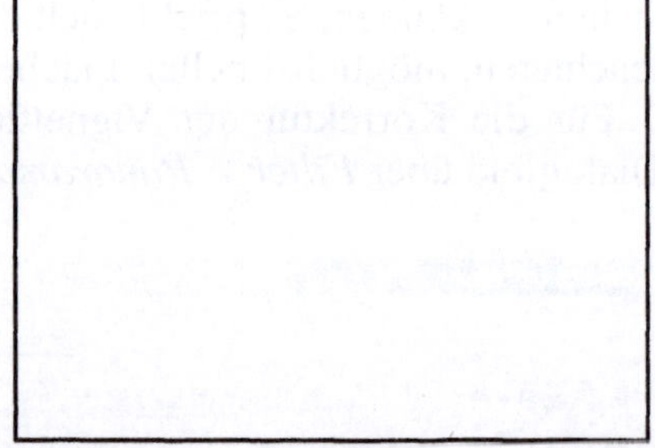

Es empfiehlt sich, die Korrekturwerte zu speichern, dann können alle weiteren Bilder, die mit der betreffenden Kamera-Objektiv-Kombination gemacht werden, schnell und effektiv korrigiert werden.

4.1.4 Chromatische Aberration korrigieren

Dieser Abbildungsfehler entsteht, weil kurzwelliges Licht (Blau) von einer Linse stärker gebrochen wird als langwelliges Licht (Rot) und die Lichtstrahlen somit keinen gemeinsamen Brennpunkt besitzen. Diese Fokusdifferenz der Licht-Grundfarben Rot, Grün und Blau wird auch als Farblängs- oder Farbquerfehler bezeichnet. Sichtbar wird die chromatische Aberration durch Unschärfen und Farbsäume, besonders in Bildbereichen mit hohem Hell-Dunkel-Kontrast. Wobei diese Farbsäume häufig erst in der Vergrößerung deutlich sichtbar werden. Die meisten Objektive sind achromatisch korrigiert, so dass zwei der Grundfarben (Blau und Rot) in einer Bildebene fokussiert werden. Ein solches optisches System nennt sich Achromat. Ein Objektiv, das für alle drei Grundfarben optimiert ist, wird als Apochromat bezeichnet. Sind dennoch Farblängsfehler in Form von Farbsäumen im Bild erkennbar, können diese Abbildungsfehler mit den PTools-Filtern für Photoshop nachträglich korrigiert werden. Bevor jedoch die chromatische Aberration mit PTools korrigiert wird, sollten zuerst tonnen- oder kissenförmige Verzeichnungen, die alle drei Farbkanäle betreffen, beseitigt werden (siehe Kapitel 4.1.1).

Um die Stärke und Ausdehnung der chromatischen Aberration eines Objektivs feststellen zu können, empfiehlt sich die Aufnahme eines gleichmäßigen Musters mit hohem Hell-Dunkel-Kontrast. Dies kann beispielsweise ein von hinten beleuchtetes Lochblech sein.

Auf der CD finden Sie die Software PTools unter: \Demo-Versionen\Mac bzw. \Demo-Versionen\PC

Abbildung 4.10
Lochblech mit hohem Kontrast zur Bestimmung der Ausdehnung der chromatischen Aberration

Die Ausdehnung der chromatischen Aberration wird durch die Vergrößerung ausgewählter Bildbereiche sichtbar. Hierzu wählt man am besten einen Ausschnitt von der Bildmitte sowie aus jeder Bildecke. So kann man in der vergrößerten Darstellung gut erkennen, ob sich der Abbildungsfehler horizontal, vertikal oder radial übers Bild erstreckt.

In Abbildung 4.11 ist die kreisförmige Ausdehnung der Farbsäume deutlich zu erkennen. Ebenso der Farbversatz des roten und blauen Farbkanals. Daher sollte die Korrektur der chromatischen Aberration des betreffenden Objektivs auf diese beiden Farbkanäle konzentriert sein und in radialer Richtung erfolgen.

Abbildung 4.11
Vergrößerung bestimmter
Bildbereiche zeigt die
Ausdehnungsrichtung der
Farbsäume

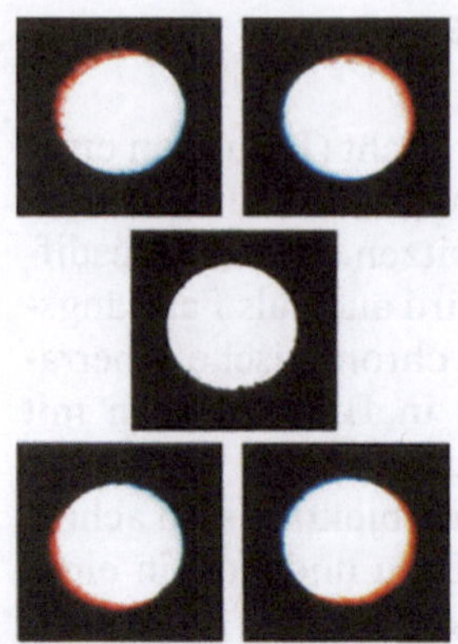

Sollen die Farbfehler in Photoshop mit den PTools-Filtern korrigiert werden, wird das PTools-Dialogfeld über *Filter > Panorama Tools > Correct* aufgerufen.

Abbildung 4.12
Korrektur der chromatischen Aberration mittels
PTools-Filter *Correct* für
Photoshop

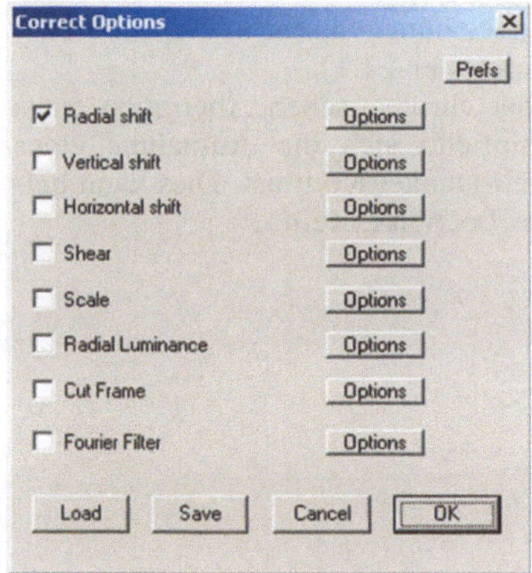

Für die Korrektur der chromatischen Aberration wird die Funktion *Radial shift* benötigt. Über *Options* wird ein weiteres Dialogfeld geöffnet.

Abbildung 4.13
Für die Korrektur von Farbsäumen wird der Wert d für
jeden Farbkanal individuell verändert

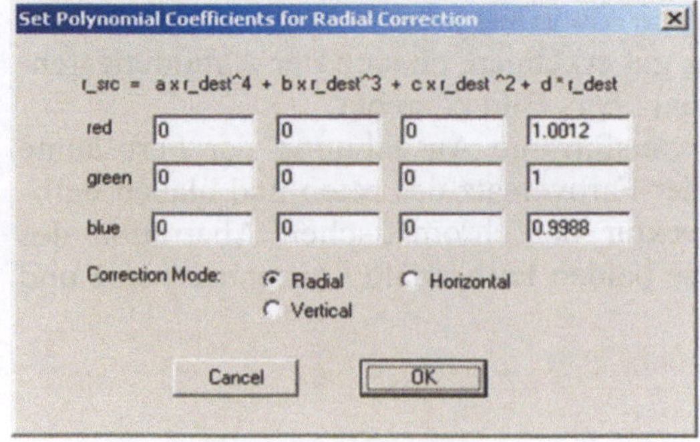

Im Dialogfeld *Set Polynomical Coefficients for Radial Correction* können gezielt die Koeffizienten a, b, c und d eingegeben werden. Zur Korrektur der chromatischen Aberration müssen die Werte für Rot, Grün und Blau abhängig vom Versatz der Farbsäume gewählt werden.

In unserem Beispiel (siehe Abbildung 4.11) scheint die rote Farbinformation leicht verkleinert und die blaue Farbinformation etwas vergrößert zu sein, wobei hier mit Größe die tatsächliche Ausdehnung der einzelnen Farbkanäle gemeint ist und nicht die Sättigung. Die Ausdehnung der einzelnen Farbbereiche wird über den Koeffizienten d beeinflusst. Sollen die Farbkanäle in ihrer Größe unverändert bleiben, muss der Wert für d so gewählt werden, dass die Summe aus a, b, c und d 1 ergibt (a + b + c + d = 1). Für die Korrektur der chromatischen Aberration ist die Größenveränderung der einzelnen Farbbereiche jedoch unerlässlich. Im Beispiel soll der rote Farbkanal etwas vergrößert und der blaue Farbkanal etwas verkleinert werden. Die fehlerhafte Farbabbildung wird in diesem Fall mit folgenden Werten korrigiert: Der Koeffizient d wird für Rot auf 1.0012 gesetzt, für Grün auf 1 und für Blau auf 0.9988. Hierbei ist darauf zu achten, dass bei der Eingabe einer Dezimalzahl statt eines Kommas ein Punkt gesetzt wird, sonst kann die Berechnung nicht erfolgen. In Abbildung 4.11 ist deutlich sichtbar, dass die chromatische Aberration kreisförmig zutage tritt. Daher sollte unter *Correction Mode > Radial* aktiviert sein. Über den *OK*-Button wird diese Funktion auf das jeweilige Bild angewandt.

Sie können für einen ersten Testlauf die Werte aus Abbildung 4.13 übernehmen und für das von Ihnen verwendete Objektiv in weiteren Durchgängen optimieren. Wenn die vorher deutlich sichtbaren Farbsäume reduziert erscheinen und im Gesamtbild nicht mehr wahrnehmbar sind, war die Korrektur der chromatischen Aberration erfolgreich.

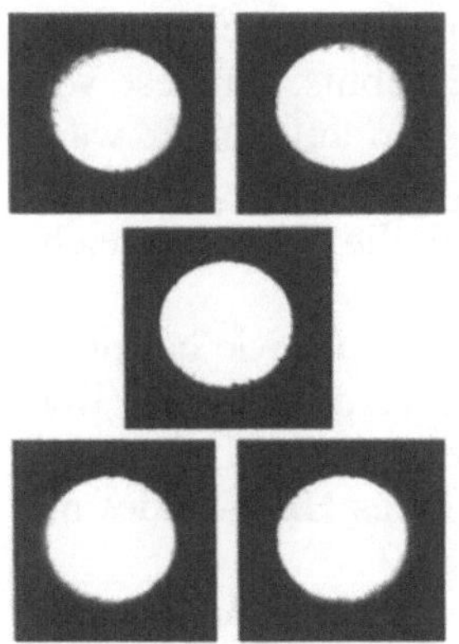

Es empfiehlt sich, die Korrekturwerte zu speichern, so können alle weiteren Bilder, die mit der betreffenden Kamera-Objektiv-Kombination gemacht werden, schnell und effektiv korrigiert werden.

4.2 High Dynamic Range

Der Dynamikbereich einer Szene bezeichnet den Kontrastumfang zwischen dem hellsten und dem dunkelsten Bildbereich. Einen hohen Dynamikbereich haben fast alle Motive, bei denen die Lichtquellen direkt im Bild sind. Ein High-Dynamic-Range-Bild ist eine Aufnahme, die einen höheren Kontrastumfang abdeckt, als es mit einer digitalen Kamera bzw. mit Filmmaterial möglich wäre.

Mit der HDR-Technik können Szenen mit hohem Kontrastumfang realistisch abgebildet werden

Oftmals stellt sich bei der Fotografie das Problem, dass bei Motiven mit hohem Kontrastumfang Kompromisse bei der Belichtung gemacht werden müssen. Werden bei einer Aufnahmeeinstellung dunkle Bildbereiche ausreichend hell belichtet, können helle Bildbereiche überbelichtet sein. Wird umgekehrt die Belichtung auf diese hellen Bereiche abgestimmt, erscheinen dunkle Bildpartien zu dunkel, manchmal sogar schwarz ohne Zeichnung. Um dies zu umgehen, kann das High-Dynamic-Range-Verfahren angewandt werden. Der Dynamic Range bezeichnet den Dynamikumfang eines Bildes zwischen hellen und dunklen Stellen im Motiv. High Dynamic Range (HDR) beschreibt ein Verfahren, in dem annähernd der reale Kontrastumfang einer Szene auf dem Aufnahmemedium wiedergegeben wird. Mit der HDR-Panoramakamera von Spheron kann bei der Aufnahme automatisch ein Kontrastbereich bis zu 26 Blendenstufen abgedeckt werden (siehe Kapitel 7.2.1.2).

Panoramakamera mit integrierter HDR-Funktion

Um den realen Kontrastumfang einer Szene über den Dynamikbereich des Filmmaterials oder der Digitalchips hinaus abzubilden, kann man neben der Verwendung spezieller HDR-Kameras auch den kostengünstigeren, aber recht aufwendigen Weg über verschiedene Belichtungsreihen gehen. Dazu werden von einem Motiv bei exakt gleicher Kameraposition so viele Bilder wie verfügbare Blendenstufen aufgenommen. Je mehr Einzelbilder gemacht werden, desto präziser wird das Ergebnis. Da diese Vorgehensweise für eine komplette Panoramareihe sehr aufwendig wäre, können auch sechs oder drei Bilder pro Belichtungsreihe für gute HDR-Ergebnisse genügen. Hierbei sollten in jedem Fall die Extrembereiche (ganz hell und ganz dunkel) abgedeckt werden.

High Dynamic Range mittels Belichtungsreihen und HDR-Software

Diese Einzelbilder können mit spezieller HDR-Software wie beispielsweise HDR Shop zu einem HDR-Bild verschmolzen werden. Weitere Hersteller von HDR-Software finden sich im Herstellerverzeichnis (siehe Kapitel B.1.6). Im Folgenden wird die Erzeugung eines HDR-Bildes mit der Software HDR Shop aufgezeigt.

Bevor aus der Belichtungsreihe ein HDR-Bild entstehen kann, empfiehlt es sich, die für jede Kamera spezifische *Camera Response Curve* zu bestimmen. Es kann zwar mit dem voreingestellten Gammawert von 2,2 gearbeitet werden, allerdings haben die meisten Digitalkameras einen individuellen Gammawert. Wird der individuelle Gammawert der jeweiligen Kamera verwendet, verbessert sich das Endergebnis vor allem im Bereich der Farbdarstellung. Für die Ermittlung der *Camera Response Curve* kann die zur Erzeugung des HDR-Bildes aufgenommene Belichtungsreihe verwendet werden. Über *Create > Camera Response Curve Calibration* gelangt man in das Kennlinien-Menü.

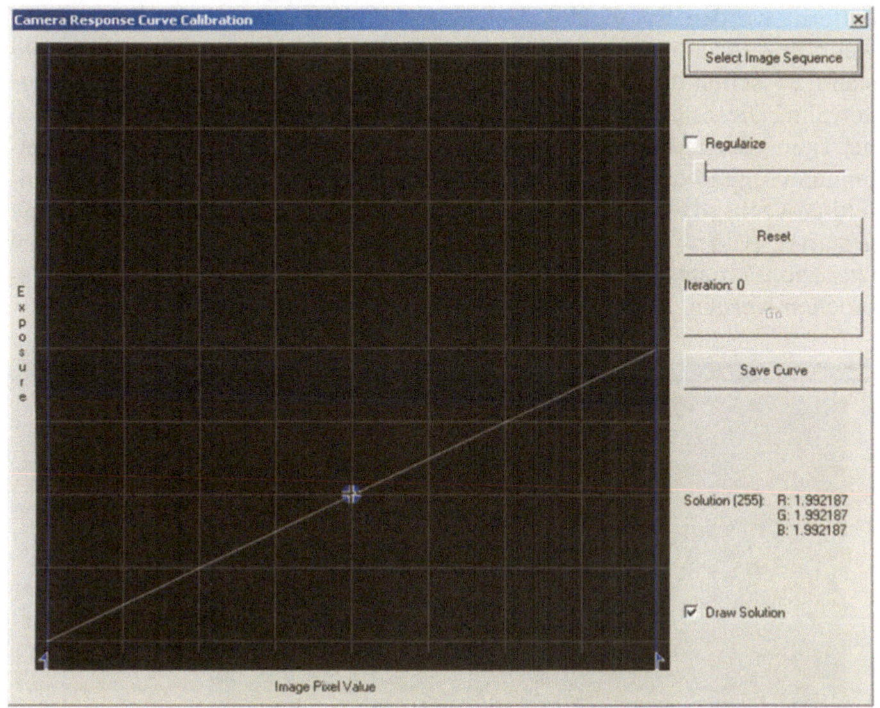

Abbildung 4.15
Das Bearbeitungsfenster *Camera Response Curve* vor Aufnahme der Kennlinie

Mit *Select Image Sequence* gelangt man ins entsprechende Untermenü, hier können die Bilder der Belichtungsreihe über *Load Images* geladen werden.

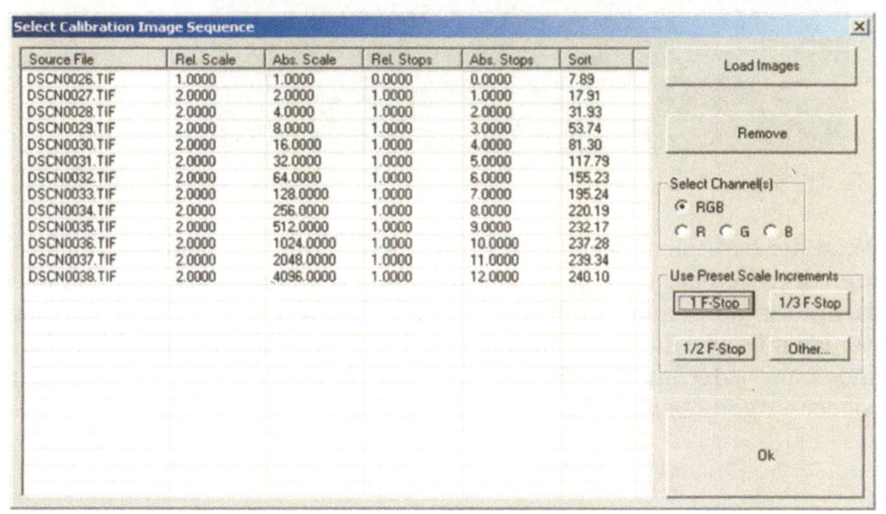

Source File	Rel. Scale	Abs. Scale	Rel. Stops	Abs. Stops	Sort
DSCN0026.TIF	1.0000	1.0000	0.0000	0.0000	7.89
DSCN0027.TIF	2.0000	2.0000	1.0000	1.0000	17.91
DSCN0028.TIF	2.0000	4.0000	1.0000	2.0000	31.93
DSCN0029.TIF	2.0000	8.0000	1.0000	3.0000	53.74
DSCN0030.TIF	2.0000	16.0000	1.0000	4.0000	81.30
DSCN0031.TIF	2.0000	32.0000	1.0000	5.0000	117.79
DSCN0032.TIF	2.0000	64.0000	1.0000	6.0000	155.23
DSCN0033.TIF	2.0000	128.0000	1.0000	7.0000	195.24
DSCN0034.TIF	2.0000	256.0000	1.0000	8.0000	220.19
DSCN0035.TIF	2.0000	512.0000	1.0000	9.0000	232.17
DSCN0036.TIF	2.0000	1024.0000	1.0000	10.0000	237.28
DSCN0037.TIF	2.0000	2048.0000	1.0000	11.0000	239.34
DSCN0038.TIF	2.0000	4096.0000	1.0000	12.0000	240.10

Abbildung 4.16
Die Einzelbilder der Belichtungsreihe werden geladen

Die Bilder werden automatisch nach ihrer durchschnittlichen Helligkeit sortiert, die in der Tabelle (siehe Abbildung 4.16) mit dem Wert *Sort* angegeben ist. Über *Remove* können eventuell zu viel geladene Bilder wieder entfernt werden. Im Feld *Select Channels* bleibt *RGB* aktiviert, da die Kennlinie für alle drei Farbkanäle ermittelt werden soll. Der Blendenabstand zwischen den Einzelbildern wird mit *Use Preset Scale Increments* gewählt. Dieser Blendenabstand kann 1, 2 oder 3 Blendenstufen (*F-Stops*) betragen oder individuell über *Other* festgelegt werden. Sind alle Einstellungen vorgenommen, wird über *OK* wieder zurück ins Kennlinien-Bedienfeld gewechselt. Hier wird mit *Go* die Berechnung der Kamera-Kennlinie gestartet. Ändert sich an der Kennlinie nach zahlreichen Wiederholungen (*Iterations*) nichts mehr, kann der Vorgang über *Stop* auch vorzeitig abgebrochen werden.

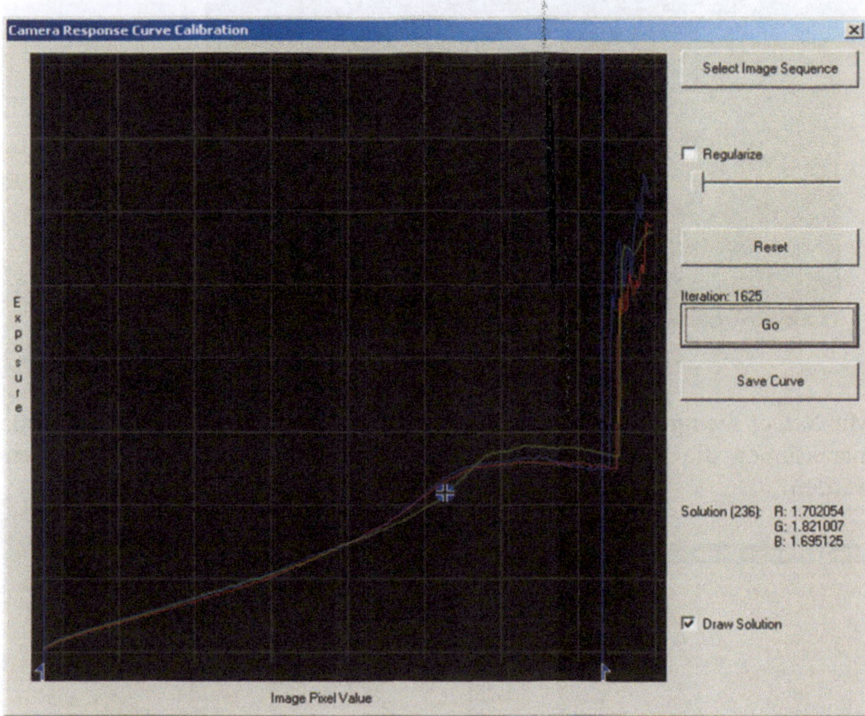

Abbildung 4.17
Die *Camera Response Curve* wird anhand der Einzelbilder berechnet

Weist die berechnete Kennlinie starke Zacken oder Beulen auf, kann sie begradigt werden. Dies geschieht über die Funktion *Regularize* und den dazugehörigen Regler, wobei die Neuberechnung wieder mit *Go* aktiviert werden muss. Ist die Kurve begradigt, wird sie mit *Save Curve* gespeichert und kann jederzeit für die nachfolgende Erzeugung des HDR-Bildes wieder aufgerufen werden.

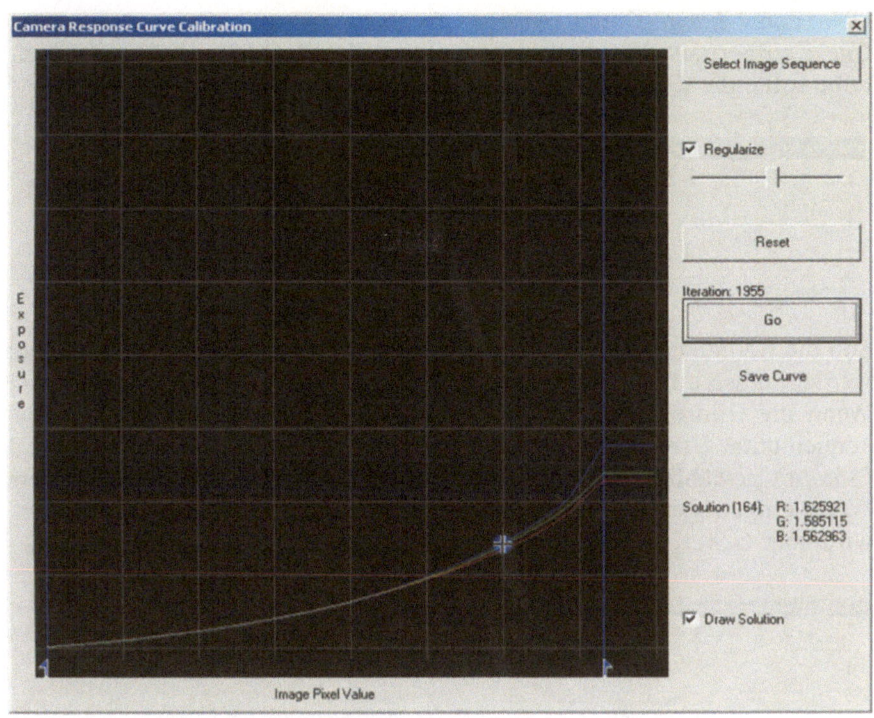

Abbildung 4.18
Die Kennlinie kann über die Funktion *Regularize* optimiert werden

Mit Hilfe dieser *Camera Response Curve* kann jetzt aus den Einzelbildern der Belichtungsreihe ein HDR-Bild erzeugt werden. Um diese Bilderfolge mit HDR Shop zu bearbeiten, wird die Funktion *Create > Assemble HDR from Image Sequence* aufgerufen. Über *Load Images* werden die Bilder der Sequenz importiert.

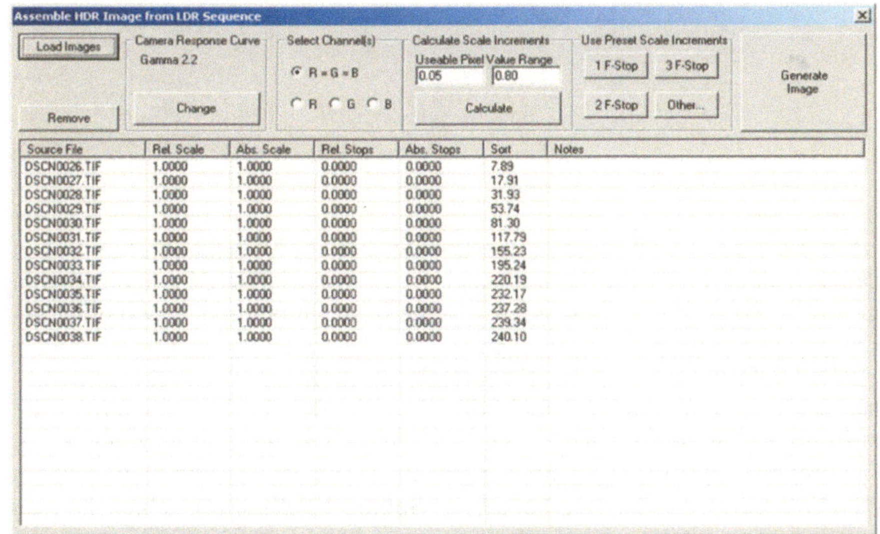

Abbildung 4.19
Zur Erzeugung eines HDR-Bildes werden die Einzelbilder der Belichtungsreihe importiert

Über den *Change*-Button wird die vorher ermittelte *Camera Response Curve* aufgerufen. Für die Erzeugung eines HDR-Bildes aus einer Bilderreihe sollte die Checkbox *Renormalize Curve* aktiviert sein.

Abbildung 4.20
Die *Camera Response Curve* wird mit aktivierter Funktion *Renormalize Curve* geladen

Soll die Berechnung für ein HDR-Bild auf alle drei Farbkanäle angewandt werden, muss im Bereich *Select Channels > R = G = B* ausgewählt sein. Wenn die Bildreihe mit festen Blendenabständen aufgenommen wurde, können unter *Use Preset Scale Increments* vorgegebene Werte (1, 2 oder 3 *F-Stops*) gewählt werden. Andernfalls können über *Other* auch andere Werte eingetragen werden. Sind alle erforderlichen Parameter definiert, wird über *Generate Image* aus der Bildreihe ein HDR-Bild erzeugt.

Abbildung 4.21
Vor Erzeugung des HDR- Bildes werden die Aufnahmeparameter definiert

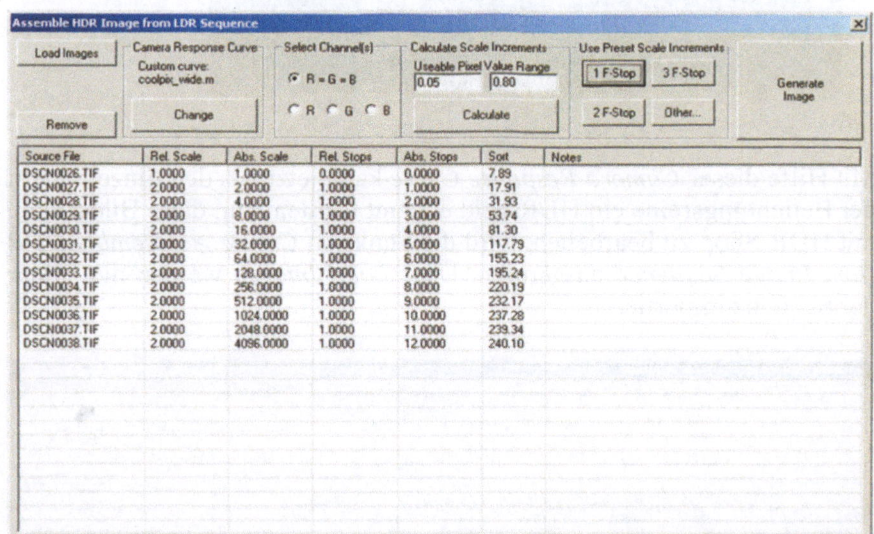

Source File	Rel. Scale	Abs. Scale	Rel. Stops	Abs. Stops	Sort	Notes
DSCN0026.TIF	1.0000	1.0000	0.0000	0.0000	7.89	
DSCN0027.TIF	2.0000	2.0000	1.0000	1.0000	17.91	
DSCN0028.TIF	2.0000	4.0000	1.0000	2.0000	31.93	
DSCN0029.TIF	2.0000	8.0000	1.0000	3.0000	53.74	
DSCN0030.TIF	2.0000	16.0000	1.0000	4.0000	81.30	
DSCN0031.TIF	2.0000	32.0000	1.0000	5.0000	117.79	
DSCN0032.TIF	2.0000	64.0000	1.0000	6.0000	155.23	
DSCN0033.TIF	2.0000	128.0000	1.0000	7.0000	195.24	
DSCN0034.TIF	2.0000	256.0000	1.0000	8.0000	220.19	
DSCN0035.TIF	2.0000	512.0000	1.0000	9.0000	232.17	
DSCN0036.TIF	2.0000	1024.0000	1.0000	10.0000	237.28	
DSCN0037.TIF	2.0000	2048.0000	1.0000	11.0000	239.34	
DSCN0038.TIF	2.0000	4096.0000	1.0000	12.0000	240.10	

Über die Plus- und Minus-Tasten können Sie im Vorschaubild zwischen den einzelnen HDR-Stufen wechseln. Das fertige HDR-Bild kann sowohl in einem HDR-Format als auch in einem so genannten Low-Dynamic-Range-Format gespeichert werden.

Bei HDR-Bildern werden für jedes Pixel nicht nur die Farbinformationen gespeichert, sondern auch die Summe des Lichts, die an dieser bestimmten Stelle auftrifft. Da in der Realität keine Begrenzung in der Lichtmenge stattfindet, werden diese Pixelwerte als Fließkommazahlen (floating point numbers) gespeichert. Solche Fließkommazahlen können beliebig viele Stellen hinter dem Komma haben (0,2132947 usw.). Bei einem herkömmlichen Bild mit 8 bit pro Farbkanal werden die Pixelwerte in ganzen Zahlen gespeichert (0, 1, 2 usw. bis 255). HDR Shop kann spezielle HDR-Formate importieren und exportieren, wie Radiance HDR, Floating Point TIFF (16 bit TIFF), Portable Floatmap (PFM) und Raw Binary Floating Point (FLOAT oder RAW). Zusätzlich ist HDR Shop in der Lage, konventionelle 8-bit-Bildformate, so genannte LDR-Formate, wie BMP, JPEG, TIFF, TGA und PPM, zu bearbeiten.

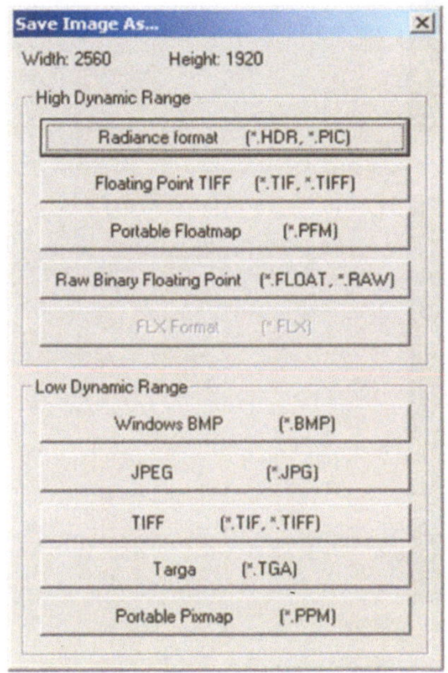

Abbildung 4.22
Das HDR-Bild kann in verschiedenen HDR- und LDR-Dateiformaten gespeichert werden

Auf der nächsten Seite sehen Sie die Ergebnisse der hier bearbeiteten Belichtungsreihe im Vergleich zu einem unbearbeiteten Bild. Beim kompletten Bild sind die Unterschiede zwischen HDR und LDR teilweise nicht auf den ersten Blick wahrnehmbar. Die Vergrößerung bestimmter Bildbereiche zeigt jedoch deutlich den erhöhten Kontrastumfang des HDR-Bildes. Anders als beim einfachen Ersetzen von zu hellen Stellen durch dunklere Bildbereiche wird beim HDR-Verfahren eine wirkliche Anhebung des Tonwertumfangs kompletter Bilder erreicht.

Nähere Informationen zu HDR Shop sowie die Möglichkeit zum Download der Software erhalten Sie unter: http://www.debevec.org/HDRShop [Stand 24.03.2003].

Neben der Optimierung schwieriger Lichtsituationen findet die HDR-Technik Anwendung im 3D-Bereich. Mit Hilfe von HDR-Dateien können bei computergenerierten Bildern realistische Beleuchtungseffekte erzielt werden (siehe Kapitel 7.2.1.2 und Kapitel 14).

Abbildung 4.23
Einzelbild aus der
Belichtungsreihe

Abbildung 4.24
HDR-Bild mit erhöhtem
Kontrastumfang

Abbildung 4.25
Bildausschnitt
links: normales Bild
rechts: HDR-Bild

5. Equipment

5.1 Kameras und Objektive

Unabhängig vom favorisierten Aufnahmemedium (analog oder digital) stehen bei der Suche nach einer geeigneten Kamera für die Panorama- und Objektfotografie verschiedene Lösungen zur Auswahl. Für die Aufnahme von Panoramen wird nicht zwingend eine spezielle Panoramakamera benötigt, auch mit einfacheren Modellen lassen sich passable Ergebnisse erzielen. Letztendlich sind die Kreativität des Fotografen, die Auswahl des Motivs sowie die Bildgestaltung ausschlaggebend für den Eindruck, den die digitalen Panoramen und Objektmovies hinterlassen werden. Im Folgenden werden die Vor- und Nachteile der jeweiligen Kamera- und Objektivkombinationen aufgezeigt.

5.1.1 Kompaktkameras

Kompaktkameras haben in der Regel ein eingebautes Objektiv und einen Sucher, der den Bildausschnitt leicht versetzt darstellt. Das heißt, der Bildbereich, den der Fotograf durch den Sucher sieht, ist nicht identisch mit der Bildinformation, welche die Kamera auf den Film oder Chip bannen wird. Bei den eingebauten Objektiven handelt es sich meist um Zoomobjektive, die aus mehreren Linsen zu einem verstellbaren Objektivsystem kombiniert wurden. Für Panoramaaufnahmen ist es bei einer solchen Kamera ratsam, die maximale Weitwinkelstellung zu wählen. Zwar sind bei den meisten Objektiven in dieser Einstellung die Abbildungsfehler am stärksten ausgeprägt, die Brennweite ist jedoch am besten reproduzierbar.

Vorteile

- Kompaktkameras sind meist günstiger in der Anschaffung als Spiegelreflexkameras.
- Sie haben in der Regel eine geringere Größe und ein geringeres Gewicht.
- Die Handhabung ist durch die Automatik für einige Anwender einfacher.

Nachteile

- Der Sucher zeigt den Bildausschnitt versetzt zur Filmebene.

- Eingebaute Zoomobjektive haben meist eine geringere Abbildungsqualität als Festbrennweiten, die für einen bestimmten Wert optimiert sind.

- Bei vielen Modellen lässt sich die Automatik nicht in allen Bereichen abschalten. Für die Panoramafotografie ist die Einstellbarkeit von Blitz, Belichtung und Autofokus wichtig.

5.1.2 Spiegelreflexkameras

Spiegelreflexkameras zeigen ca. 95 % des kompletten Aufnahmebereichs im Sucher an. Der Strahlengang wird über einen Spiegel zum Sucher umgelenkt, während der Belichtung wird der Spiegel weggeklappt, damit das Licht nicht im Sucher, sondern auf der Filmebene auftrifft. Bei dieser Art von Kamera sind die Objektive in der Regel auswechselbar. Es empfiehlt sich die Verwendung eines Objektivs mit fester Brennweite, da diese Objektive die besseren Abbildungseigenschaften besitzen. Um einen großen Bildwinkel zu erzielen und so die Gesamtbildanzahl für ein Panorama zu reduzieren, ist es ratsam, ein Weitwinkelobjektiv zu verwenden. Hat man lediglich ein Zoomobjektiv, sollte dieses in der Weitwinkelstellung genutzt werden. Hierbei sind zwar die Abbildungsfehler am stärksten ausgeprägt, die Brennweite ist jedoch auf diese Art am besten reproduzierbar.

Vorteile

- Die Objektive sind meist wechselbar.

- Der Sucher zeigt fast den kompletten Bildausschnitt der Aufnahme an.

- Alle erforderlichen Einstellungen lassen sich in der Regel sowohl automatisch als auch manuell vornehmen.

Nachteile

- Abhängig von Kamera- und Objektivtyp kann die Kamera ein großes Gewicht haben.

- Der Anschaffungspreis liegt meist höher als bei Kompaktkameras.

5.1.3 Videokameras

Für die Aufnahme eines Panoramas oder Objektmovies über Einzelbilder kann anstelle einer Fotokamera auch eine digitale Videokamera verwendet werden. Hierbei gibt es häufig zwei Möglichkeiten: Man verwendet die Standbilder des Videofilms oder man nimmt die Einzelbilder über den

Fotomodus auf. Wird das Videobild verwendet, erhält man jedoch nur die derzeit bei Video übliche Auflösung von 1024 x 768 Pixeln. Zudem haben Videostandbilder häufig Bildstreifen, bedingt durch das Zeilensprungverfahren. Um die Standbilder von den Bildstreifen zu befreien, bietet sich die so genannte De-Interlace-Funktion bei einigen Bildbearbeitungsprogrammen an. Werden die Einzelbilder im Fotomodus aufgenommen, sind meist höhere Auflösungen möglich, abhängig vom eingebauten Chip.

Vorteile

- Anhand des Schwarz- und Weißabgleichs kann die Kamera exakt auf die entsprechende Lichtsituation eingerichtet werden.
- Durch das Display ist eine Vorschau der Aufnahme möglich. Allerdings ist es schwierig, die Belichtung allein über das Display zu bestimmen.

Nachteile

- In der Regel bieten Videokameras eine geringere Auflösung als Fotokameras.
- Teilweise sind nicht alle Einzelbilder genügend scharf.
- Digitale Videokameras sind in der Anschaffung meist teurer als digitale Kompaktkameras.

5.1.4 Panoramakameras

Mit den speziellen Panoramakameras können mittels schwenkbarer Objektive oder mit Hilfe eines Drehmotors komplette Panoramen in einem Arbeitsgang realisiert werden. Das Panoramabild entsteht durch Abtasten der Kameraumgebung. Bei den meisten Modellen können verschiedene Objektive angeschlossen werden. Anhand der Brennweite wird der vertikale Bildwinkel bestimmt.

Vorteile

- Ein Panoramabild kann mit einer einzigen Aufnahme realisiert werden.
- Panoramabilder, die weniger als 360° horizontalen Bildwinkel haben, müssen nicht gestitcht werden.
- Bei Panoramen mit einem horizontalen Bildwinkel von 360° und mehr muss nur eine Nahtkante bearbeitet werden.
- Je nach Modell können Helligkeitsunterschiede in der Szene schon bei der Aufnahme ausgeglichen werden.

Abbildung 5.1
Panoramakamera von
Spheron

Nachteile

- Der Anschaffungspreis liegt wesentlich höher als bei normalen digitalen oder analogen Kameras.

- Bei analogen Panoramakameras ist die Verarbeitung des breiten Filmformats teurer als bei den sonst üblichen Formaten.

- Diese Kameras sind in ihrer Anwendung weitgehend auf die Panoramafotografie beschränkt.

- Bei digitalen Panoramakameras führt die Abbildung bewegter Objekte durch die Scantechnik zu Verzerrungen.

5.1.5 One-Shot-Lösungen mit Parabolspiegel

Diese gekrümmten Spiegel werden meist mit einem Adapter auf das jeweilige Objektiv aufgesetzt und ermöglichen eine Rundumansicht mit einer einzigen Aufnahme. Allerdings ist dies nur bis zu einem bestimmten horizontalen Bildwinkel möglich. Daher ist bei dieser Art der Aufnahme die spätere Verwendung für digitale Panoramen auf die zylindrische Variante beschränkt.

Vorteile

- Mit einer einzigen Aufnahme kann zum selben Zeitpunkt ein komplettes Panorama fotografiert werden.

- Es ist kein Stitchen erforderlich.

- Bewegte Objekte in der Szene stellen kein Problem dar, sie können je nach Kameraeinstellung scharf abgebildet werden.

- Außer dem Parabolspiegel und der dazugehörigen Kamera wird kein weiteres Equipment benötigt – es kann ohne Stativ fotografiert werden.

Nachteile

- Die Parabolspiegel sind nicht mit allen Kameras kompatibel.

- Die Verwendung ist auf zylindrische Panoramen beschränkt.

- Das entstandene kreisförmige Bild muss mit spezieller Software in ein Panoramabild umgewandelt werden, sonst macht die Verwendung wenig Sinn.

- Die Auflösung des Panoramas ist auf die maximale Auflösung des Kamerachips begrenzt.

- Parabolspiegel sind nicht so stabil wie Objektive, sie zerbrechen leichter.

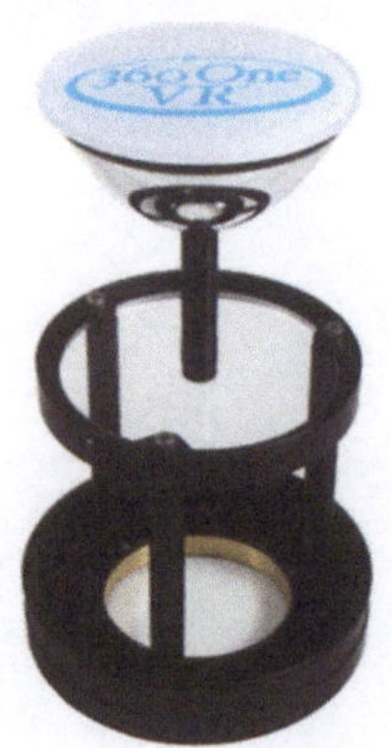

Abbildung 5.2
One-Shot-Parabolspiegel
360 One VR

5.2 Panorama-Stativköpfe

Einige Hersteller bieten spezielle Stativköpfe für die Panoramafotografie an. Man verwendet solche Stativköpfe zur exakten Einstellung des Nodalpunkts und zur Drehung der Kamera um diesen Punkt. Meist gibt es bei den Panoramaköpfen die Möglichkeit, die Anzahl der Aufnahmen pro horizontalem Schwenk mit so genannten Clickstops zu regeln. So müssen Sie bei einem Intervall von beispielsweise 30° nicht nach jeder Aufnahme auf die Gradskala des Stativkopfes schauen, sondern drehen die Kamera einfach bis zum nächsten Einrasten. Es gibt verschiedene Panoramaköpfe, die sich folgendermaßen unterscheiden lassen:

Abbildung 5.3
Stativkopf QTVR 302 plus
von Manfrotto

- Stativköpfe, die für eine spezielle Kamera- und Objektivkombination hergestellt wurden. Meist sind hier Markierungen für das jeweilige Objektiv angebracht. Solche Panoramaköpfe können nur für dieses bestimmte Kameramodell verwendet werden.

- Stativköpfe, die für jede Kamera- und Objektivkombination individuell justierbar sind. Meist sind die justierbaren Köpfe etwas teurer, haben aber klar den Vorteil, dass sich der Nodalpunkt für verschiedene Kameras individuell einstellen lässt.

Nähere Informationen zu bestimmten Modellen finden sich in den Kapiteln 6.2.5 und 7.2.4 sowie im Herstellerverzeichnis (siehe Kapitel B.2.5).

5.3 Drehteller für Objektmovies

Für die Aufnahme von Objektmovies wird eine Vorrichtung benötigt, mit der das Objekt exakt um den Mittelpunkt gedreht werden kann. Wird nicht exakt um diesen Punkt gedreht, wirkt die Bewegung im späteren Objektmovie nicht rund, das Objekt wackelt hin und her. Im einfachsten Fall kann ein Drehteller aus dem Küchenbereich verwendet werden. Allerdings sind diese häufig nicht exakt mittig gelagert. Daher empfiehlt sich die Verwendung eines speziell für diesen Zweck hergestellten Drehtellers. Diese Drehteller haben eine Gradeinteilung und ermöglichen exaktes Drehen des Objekts um einen bestimmten Wert, beispielsweise 10°. Es gibt sowohl manuelle als auch motorisierte Drehteller, bei denen die Drehung vom Rechner aus gesteuert wird.

Abbildung 5.4
Manueller Drehteller Pixi
von Kaidan

Nähere Informationen zu bestimmten Modellen finden sich in Kapitel 8.2.3 sowie im Herstellerverzeichnis (siehe Kapitel B.2.6).

6. Zylindrische Panoramen

6.1 Einleitung

Bei dieser Panoramaform kann horizontal komplett um 360° geschwenkt werden. Der vertikale Sichtbereich ist begrenzt und hängt von der Brennweite des verwendeten Objektivs ab. Zylindrische Panoramen können mit speziellen Panoramakameras aufgenommen werden. Alternativ besteht auch die Möglichkeit, eine Anzahl von Einzelbildern aufzunehmen, die sich jeweils um einen bestimmten Prozentsatz überlappen. Diese Reihe von Einzelbildern wird mit spezieller Stitching-Software zu einem Panoramabild verschmolzen.

6.2 Aufnahmetechnik

6.2.1 Panoramakameras

Auf dem Markt finden sich sowohl analoge als auch digitale Panoramakameras. Bei den analogen Panoramakameras ist die Anwendung meist auf zylindrische Panoramen begrenzt. Je nach verwendetem Objektiv ergibt sich ein entsprechender vertikaler Bildwinkel. Neben den Kameramodellen, die in der Lage sind, mit 360° die komplette Kameraumgebung abzubilden, gibt es auch Modelle, die lediglich rund 150° horizontalen Bildwinkel abdecken. Da dieser geringere Bildwinkel jedoch für die vollständige Abbildung von Räumen und Szenen weniger geeignet ist, wird auf Panoramakameras mit kleinerem Bildwinkel hier nicht näher eingegangen.

In Kapitel 6.2.2.1 wird eine analoge Panoramakamera vorgestellt und Kapitel 7.2.1 zeigt digitale Panoramakameras zur Produktion sphärischer Panoramen. Neben den im Buch präsentierten Modellen gibt es weitere Panoramakameras. Eine Auswahl an Herstellern findet sich in Kapitel B.2.4.

6.2.1.1 Seitz Roundshot 28/220

Die hier vorgestellte analoge Panoramakamera Roundshot 28/220 von Seitz besteht aus zwei zusammengesetzten Körpern (siehe Abbildung 6.1). Im Oberteil befindet sich das Film-Transportsystem und im Unterteil der Motor. Während der Belichtung dreht sich ausschließlich der obere Kamerabereich. Wird eine Aufnahme gestartet, öffnet der Verschluss einen kleinen vertikalen Spalt. Das einfallende Licht des Objektivs wird nun auf die zylindrische Oberfläche des Filmmaterials projiziert. Durch die Drehbewegung wird das Transportsystem aktiviert, das den Film synchron zur Kamerabewegung transportiert und gleichzeitig auf einen Filmkern aufwickelt.

Die Belichtungszeit wird über die Drehgeschwindigkeit geregelt und kann von 1/500 bis zu 8 Sekunden betragen. Der horizontale Aufnahmewinkel kann in 45°-Schritten eingestellt werden und ist bis maximal 999° wählbar. Bei dieser Maximaleinstellung dreht sich die Kamera mehrmals um die eigene Achse, dabei wird ein kompletter Rollfilmstreifen belichtet. Der vertikale Bildwinkel ist auf höchstens 84° beschränkt, da die Kamera auf 28-mm-Objektive optimiert ist und daher die Verwendung von anderen Brennweiten nicht zweckmäßig ist.

Als Filmmaterial können 120er und 220er Mittelformatfilme zum Einsatz kommen. Wählt man das breitere 220er Format erreicht das resultierende Foto eine Bildhöhe von 50 mm. Die Kamera besitzt außerdem einen Verzögerungsstart von bis zu 10 Sekunden. So hat der Fotograf die Möglichkeit, sich für die Aufnahme aus dem Bildbereich zu entfernen.

Um ein auf diese Weise entstandenes Panoramabild in ein digitales Panorama umzuwandeln, muss das Bild zuerst digitalisiert werden. Zum Einscannen eines solchen Panoramabildes wird ein Scanner benötigt, der dieses große Format verarbeiten kann. Dies kann ein Scanner mit Durchlichtaufsatz sein, professionelle Trommelscanner sind jedoch aufgrund ihrer höheren Auflösung besser geeignet. Das Roundshot-Labor in Leipzig bietet spezielle Angebote für diesen Anwendungsfall. Nähere Informationen über den Service dieses Labors erhalten Sie unter: http://www.roundshot-labor.de [Stand 01.04.2003].

Abbildung 6.2 zeigt eine mit dieser Technik entstandene Aufnahme. Welche weiteren Bearbeitungsschritte zur Herstellung eines digitalen Panoramas erforderlich sind, erfahren Sie in Kapitel 6.3.1.

Abbildung 6.1
Roundshot 28/220

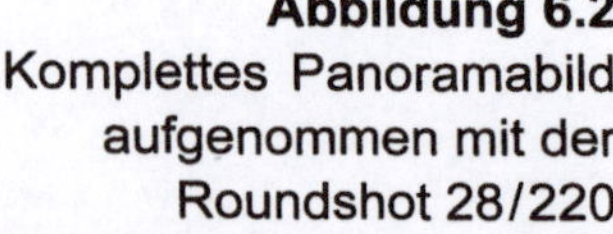

Abbildung 6.2

Komplettes Panoramabild aufgenommen mit der Roundshot 28/220

Vorteile

- Ein Panorama kann mit einer einzigen Aufnahme realisiert werden.

- Es ist kein Stitchen erforderlich.

- Bewegte Objekte in der Szene stellen kein Problem dar, sie können je nach Kameraeinstellung scharf abgebildet werden.

- Außer der Kamera wird kein weiteres Equipment benötigt – es kann auch ohne Stativ fotografiert werden.

- Das Panorama kann aufgrund der hohen Auflösung des analogen Filmmaterials gleichzeitig auch Vorlage zum Drucken und Vergrößern sein.

Nachteile

- Die Kamera kostet rund 3000 € und eignet sich nur für die Panoramafotografie. Für herkömmliche Anwendungszwecke ist sie nicht geeignet.

- Das Filmmaterial und die anschließende Entwicklung sind kostspieliger als bei der normalen Fotografie.

- Die Kosten für die Digitalisierung liegen beim Panoramaformat höher als bei normalem Filmformat.

- Der Produktionsprozess dauert länger als bei der Digitalfotografie, da die Zeit für Entwicklung und Digitalisierung des Filmmaterials hinzukommt.

- Für digitale Panoramen ist die Verwendung auf die zylindrische Variante beschränkt.

6.2.2 One-Shot-Lösungen mit Parabolspiegel

Diese gekrümmten Spiegel werden meist mit einem Adapter auf das jeweilige Objektiv aufgesetzt und ermöglichen eine Rundumansicht mit einer einzigen Aufnahme. Allerdings ist dies nur bis zu einem horizontalen Bildwinkel von etwa 100° möglich.

Da bei der One-Shot-Technik nur ein Bild aufgenommen wird, ist die Auflösung des Panoramas begrenzt auf die maximale Auflösung des Chips der verwendeten Kamera. Hierbei wird jedoch nicht die komplette Chipfläche ausgenutzt, da das Bild ein kreisrundes Format hat. Das so entstandene Bild ist stark verzerrt und muss mit spezieller Software entzerrt werden, um die gewohnte Panoramaansicht zu erzielen. Die Parabolspiegel sind verglichen mit Objektiven nicht besonders strapazierfähig, sie können leichter zerbrechen. Neben der hier vorgestellten One-Shot-Lösung gibt es weitere Parabolspiegel. Eine Auswahl an Herstellern findet sich in Kapitel B.2.3.

Abbildung 6.3
One-Shot-Parabolspiegel
360 One VR

Abbildung 6.4 zeigt eine Aufnahme, die mit der One-Shot-Optik 360 One VR aufgenommen wurde. Diese so genannten Donut-Bilder werden nach der Aufnahme entzerrt. Hierfür wird die mit den Parabolspiegeln ausgelieferte Software verwendet.

Abbildung 6.4
Bild aufgenommen mit
360 One VR

Für die Entzerrung des hier dargestellten Panoramas wurde die Software PhotoWarp verwendet. Mit der Software können sowohl QVTR-Movies als auch zylindrische Bilder erzeugt werden. Nähere Informationen zur Software erhalten Sie unter: http://www.eyesee360.com/photowarp [Stand 13.05.2003]. In Abbildung 6.5 sehen Sie ein umgewandeltes zylindrisches Panorama.

Abbildung 6.5
Mit PhotoWarp
umgewandeltes Bild

Vorteile

- Man kann zum selben Zeitpunkt mit einer einzigen Aufnahme ein komplettes Panorama fotografieren.

- Es ist kein Stitchen erforderlich.

- Bewegte Objekte in der Szene stellen kein Problem dar, sie können je nach Kameraeinstellung scharf abgebildet werden.

- Außer dem Parabolspiegel und der dazugehörigen Kamera wird kein weiteres Equipment benötigt – es kann sogar ohne Stativ fotografiert werden.

Nachteile

- Die Parabolspiegel sind nicht mit allen Kameras kompatibel.

- Die Verwendung ist auf zylindrische Panoramen beschränkt.

- Das entstandene Bild muss digital mit spezieller Software in ein Panoramabild umgewandelt werden, sonst macht die Verwendung der Bilder wenig Sinn.

- Die Auflösung des Panoramas ist begrenzt auf die maximale Auflösung des Kamerachips.

- Parabolspiegel sind nicht so stabil wie Objektive, sie können leichter zerbrechen.

6.2.3 Singlerow-Technik

Bei der Singlerow-Technik wird eine Reihe von Einzelbildern aufgenommen, die sich jeweils um einen bestimmten Prozentsatz überlappen. Zur Aufnahme dieser Bildreihe können analoge oder digitale Kameras verwendet werden. Die Anzahl der Einzelbilder richtet sich nach dem Bildwinkel des verwendeten Objektivs (siehe Kapitel 2.2.4). Für die Produktion zylindrischer Panoramen können zur Erhöhung des vertikalen Schwenkwinkels auch mehr als eine Bildreihe aufgenommen werden. Was dabei beachtet werden muss und mit welchem Equipment diese so genannte Multirow-Technik umsetzbar ist, erfahren Sie in Kapitel 6.2.4.

Für die Aufnahme zylindrischer Panoramen empfiehlt sich die Verwendung eines speziellen Panorama-Stativkopfes (siehe Kapitel 6.2.5).

In Abbildung 6.6 sehen Sie eine Bildreihe, die mit dieser Technik realisiert wurde. Welche weiteren Bearbeitungsschritte zur Herstellung eines digitalen Panoramas erforderlich sind, erfahren Sie in Kapitel 6.3.

Abbildung 6.6
Einzelbilder eines
Singlerow-Panoramas

Vorteile

- Für die Singlerow-Technik ist kein spezielles Kamera-Equipment erforderlich, es kann nahezu jede Kamera- und Objektivkombination verwendet werden.

- Verglichen mit der Multirow-Technik werden verhältnismäßig wenige Einzelbilder benötigt.

Nachteile

- Um die Kamera exakt ausrichten zu können, empfiehlt sich die Verwendung eines Stativs mit Panorama-Stativkopf.

- Abhängig von der Objektivbrennweite sind zwischen 6 und 18 Einzelbilder erforderlich.

- Der benötigte Zeitaufwand fürs Stitchen ist abhängig von der Anzahl der Einzelbilder.

- Die Singlerow-Technik ist problematisch bei bewegten Objekten. Hier ist nicht ausgeschlossen, dass diese im Panorama unvollständig abgebildet werden.

6.2.4 Multirow-Technik

Hierbei werden abhängig vom Bildwinkel des verwendeten Objektivs eine Vielzahl von Einzelbildern benötigt. Beginnend mit der Horizontreihe werden bei dieser Technik mehrere sich überlappende Bildreihen aufgenommen. Abhängig von der Anzahl dieser Bildreihen können dabei sowohl zylindrische als auch sphärische Panoramen entstehen. Zylindrische Panoramen, die mit der Multirow-Technik aufgenommen wurden, haben meist einen größeren vertikalen Schwenkbereich als solche, die mit der Singlerow-Technik produziert wurden. Für diese Aufnahmetechnik benötigt man einen Stativkopf, der die Justierung des Nodalpunkts in horizontaler wie in vertikaler Richtung zulässt.

Die Einzelbilder für diese Technik können mit den Stativköpfen Quickpan III von Kaidan oder Roundshot VR-Drive aufgenommen werden (siehe Kapitel 6.2.5).

In Abbildung 6.7 sehen Sie zwei Bildreihen, die mit dieser Technik realisiert wurden. Welche weiteren Bearbeitungsschritte zur Herstellung eines digitalen Panoramas erforderlich sind, erfahren Sie in Kapitel 6.3.4.

Abbildung 6.7
Einzelbilder eines
zweireihigen Multirow-
Panoramas

Vorteile

- Für die Multirow-Technik ist kein spezielles Equipment erforderlich, es kann nahezu jede Kamera- und Objektivkombination verwendet werden.

- Durch die Anzahl der Einzelbilder erhöht sich die Auflösung des kompletten Bildes.

Nachteile

- Zur exakten Ausrichtung der Kamera wird ein spezieller Panorama-Stativkopf benötigt, mit dem Multirow-Aufnahmen möglich sind.

- Durch die verhältnismäßig hohe Anzahl von Einzelbildern erhöht sich der Zeitaufwand sowohl für die Aufnahme als auch fürs Stitchen.

- Die Multirow-Technik ist problematisch bei bewegten Objekten. Hier ist nicht ausgeschlossen, dass diese im Panorama unvollständig abgebildet werden.

6.2.5 Stativköpfe

Für die exakte Drehung der Kamera um den Nodalpunkt empfiehlt sich die Verwendung eines speziellen Stativkopfes. Im Folgenden werden verschiedene Stativköpfe vorgestellt. Weitere Hersteller von Panorama-Stativköpfen finden sich im Herstellerverzeichnis (siehe Kapitel B.2.5).

Manfrotto QTVR 302 plus

Dieser Stativkopf (siehe Abbildung 6.8) ist individuell justierbar und passt so für viele Kameramodelle. Der Manfrotto QTVR-Kopf eignet sich allerdings nur für zylindrische Panoramen.

Abbildung 6.8
Manfrotto QTVR 302 plus

Kaidan Kiwi 5000

Der Kiwi 5000 (siehe Abbildung 6.9) ist nur für die Nikon Coolpix 5000 und die Coolpix 990 geeignet. Mit diesem Modell können zylindrische wie sphärische Panoramen aufgenommen werden, abhängig vom verwendeten Objektiv.

Abbildung 6.9
Kaidan Kiwi 5000

Abbildung 6.10
Kaidan Quickpan III

Kaidan Quickpan III

Der Quickpan III-Stativkopf (siehe Abbildung 6.10) ist individuell justierbar, passt also für viele verschiedene Kameras. Mit diesem Modell können zylindrische und sphärische Panoramen mit der Singlerow- oder der Multirow-Technik aufgenommen werden.

Abbildung 6.11
Roundshot VR-Drive

Roundshot VR-Drive

Der VR-Drive (siehe Abbildung 6.11) ist ein motorisierter Stativkopf für Singlerow- und Multirow-Aufnahmen. Der Stativkopf ist individuell einstellbar und je nach eingesetztem Objektiv lassen sich damit zylindrische und sphärische Aufnahmen realisieren. Der Motor steuert neben der Drehbewegung auch den Auslöser.

6.3 Stitching-Software

In diesem Kapitel werden einige Software-Produkte zur Herstellung zylindrischer Panoramen vorgestellt. Weitere Software-Hersteller finden sich im Herstellerverzeichnis (siehe Kapitel B.1.1). Einige der Software-Produkte sind sowohl für die Herstellung von zylindrischen als auch für die Produktion von kubischen und sphärischen Panoramen geeignet. Da hier unmöglich alle Varianten aufgezeigt werden können, finden Sie in Kapitel 12 einen tabellarischen Überblick über die Funktionalität der vorgestellten Software-Produkte.

6.3.1 VR Worx – VR PanoWorx (Panoramabild)

Im Folgenden wird die Bildbearbeitung von zylindrischen Aufnahmen, die mit Panoramakameras entstanden sind, erläutert. Näheres über die Aufnahme solcher Panoramen erfahren Sie in Kapitel 6.2.1. Nach der Aufnahme sind weitere Arbeitsschritte notwendig, damit aus einem Panoramabild ein zylindrisches Panorama entstehen kann.

Zunächst sollte man, falls erforderlich, Farb- und Helligkeitsveränderungen vornehmen. Dies geschieht mit handelsüblicher Bildbearbeitungs-Software am besten am kompletten Panoramabild. Nach der Farbkorrektur wird die horizontale Schnittstelle festgelegt. Dies ist notwendig, wenn für die Überlappung beispielsweise 380° statt der benötigten 360° aufgenommen wurden. Man sucht sich eine markante Stelle im Überlappungsbereich und schneidet die überflüssigen Bildbereiche rechts und links ab.

Wie solche zylindrischen Panoramabilder mittels Java-Viewer publiziert werden können, erfahren Sie in Kapitel 10.2. Dort finden Sie nähere Informationen über die Viewer sowie den Quellcode, mit dem die Panoramen in HTML-Dateien eingebunden werden können.

Alternativ zur Publikation mit einem Java-Viewer können zylindrische QTVR-Movies erzeugt werden. Für die Bearbeitung des Beispielpanoramas wird die Software VR PanoWorx verwendet.

In VR Worx wird über das Menü *File > New* mit der Funktion *Create New > Create a Panorama* der Programmbereich VR PanoWorx aufgerufen. Um mit VR PanoWorx aus einem zylindrischen Panoramabild ein QTVR-Movie zu erzeugen, werden die Bearbeitungsbereiche *Setup, Blend, Compress* und *Playback* durchlaufen.

Auf der CD finden Sie eine Demo-Version von VR Worx unter:
\Demo-Versionen\Mac bzw. \Demo-Versionen\PC

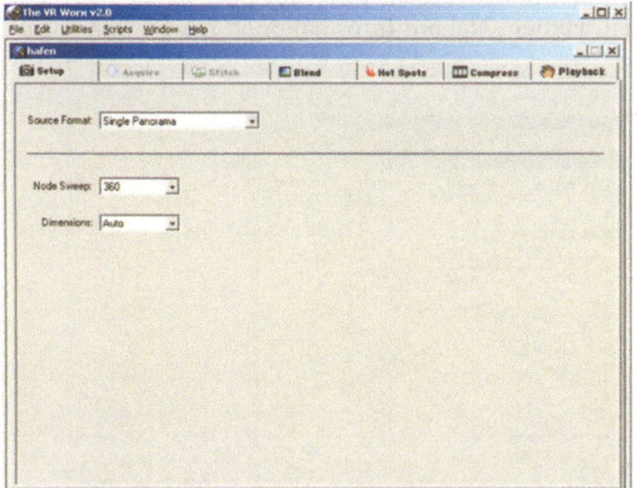

Abbildung 6.12
Im Bereich *Setup* werden die Eigenschaften des Panoramabildes definiert

Zuerst wird im Bereich *Setup* (siehe Abbildung 6.12) unter *Source Format* im Pulldown-Menü *Single Panorama* ausgewählt. Unter *Node Sweep* wird der horizontale Bogenwinkel, den die Aufnahme umfasst, definiert. Über

Dimensions können die Bildmaße eingegeben werden oder durch Auswahl der Funktion *Auto* automatisch bestimmt werden. Sind diese Einstellungen getroffen, wird ins Bedienfeld *Blend* gewechselt.

Abbildung 6.13
Im Bereich *Blend* wird das Panoramabild importiert

Das Panoramabild wird im Bereich *Blend* (siehe Abbildung 6.13) über die Funktion *Commands > Import* geladen. Die Software integriert alle Einzelbilder in das bestehende VR Worx-Dokument, daher sind VR Worx-Dateien verglichen mit Projektdateien anderer Programme entsprechend groß.

Im Bearbeitungsbereich *Hot Spots* können mit der Funktion *Tools* Hotspots in beliebiger Form definiert werden. Den Hotspots können diverse Funktionen zugewiesen werden. Nähere Informationen hierzu finden Sie in Kapitel 9.3.2.

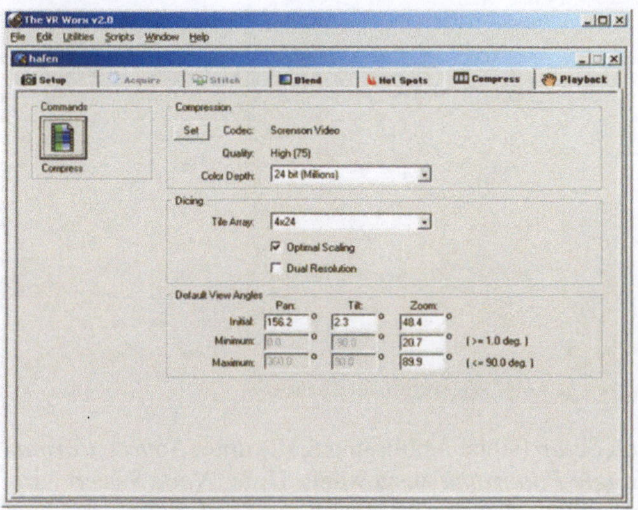

Abbildung 6.14
Unter *Compress* wird das QTVR-Movie erzeugt und dabei mit dem gewählten Codec komprimiert

Im Bereich *Compress* (siehe Abbildung 6.14) kann über *Compression > Set* der Kompressions-Codec bestimmt werden. Voreingestellt ist *Foto-JPEG Quality Medium*. Aber auch andere Kompressionseinstellungen können gute Ergebnisse erzielen. Nähere Informationen zu den QuickTime-Codecs bietet Kapitel 10.1. Mit *Color Depth* wird die Farbtiefe festgelegt. Es empfiehlt sich, die voreingestellten *24 bit (Millions)* zu übernehmen. Im Feld *Dicing* wird das Panoramabild in quadratische Stücke (*Tiles*) unterteilt, so dass beim Abspielen des QTVR-Movies nur die sichtbaren Bildbereiche geladen werden. Auf diese Art kann die CPU-Auslastung während des Abspielens gering gehalten werden. Je mehr *Tiles* gewählt werden, desto weniger Speicher wird beim Betrachten des Movies beansprucht. Unter *Default View Angles* können Bildausschnitt und zoombarer Bereich für das QTVR-Movie bestimmt werden. Es empfiehlt sich jedoch, diese Einstellungen im Bereich *Compress* unbearbeitet zu lassen und die betreffenden Werte im Feld *Playback* vorzunehmen. Dort können dieselben Parameter definiert und direkt am Panorama getestet werden. Sind alle Einstellungen getroffen, wird das QTVR-Movie über *Commands > Compress* gerendert. Das fertige Movie wird im *Playback*-Fenster (siehe Abbildung 6.15) betrachtet und getestet.

Abbildung 6.15
Im Bereich *Playback* wird das Objektmovie geprüft und nach Festlegung weiterer Eigenschaften gespeichert

Sie finden das hier vorgestellte Panoramabild sowie das QTVR-Movie auf der CD unter:
\Workshop\Kap_06 zylindrische Panoramen\ 6_3_1 Panoramabild

Die endgültige Fenstergröße wird über *Playback Window* definiert. Unter *Attributes > Annotate* können dem Panorama Informationen wie Name und Copyright beigefügt werden. *Attributes > Interaction* bestimmt die Mausfunktionen sowie die Drehgeschwindigkeit des QTVR-Movies. Mit *Attributes > Imaging* wird die Bildqualität des Panoramas während der Drehung (*Motion*) und im statischen Zustand (*Static*) beeinflusst. Über *Attributes > Playback* bestimmt man die Eigenschaften weiterer QuickTime-Komponenten wie Video und Ton. Über *Constraints > Initial > Set* definiert man den Bildausschnitt des Panoramas, der beim Start des Movies zu sehen sein wird. Mit den Funktionen *Constraints > Min. Zoom* und *Max. Zoom* wird der Bereich festgelegt, in dem der Benutzer das QTVR-Bild vergrößern und verkleinern kann. Sind alle Einstellungen getroffen, wird das Panorama über *Export Movie* gespeichert.

Wie QTVR-Movies publiziert werden können, erfahren Sie in Kapitel 10.1. Dort finden Sie nähere Informationen über die Viewer sowie den Quellcode, mit dem die Panoramen in Websites eingebunden werden können.

Vorteile

- Einfache Handhabung und gute Nachvollziehbarkeit der einzelnen Funktionen.

- Die Software unterstützt den Import zahlreicher Dateiformate und über die TWAIN-Schnittstelle können gescannte Bilder direkt geladen werden.

Nachteile

- Mit der Software können nur zylindrische QTVR-Movies erzeugt werden. Andere Projektionsformate werden nicht unterstützt.

- Da die eingebundenen Bilddaten nicht referenziert, sondern integriert werden, sind die VR Worx-Dokumente entsprechend groß (Größenordnung 200 MB und mehr). Aus diesem Grund enthält die Buch-CD für das vorgestellte Beispiel nur das fertig gestellte Panorama und nicht das dazugehörige VR Worx-Dokument.

Auf der CD finden Sie eine Demo-Version von VR Worx unter: \Demo-Versionen\Mac bzw. \Demo-Versionen\PC

6.3.2 VR Worx – VR PanoWorx (Singlerow-Technik)

Mit der Software VR Worx ist die Bearbeitung von Singlerow-Panoramen möglich. Im Folgenden erfahren Sie, wie Sie ein zylindrisches QTVR-Movie erstellen können.

In VR Worx wird über das Menü *File > New* mit der Funktion *Create New > Create a Panorama* der Programmbereich VR PanoWorx aufgerufen. Um mit VR PanoWorx ein zylindrisches Panorama zu erzeugen, werden die sieben Bearbeitungsbereiche *Setup*, *Acquire*, *Stitch*, *Blend*, *Hot Spots*, *Compress* und *Playback* durchlaufen.

Zuerst wird im Bereich *Setup* (siehe Abbildung 6.16) über das Pulldown-Menü *Source Format > Multiple Images* ausgewählt. Unter *Acquire From* können Bildquellen wie Scanner oder Videokarten angewählt werden. Hat man die vorgesehenen Bilder schon auf dem Rechner vorliegen, wählt man hier *Acquire From > PLUG-IN Image File*. Über *Node Sweep* wird der horizontale Bogenwinkel bestimmt, meist sind das 360°. *Max Frames* definiert die Anzahl der Einzelbilder. Im Feld *Lens Params* wird unter *Length* die Brennweite des verwendeten Objektivs eingegeben. Abhängig von dieser Angabe ermittelt die Software automatisch den vertikalen Bildwinkel (*F.O.V.*). Über *Image Size* werden die Bildmaße festgelegt, anhand dieses Wertes und der Anzahl der Einzelbilder errechnet die Software den Überlappungsgrad *Overlap*.

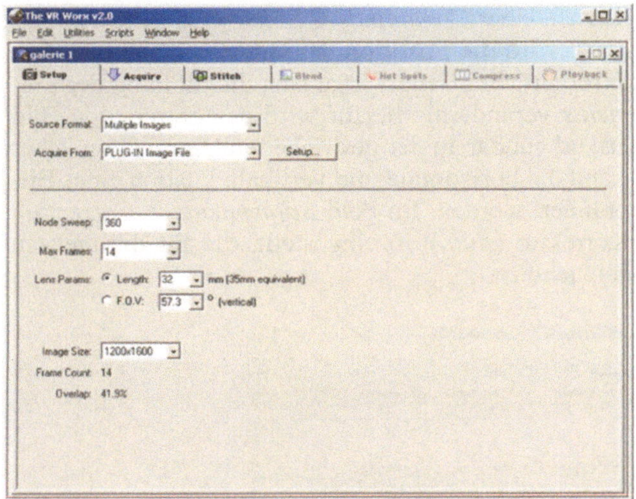

Abbildung 6.16
Im Bereich *Setup* werden die Eigenschaften der Einzelbilder definiert

Im Bereich *Acquire* (siehe Abbildung 6.17) sind Platzhalter für die Einzelbilder vorhanden, abhängig von den Angaben im Bedienfeld *Setup*. Über *Image > Multiple* werden die Einzelbilder importiert. Sollen einzelne Bilder ausgetauscht werden, können mit der Funktion *Tools > Clear* ausgewählte Bilder gelöscht und über *Image > Single* Ersatzbilder importiert werden. Die Software integriert alle Einzelbilder in das bestehende VR Worx-Dokument, daher sind VR Worx-Dateien verglichen mit Projektdateien anderer Programme entsprechend groß.

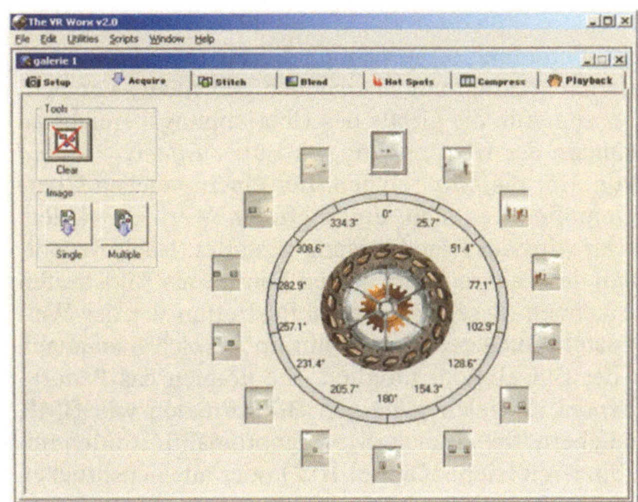

Abbildung 6.17
Unter *Acquire* werden die Einzelbilder importiert

Der Bearbeitungsbereich *Stitch* (siehe Abbildung 6.18) erlaubt die Positionierung der einzelnen Bilder. Unter *Commands > Tolerance* können die vertikalen und horizontalen Toleranzbereiche fürs Stitchen eingestellt werden. Für den ersten Durchgang ist es ratsam, die voreingestellten Werte unverändert zu lassen. Über *Commands > Stitch* wird der Stitching-Vorgang gestartet. Danach wird die Postition der Bilder anhand des Panoramabildstreifens kontrolliert. Bei Bedarf lässt sich die Stellung der Einzelbilder über *Adjustments* verändern. Hierfür wird das betreffende Bild im Bildstreifen markiert, erkennbar an der gestrichelten Umrandung. Über *Adjustments > Offset* kann die horizontale und vertikale Postion eines Bildes mit den Pfeilen verändert werden. Im Feld *Adjustments > Correction* ist die automatische Korrektur (*Auto*) voreingestellt, die für die meisten Anwendungsfälle ausreichend ist.

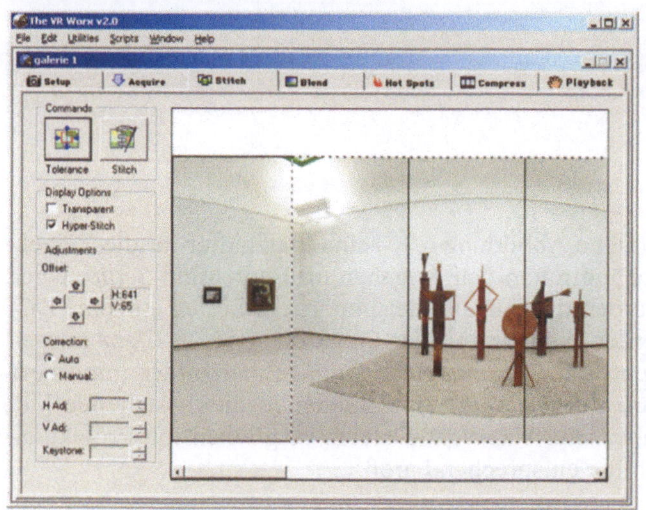

Abbildung 6.18
Im Bearbeitungsbereich *Stitch* werden die Einzelbilder positioniert

Im Bereich *Blend* (siehe Abbildung 6.19) werden die Einzelbilder anhand der unter *Stitch* definierten Ausrichtung ineinander geblendet. Vor dem Start des Blendens ist es sinnvoll, die Größe des Überlappungsbereichs zu definieren. Die Ausdehnung der Überlappung wird über *Effects > Blend* eingestellt und kann von *Min* bis *Max* reichen. Für einen weichen Übergang der Einzelbilder empfiehlt es sich, einen großen Wert zu wählen. Über *Commands > Blend* wird der Blendvorgang gestartet. Nach Beendigung des Prozesses kann das Panorama im selben Fenster als Bildstreifen betrachtet werden. Sie können diesen Panoramabildstreifen vor der Weiterbearbeitung als Bilddatei speichern. Dies ist nur im Bereich *Blend* nach dem Zusammenfügen der Einzelbilder möglich. Sie können das Panoramabild über *File > Export* in vielen gängigen Bildformaten wie BMP, JPG, PSD und TIFF speichern. Sie können diese Panoramabildstreifen mit einem Java-Viewer publizieren (siehe Kapitel 10.2) oder auch ausdrucken (siehe Kapitel 10.6). Für die Produktion eines QTVR-Movies sind weitere Bearbeitungsschritte notwendig.

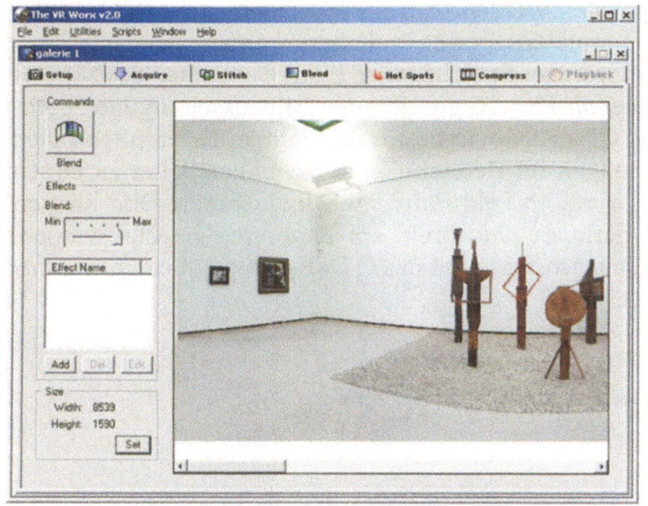

Abbildung 6.19
Mit der Funktion *Blend* werden die Einzelbilder zu einem Panoramabild verschmolzen

Im Bearbeitungsbereich *Hot Spots* können mit der Funktion *Tools* Hotspots in beliebiger Form definiert werden. Den Hotspots können diverse Funktionen zugewiesen werden. Nähere Informationen hierzu finden Sie in Kapitel 9.3.2.

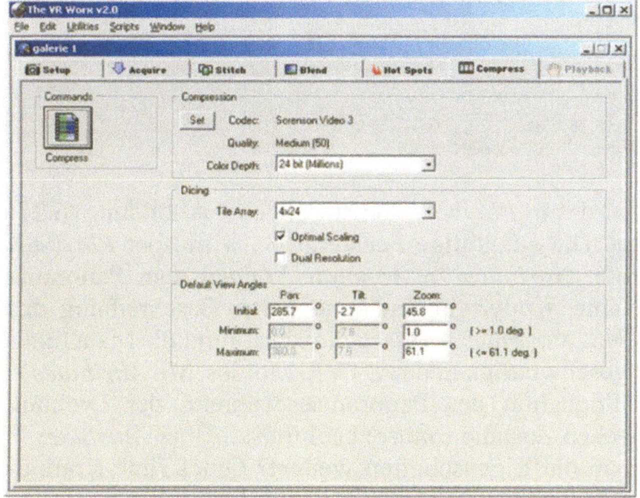

Abbildung 6.20
Unter *Compress* wird das QTVR-Movie erzeugt und dabei mit dem gewählten Codec komprimiert

Im Bereich *Compress* (siehe Abbildung 6.20) kann über *Compression > Set* der Kompressions-Codec bestimmt werden. Voreingestellt ist *Foto-JPEG Quality Medium*. Aber auch andere Kompressionseinstellungen können gute Ergebnisse erzielen. Nähere Informationen zu den QuickTime-Codecs bietet Kapitel 10.1. Mit *Color Depth* wird die Farbtiefe festgelegt. Es empfiehlt sich, die voreingestellten *24 bit (Millions)* zu übernehmen. Im Feld *Dicing* wird das Panoramabild in quadratische Stücke (*Tiles*) unterteilt, so dass beim Abspielen des Movies nur die sichtbaren Bildbereiche geladen werden. Auf diese Art kann die CPU-Auslastung während des Abspielens gering gehalten werden. Je mehr *Tiles* gewählt werden, desto weniger Speicher wird beim Betrachten des Movies beansprucht. Unter *Default View Angles* können Bildausschnitt und zoombarer Bereich für das QTVR-Movie bestimmt werden. Es empfiehlt sich jedoch, diese Einstellungen im Bereich *Compress* unbearbeitet zu lassen und die betreffenden Werte im Feld *Playback* vorzunehmen. Dort können dieselben Parameter definiert und direkt am Panorama getestet werden. Sind alle Einstellungen getroffen, wird das QTVR-Movie über *Commands > Compress* gerendert.

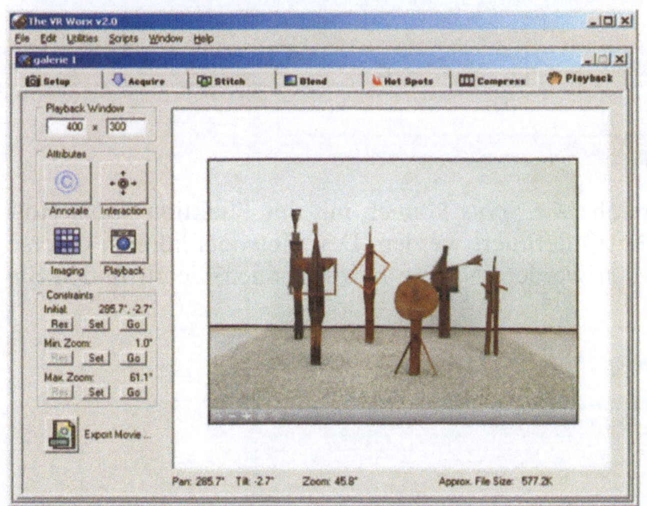

Abbildung 6.21
Das Panorama wird im Bereich *Playback* geprüft und nach Festlegung weiterer Eigenschaften gespeichert

Das fertige Movie wird im *Playback*-Fenster (siehe Abbildung 6.21) betrachtet und getestet. Die endgültige Fenstergröße wird über *Playback Window* definiert. Unter *Attributes > Annotate* können dem Panorama Informationen wie Name, Copyright und eine kurze Beschreibung des Inhalts beigefügt werden. *Attributes > Interaction* bestimmt die Mausfunktionen sowie die Drehgeschwindigkeit des QTVR-Movies. Mit *Attributes > Imaging* wird die Bildqualität des Panoramas während der Drehung (*Motion*) und im statischen Zustand (*Static*) beeinflusst. Über *Attributes > Playback* bestimmt man die Eigenschaften weiterer QuickTime-Komponenten wie Video und Ton. Über *Constraints > Initial > Set* definiert man den Bildausschnitt des Panoramas, der beim Start des Movies zu sehen sein wird. Mit den Funktionen *Constraints > Min. Zoom* und *Max. Zoom* wird der Bereich festgelegt, in dem der Benutzer das QTVR-Bild vergrößern und verkleinern kann. Sind alle Einstellungen getroffen, wird das Panorama über *Export Movie* gespeichert.

Wie QTVR-Movies publiziert werden können, erfahren Sie in Kapitel 10.1. Dort finden Sie nähere Informationen über die Viewer sowie den Quellcode, mit dem die Panoramen in Websites eingebunden werden können.

Sie finden die hier vorgestellten Rohbilder sowie das QTVR-Movie auf der CD unter: \Workshop\Kap_06 zylindrische Panoramen\ 6_3_2 VR Worx

Vorteile

- Einfache Handhabung und gute Nachvollziehbarkeit der einzelnen Funktionen.

- Die Software unterstützt den Import zahlreicher Dateiformate und über die TWAIN-Schnittstelle und können gescannte Bilder direkt geladen werden.

Nachteile

- Mit der Software können nur zylindrische QTVR-Movies erzeugt werden. Andere Projektionsformate werden nicht unterstützt.

- Da die eingebundenen Bilddaten nicht referenziert, sondern integriert werden, sind die VR Worx-Dokumente entsprechend groß (Größenordnung 200 MB und mehr). Aus diesem Grund enthält die Buch-CD für das vorgestellte Beispiel nur die Rohbilder sowie das fertig gestellte Panorama und nicht das dazugehörige VR Worx-Dokument.

6.3.3 PTools – PTGui (Singlerow-Technik)

Die Software Panorama Tools (PTools) besteht aus verschiedenen Komponenten und ist für die Produktion zylindrischer, sphärischer und kubischer Panoramen geeignet. Darüber hinaus können mit PTools beispielsweise auch Abbildungsfehler von Objektiven korrigiert sowie Objektbildstreifen für die Produktion von Objektmovies erzeugt werden. Das Software-Paket PTools enthält folgende Einzelanwendungen:

Auf der CD finden Sie die Software PTools unter: \Demo-Versionen\Mac bzw. \Demo-Versionen\PC

- *PTEditor* ist ein grafischer Panorama-Editor.

- *PTStitcher* wird zum Stitchen von Panoramen verwendet.

- *PTPicker* stellt die Anordnung der Bilder grafisch dar.

- *PTStereo* berechnet 3D-Daten aus Bilderpaaren unterschiedlicher Blickwinkel.

- *PTInterpolate* gibt zwei Bildern derselben Szene mit unterschiedlichen Blickwinkeln einen gemeinsamen Blickwinkel.

- *PTMorpher* ist eine Morphing-Software.

- *PTAverage* reduziert das Rauschen in Digitalbildern und erhöht den Kontrastumfang eines Bildes durch Mittelwertbildung mehrerer Bilder.

- *PTStripe* kombiniert eine Reihe von Objektbildern zu Filmstreifen, um sie mittels Objekt-Viewern betrachten zu können (siehe Kapitel 8.3.1).

- *Panorama Tools für Photoshop* sind Plug-ins zur Bearbeitung und Umwandlung von Panoramen sowie zur Korrektur von Abbildungsfehlern (siehe Kapitel 4).

Da die Software PTools nicht sehr intuitiv zu bedienen ist, bietet sich die Verwendung von Zusatzprogrammen wie PTGui oder PTMac an. Diese Software vereint alle Funktionen von PTools unter einer gut verständlichen grafischen Oberfläche. PTGui läuft nur unter Windows, ein vergleichbares Produkt für den Macintosh heißt PTMac.

Um mit der Software PTGui ein Panorama zu erzeugen, werden folgende Bearbeitungsbereiche durchlaufen: *Source Images, Lens Settings, Panorama Settings, Crop, Image Parameters, Control Points, Optimizer, Preview* und *Create Panorama*.

Zuerst werden die Einzelbilder im Bereich *Source Images* (siehe Abbildung 6.22) über den Button *Add* importiert. Bei Bedarf kann von hier aus die PTools-Applikation *Correct* aufgerufen werden, mit deren Hilfe sich Abbildungsfehler von Objektiven korrigieren lassen. Hierbei ist zu beachten, dass unter Anwendung dieser Funktion von PTGui aus die Originalbilder überschrieben werden, daher sollten Sie eine Sicherungskopie der betreffenden Bilder anlegen. Nähere Informationen zu den Korrekturmöglichkeiten mit der PTools-Funktion *Correct* erhalten Sie in Kapitel 4.

Abbildung 6.22
Im Bearbeitungsbereich
Source Images werden die
Einzelbilder geladen

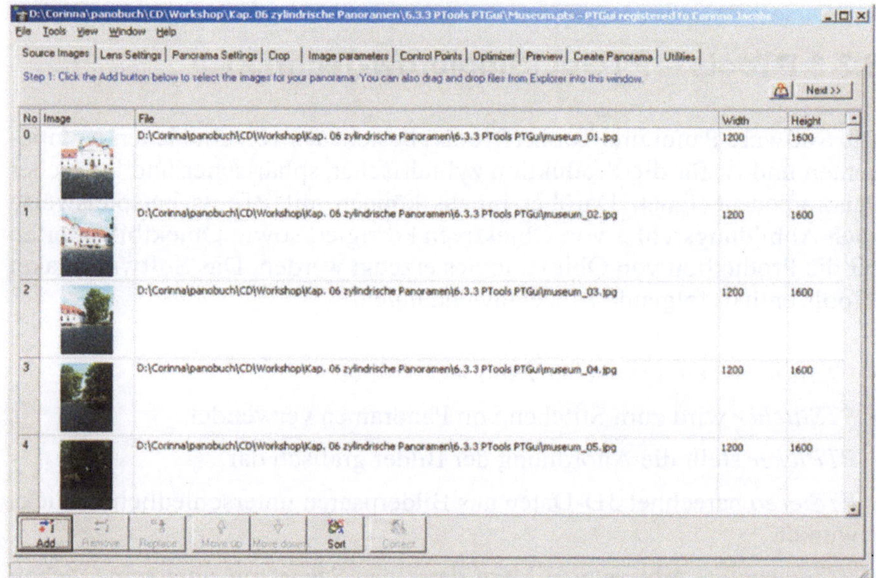

Im Bereich *Lens Settings* (siehe Abbildung 6.23) wählen Sie unter *Lens type* den von Ihnen verwendeten Objektivtyp im Pulldown-Menü aus. Unter *Hor. Field of View* geben Sie den horizontalen Bildwinkel der Aufnahmen ein oder wählen alternativ einen Wert für die Brennweite (*focal length*). Abhängig von der Angabe einer der beiden Werte ermittelt die Software automatisch den korrespondierenden Parameterwert. Die Ausrichtung der Bilder (*Landscape* = Querformat und *Portrait* = Hochformat) kann im Menü *orientation* bestimmt werden. Im Feld *Advanced* lassen sich Korrekturwerte für das verwendete Objektiv numerisch eingeben und über *Restore defaults* speichern.

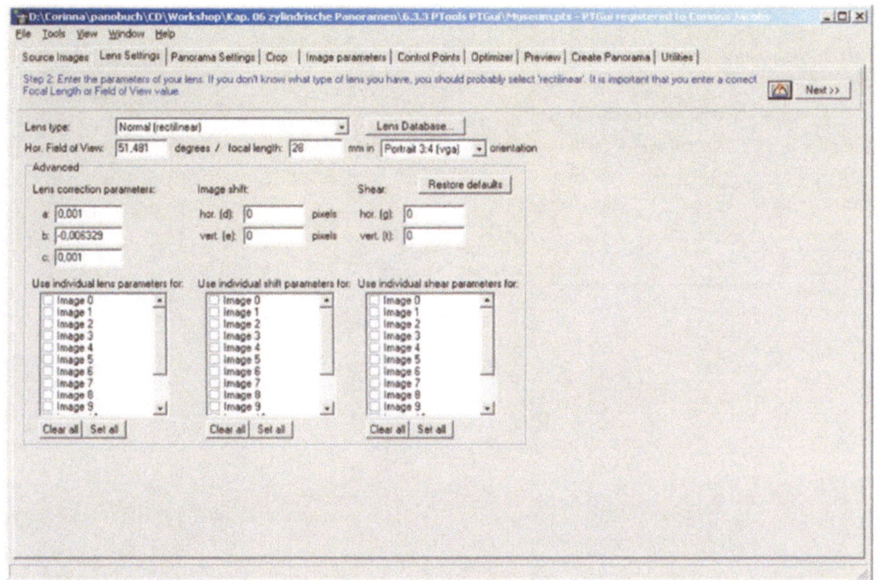

Abbildung 6.23
Im Bereich *Lens Settings* werden die Aufnahmeparameter eingegeben

Im Fenster *Panorama Settings* (siehe Abbildung 6.24) werden Einstellungen für die resultierende Panoramadatei getroffen. Unter *File format* wählen Sie im Dropdown-Menü das gewünschte Dateiformat aus. Möglich sind unter anderem Formate wie Photoshop mit Masken (ideal für die spätere Bildretusche), BMP, JPG und TIF. Wählt man das Format JPG, kann der Komprimierungsgrad unter *JPEG quality* eingestellt werden. *Projection* bestimmt die Projektionsform, möglich sind hier die Einstellungen *Rectilinear* (für plane Bilder), *Cylindrical* (für zylindrische 360°-Panoramen) und *Equirectangular* (für vollsphärische 360°-Panoramen). Unter *Field of View* werden der horizontale und der vertikale Bildwinkel des resultierenden Panoramas definiert. Die Größe des Panoramabilds in Pixeln lässt sich über *Width* und *Height* bestimmen. Im Feld *Advanced* kann unter *Feather width* die Breite der Überlappungsblende zwischen den Einzelbildern gesetzt werden. Ein großer Wert führt zu einem weicheren Bildübergang, während ein kleiner Wert eine harte Kante bewirkt. Unter *Gamma* kann der Tonwertumfang des Panoramabildes beeinflusst werden, wobei der Wert 1 die Gammakurve unverändert lässt. *Interpolator* bestimmt das Interpolationsverfahren, mit dem die Einzelbilder miteinander verschmolzen werden. Das voreingestellte Verfahren *Poly 3* führt zu guten Ergebnissen, ohne übermäßig lange Rechenzeiten zu beanspruchen. Mit Hilfe der Funktion *Color correction* lassen sich Farb- und Helligkeitsdifferenzen zwischen den Einzelbildern korrigieren. Sie aktivieren die Korrektur über die Dialogbox *Apply color correction* und können dann über *Anchor image* ein Referenzbild bestimmen, an das alle anderen Bilder der Bildreihe angepasst werden. Für kleinere Unterschiede mag diese Funktion zweckmäßig sein, weisen die Bilder jedoch größere Farb- oder Helligkeitsschwankungen auf, empfiehlt sich eine gezielte Farbkorrektur mit Bildbearbeitungs-Software.

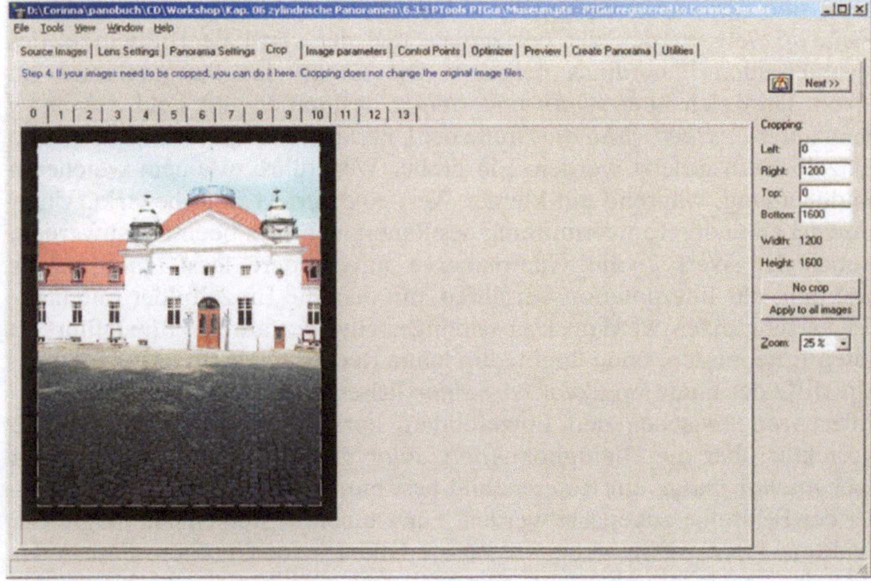

Im Bearbeitungsbereich *Crop* (siehe Abbildung 6.25) lassen sich, falls nötig, die Einzelbilder beschneiden. Hilfreich ist diese Funktion bei der Verwendung von gescannten Bildern oder Fisheye-Bildern, so lassen sich die schwarzen Ränder für die Panorama-Bearbeitung ausklammern. Die Ursprungsbilder bleiben bei Anwendung dieser Funktion in ihrer Größe unverändert. Soll der Beschnitt für jedes Bild einer Panoramareihe gleich sein, kann er über *Apply to all images* auf alle Bilder angewandt werden.

Im Bereich *Image parameters* (siehe Abbildung 6.26) wird die Anordnung der Einzelbilder im Panoramastreifen definiert. Sie können die Werte für jedes Bild numerisch in die Tabelle eingeben oder den *Panorama Editor* (siehe Abbildung 6.27) verwenden.

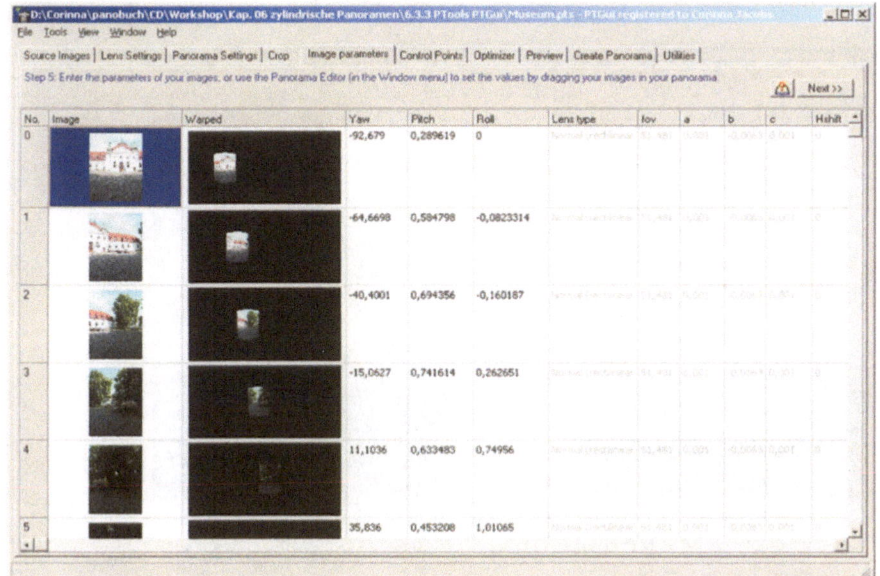

Abbildung 6.26
Im Bereich *Image parameters* werden die Einzelbilder positioniert

Die Tabelle zeigt die Bilder verkleinert dargestellt, im Bereich *Warped* erscheinen die Bilder entsprechend ihrer Anordnung im Panoramastreifen. Die Art der Verzerrung (*warp*) hängt von der gewählten Projektionsform (*Rectilinear, Cylindrical* oder *Equirectangular*) ab. *Yaw* (Horizontal), *Pitch* (Vertikal) und *Roll* (Rotation) geben die Positionskoordinaten des jeweiligen Einzelbildes an. Anstatt die Koordinaten numerisch einzugeben, empfiehlt sich die Verwendung des *Panorama Editors* (siehe Abbildung 6.27), der über *Window > Panorama Editor* aufgerufen wird.

Abbildung 6.27
Im *Panorama Editor* können die Bilder mittels Maus positioniert werden

Im *Panorama Editor* können die Einzelbilder im Panoramastreifen mit der Maus positioniert werden. Zur besseren Positionierung werden die Bilder analog zur eingestellten Projektionsform verzerrt dargestellt. Die hier getroffenen Einstellungen werden als Positionskoordinaten in die Tabelle des Fensters *Image parameters* (siehe Abbildung 6.26) übernommen.

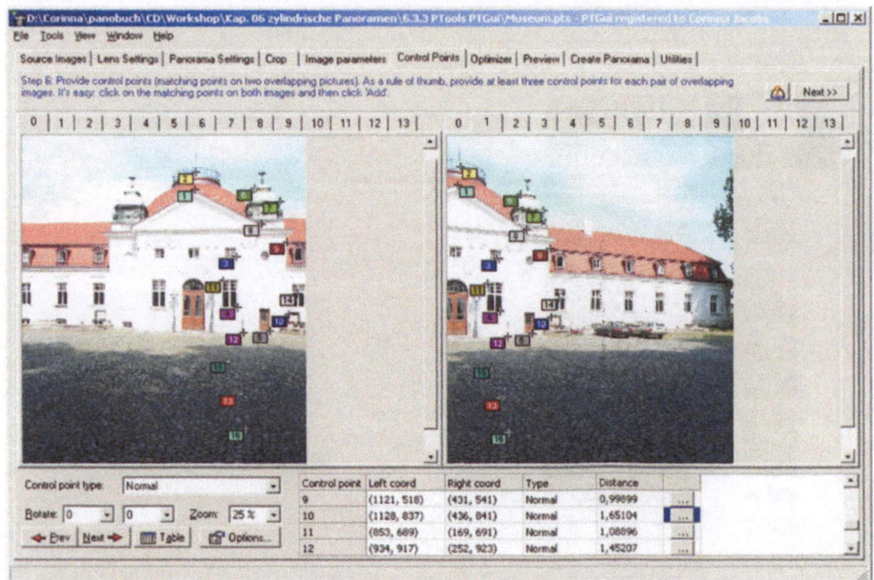

Abbildung 6.28
Im Bedienfeld *Control Points* werden Stitching-Punkte im Überlappungs-bereich der Einzelbilder definiert

Im Bedienfeld *Control Points* (siehe Abbildung 6.28) werden einzelne Punkte im Überlappungsbereich der Einzelbilder festgelegt, die im Panorama übereinstimmen sollen. Pro Überlappungsbereich benötigt man mindestens drei solcher Punkte, möglichst gleichmäßig verteilt. Setzt man mehr Kontrollpunkte, erhöht sich die Genauigkeit. Bei der Auswahl der Punkte sind kontrastreiche Bildstellen von Vorteil. Im Bearbeitungsfenster stehen jeweils benachbarte Bilder nebeneinander, die Stitching-Punkte lassen sich mit der linken Maustaste setzen und erscheinen in der Tabelle im unteren Fensterbereich. Sind für eine Bildkante alle erforderlichen Kontrollpunkte definiert, gelangen Sie über die Pfeiltasten *Next* oder *Prev* zum nächsten Überlappungsbereich. Haben Sie die Punkte für alle Einzelbilder gesetzt, wechseln Sie ins Bedienfeld *Optimizer*.

Im Bearbeitungsbereich *Optimizer* (siehe Abbildung 6.29) werden die vorher definierten Parameter wie Brennweite, Bildwinkel, Ausrichtung und Verzeichnung der Einzelbilder dahingehend optimiert, dass die gewählten Stitching-Punkte so gut wie möglich übereinstimmen. Für die meisten Anwendungsfälle ist das *Simple Interface* ausreichend. Über *Anchor Image* wird das Referenzbild definiert, an welchem alle anderen Bilder der Panoramareihe ausgerichtet werden. Ist die Checkbox *Optimize lens Field of View* aktiviert, werden die anfangs im Bereich *Lens Settings* (siehe Abbildung 6.23) definierten Werte für Brennweite und Bildwinkel anhand der vorliegenden Bilder optimiert. Über die Funktion *Minimize lens distortion* lassen sich Verzeichnungen beseitigen. Der Optimierungsprozess wird über den Button *Run Optimizer* gestartet.

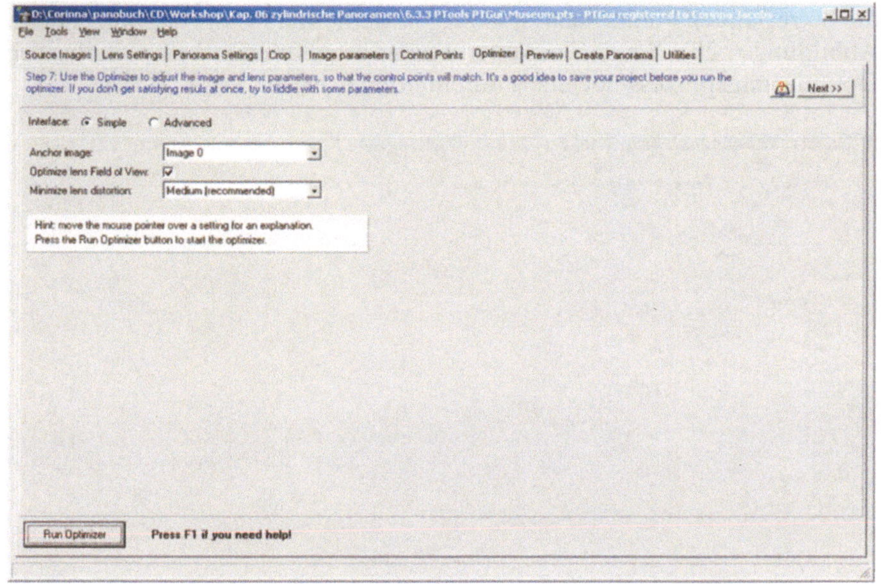

Abbildung 6.29
Im Bereich *Optimizer* werden die Parameter anhand der Kontrollpunkte optimiert

Während des Optimierungsprozesses öffnet sich ein weiteres Fenster, über das sich der Vorgang verfolgen lässt. Der *Optimizer* zeigt die durchschnittliche Distanz zwischen den Kontrollpunkten an (*average control point distance*). Je kleiner diese Zahl ist, desto besser wird das Ergebnis. Nach abgeschlossener Optimierung wird ein Meldungsfenster gezeigt, das über das zu erwartende Ergebnis informiert (siehe Abbildung 6.30).

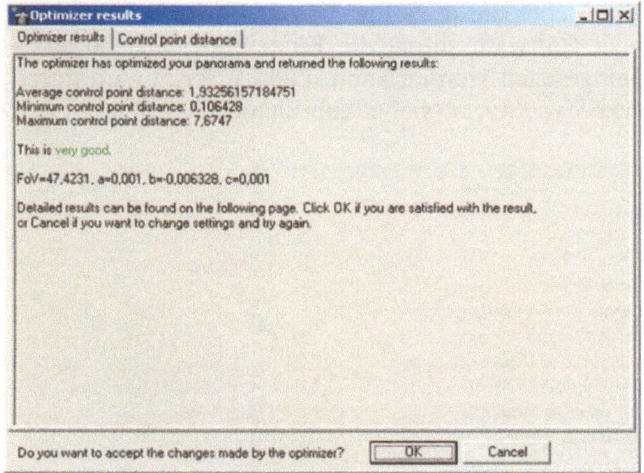

Abbildung 6.30
Im Fenster *Optimizer results* wird das zu erwartende Ergebnis kommentiert

Sind Sie mit dem Optimierungsergebnis einverstanden, stimmen Sie den Änderungen über den Button *OK* zu. Falls der Optimizer kein gutes Ergebnis erwarten lässt, empfiehlt es sich, Kontrollpunkte mit hoher Differenz zu löschen und neu zu definieren. Hierzu stellt man in der Kontrollpunktliste fest, um welche Stitching-Punkte es sich handelt. Verändert werden die betreffenden Punkte dann im vorigen Bedienfeld *Control Points* (siehe Abbildung 6.28). Wenn Sie Änderungen vorgenommen haben, sollte der Optimierungsprozess nochmals durchlaufen werden.

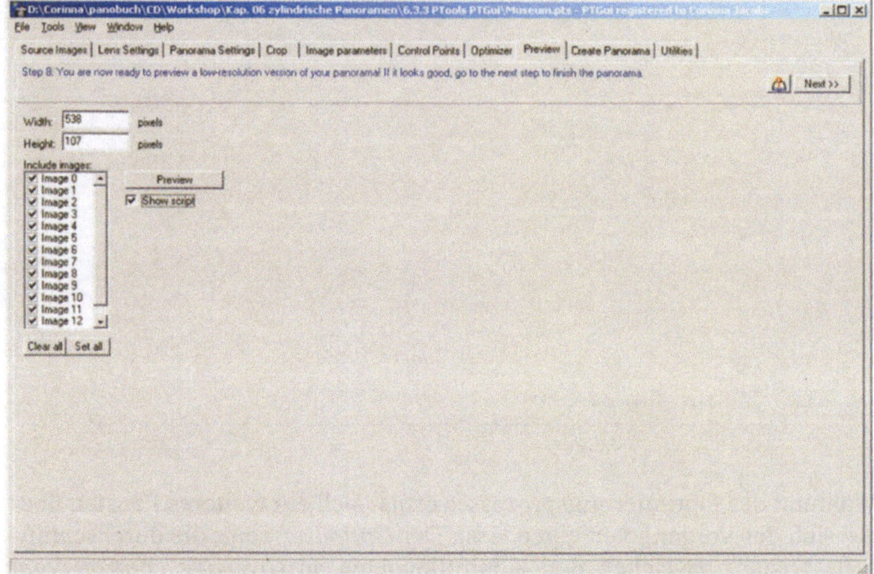

Abbildung 6.31
Im Bereich *Preview* sehen Sie eine Vorschau des Panoramabilds

Anschließend können Sie im Bereich *Preview* (siehe Abbildung 6.31) eine Vorschau des Panoramabilds betrachten. Über *Width* und *Height* bestimmen Sie die Größe des Vorschaubilds. Sollen einzelne Bilder ausgelassen werden, können Sie diese über die jeweilige Checkbox im Feld *Include images* deaktivieren. Die Software stitcht die Einzelbilder anhand eines Scripts, das jederzeit eingesehen werden kann. Dieses Script wird durch aktivieren der Dialogbox *Show script* (siehe Abbildung 6.32) angezeigt.

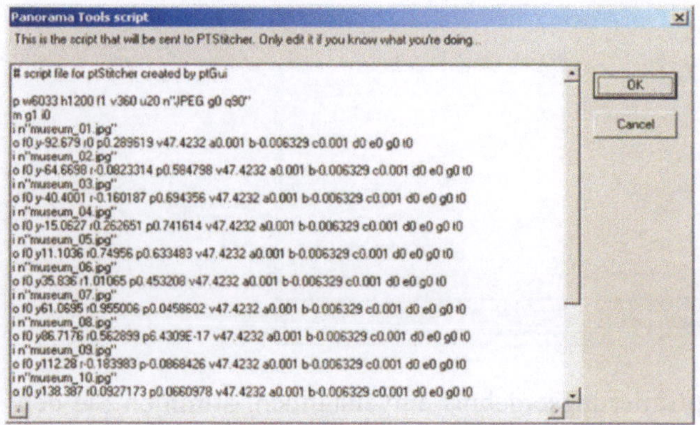

Abbildung 6.32
Script, anhand dessen die PTools-Applikation PTStitcher die Bilder bearbeitet

Änderungen im PTools-Script sollten nur fortgeschrittene Anwender vornehmen. Die Vorschau wird über den Button *Preview* gestartet. Falls kein Vorschaubild gezeigt wird, kann es sein, dass die Pfadangaben für die PTStitcher-Applikation und die Viewer noch fehlen. Ohne diese Angaben kann PTGui die entsprechenden Funktionen von PTools nicht aufrufen. Konfigurieren lassen sich diese Angaben über das Menü *Tools > Options > Directories & files*.

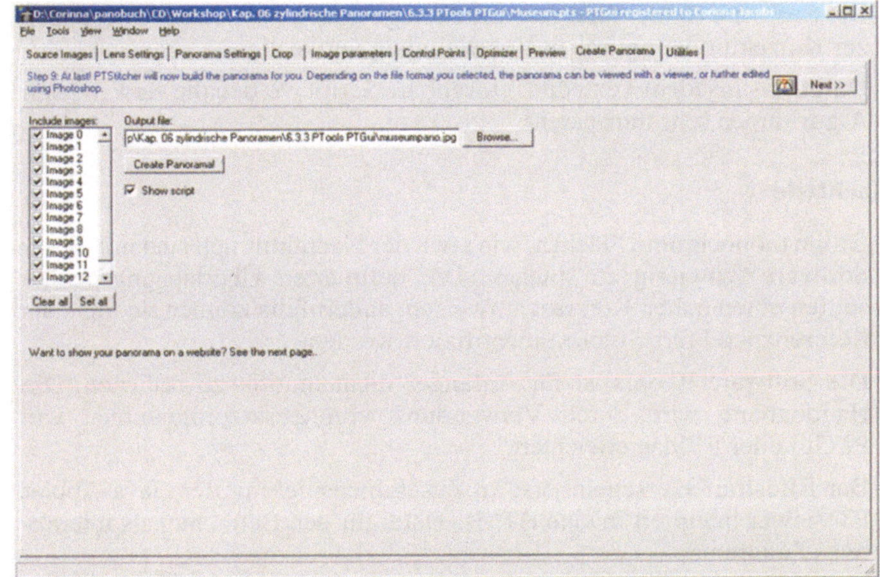

Abbildung 6.33
Im Bereich *Create Panorama* wird die finale Panoramadatei erzeugt

Das Panoramabild wird im Feld *Create Panorama* (siehe Abbildung 6.33) erzeugt. Hier können wie im *Preview*-Fenster bestimmte Einzelbilder unter *Include images* ausgeklammert werden. *Show script* zeigt das Script, das an PTStitcher gesandt wird. Über den Button *Create Panorama* wird der finale Stitching-Vorgang gestartet und das resultierende Panoramabild gespeichert.

Zylindrische Panoramabilder haben häufig oben und unten wellenförmige Kanten, bedingt durch die Überlagerung mehrerer Bilder. Daher ist ein weiterer Bearbeitungsschritt erforderlich. Hierfür wechseln Sie in ein Bildbearbeitungsprogramm und schneiden das Panoramabild auf die gewünschte Größe zu. Für ein komplettes 360°-Panorama darf die Bildbreite hierbei nicht beschnitten werden.

Wie diese zylindrischen Panoramabilder publiziert werden können, erfahren Sie in Kapitel 10.2. Dort finden Sie nähere Informationen über die Viewer sowie den Quellcode, mit dem die Panoramen in Websites eingebunden werden können. Diese flächigen Panoramabildstreifen können außerdem auf Papier ausgedruckt oder im Labor ausbelichtet werden. Was hierbei zu beachten ist, darüber informiert Sie Kapitel 10.6.

Sie finden die hier vorgestellten Rohbilder sowie das Panorama auf der CD unter: \Workshop\Kap_06 zylindrische Panoramen\ 6_3_3 PTools PTGui

Vorteile

- Die Software ist kostenlos erhältlich.

- PTools läuft auf den Plattformen Linux, Mac und PC.

- Die Software unterstützt alle Objektivtypen. Es können sowohl Fisheye-Bilder als auch rektilineare Bilder zum Stitchen verwendet werden.

- PTools unterstützt zahlreiche Dateiformate.

- Die Software ist nicht nur zum Stitchen geeignet, man kann PTools auch zur Korrektur der optischen Verzeichnung verwenden.

- Durch das in jedem Texteditor einsehbare Script werden die verwendeten Algorithmen sehr transparent.

Nachteile

- Große monochrome Flächen, wie etwa der Nachthimmel, sind mit dieser Software schwierig zu stitchen. Die definierten Überlappungspunkte sollten einen hohen Kontrast aufweisen, andernfalls können sie nicht als Referenzpixel fürs Stitchen identifiziert werden.

- Die Software PTools ist für Anfänger nicht intuitiv zu bedienen. Die Handhabung wird durch Verwendung von Zusatzprogrammen wie PTGui oder PTMac erleichtert.

- Der Bildstreifen erscheint erst im Zusammenspiel mit dem Java-Applet PTViewer integriert in eine HTML-Datei für den Betrachter als interaktives Panorama.

6.3.4 REALVIZ Stitcher (Multirow-Technik)

Auf der CD finden Sie eine Demo-Version von REALVIZ Stitcher unter: \Demo-Versionen\Mac bzw. \Demo-Versionen\PC

Mit der Software REALVIZ Stitcher ist die Bearbeitung von Singlerow- und Multirow-Panoramen möglich. Es können zylindrische, sphärische und kubische Panoramen erzeugt werden. Im Folgenden erfahren Sie, wie Sie ein zweireihiges zylindrisches Panorama mit REALVIZ Stitcher produzieren können.

Abbildung 6.34 zeigt das Hauptfenster von REALVIZ Stitcher. Zuerst legen Sie ein neues Projekt an, indem Sie unter *File > New* ein neues Dokument aufrufen. Als Nächstes werden die Einzelbilder des Panoramas über *File > Load Images* importiert. Die Bilder werden hier lediglich referenziert, was die Dateigröße des Stitcher-Projekts klein hält und die nachträgliche Korrektur von Einzelbildern vereinfacht. Sind die Bilder geladen, erscheinen sie als Thumbnails im unteren Bereich des Bearbeitungsfensters. Hier können die Bilder in ihrer Ausrichtung noch verändert werden, indem sie durch Anklicken ausgewählt und über *Edit > Rotate* in die richtige Position gedreht werden.

Abbildung 6.34
Importierte Bilder vor dem
Beginn des Stitchens

Die Software erkennt selbstständig, welches Seitenverhältnis die Bilder
besitzen, mit welcher Objektivbrennweite sie aufgenommen wurden und
welche Verzeichnung die Bilder haben. Für erste Tests empfiehlt es sich,
diese Einstellungen zu übernehmen. Über *Edit > Properties* können die
Werte gezielt verändert werden.

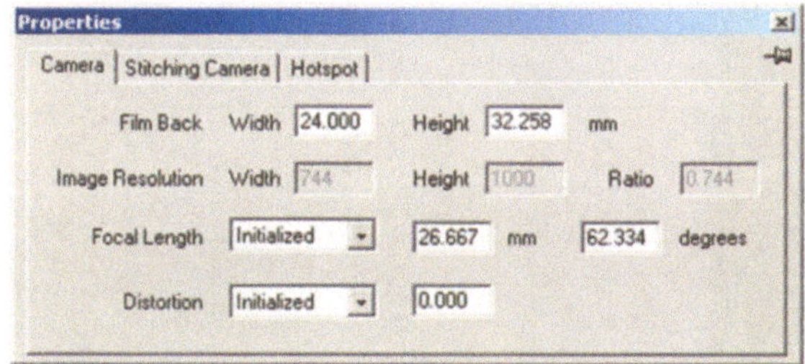

Abbildung 6.35
Unter *Properties* können
Aufnahmeeigenschaften
eingestellt werden

Bilder, die mit einem Weitwinkelobjektiv gemacht wurden, können im
Randbereich Verzerrungen aufweisen und daher nicht ohne weiteres
gestitcht werden. REALVIZ Stitcher bietet die Möglichkeit, diese Verzeichnungen vor dem Stitchen zu beseitigen. Hierzu werden die ersten beiden Bilder per Drag-and-Drop in den oberen Bearbeitungsbereich gebracht
und dort möglichst deckungsgleich positioniert, jedoch ohne sie zu stitchen. Sind die Bilder bereits gestitcht, kann die Verzeichnung nicht mehr
korrigiert werden. Mit der Funktion *Tools > High Distortion > Calibrate*
wird die Verzerrung aller Bilder dieses Projekts berechnet und beseitigt.
Die Korrektur der Verzeichnung kann über *Tools > High Distortion >
Reset* rückgängig gemacht werden.

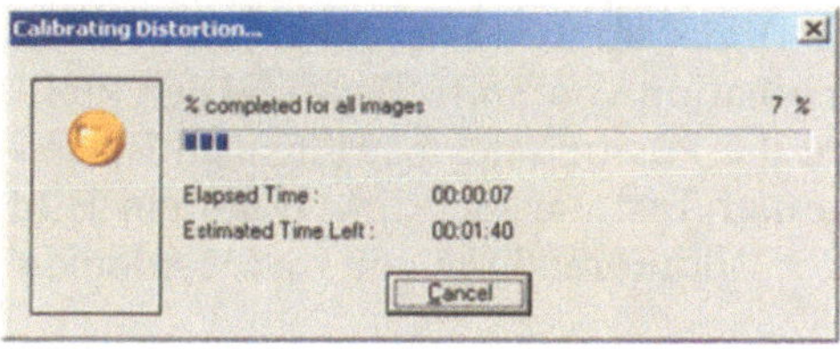

Abbildung 6.36
Verzeichnungen können
mit der Funktion *High
Distortion Calibration*
korrigiert werden

Bevor mit dem Positionieren der Einzelbilder begonnen wird, ist es sinnvoll, unerwünschte Bildbereiche auszuklammern. Dies kann beispielsweise ein Passant sein, der sich am Rand eines Bildes befindet und der im späteren Panorama nicht abgebildet sein soll. Mit der Funktion *Tools > Artifact Removal* kann im ausgewählten Einzelbild mittels eines Polygons der Bildbereich markiert werden, der ausgeblendet werden soll (siehe Abbildung 6.37). Diese Funktion ist nur im Überlappungsbereich von Bildern empfehlenswert, da die markierte Stelle in einem Bild durch Bildinformation aus dem darüber liegenden Bild ergänzt wird. Ist keine Ersatzbildinformation vorhanden, werden die markierten Bereiche im Panorama schwarz dargestellt. Die Funktion *Artifact Removal* kann jederzeit wieder rückgängig gemacht werden, indem das betreffende Bild markiert wird. Über das Menü *Tools > Artifact Removal* können die Polygone in ihrer Form verändert oder auch komplett entfernt werden. Diese Einstellungen müssen nicht zwingend vor dem Stitchen vorgenommen werden, es kann auch zuerst gestitcht und anhand des kompletten Panoramabildes entschieden werden, welche Stellen noch nachbearbeitet werden müssen.

Abbildung 6.37
Mit der Funktion *Artifact Removal* können unerwünschte Bildbereiche ausgeklammert werden

Das eigentliche Stitchen erfolgt, indem man das erste Einzelbild per Drag-and-Drop von der Thumbnail-Bildleiste nach oben in den Bearbeitungsbereich zieht. Danach wird das zweite Bild in diesen Bereich gebracht und dort so positioniert, dass die Überlappungsbereiche möglichst deckungsgleich sind (siehe Abbildung 6.38). Die ungefähre Positionierung kann mit der Maus vorgenommen werden, für die Feinpositionierung empfiehlt sich die Verwendung der Pfeiltasten. Die Bilder können horizontal und vertikal bewegt werden sowie über die Kombination von Shift-Taste und den Pfeiltasten auch gedreht werden. Stimmt die Position des betreffenden Einzelbildes, wird das Stitchen mit der Enter-Taste ausgeführt. Wenn ein Bild gestitcht ist, ändert sich die Farbe der Bildumrandung von rot (positionierbar) zu grün (gestitcht).

Kann ein bestimmtes Einzelbild nicht gestitcht werden, erscheint ein Dialogfenster, das über diese Tatsache informiert. In diesem Fall kann über die Funktion *Forced Stitch* trotzdem gestitcht werden. Das Bild wird hierbei von der Software nicht automatisch positioniert, sondern an der vom Benutzer bestimmten Position in die Bildreihe eingefügt.

Abbildung 6.38
Stitching-Prozess: Rot markierte Bilder können positioniert werden, grün markierte Bilder sind bereits gestitcht

Um im Panorama zu navigieren, die Ansicht zu drehen, zu schwenken oder zu zoomen, werden die Funktionen *View > Pan, Roll, Zoom* verwendet. Wie für die meisten Funktionen gibt es auch hier Tastaturkürzel, die neben den jeweiligen Funktionen im Menü aufgeführt sind. Diese Tastaturkürzel können von Plattform zu Plattform differieren, daher werden sie hier nicht explizit angegeben.

Die Software ist in der Lage, die anfangs bestimmten Werte für Brennweite und Verzerrung anhand der bereits gestitchten Bilder zu optimieren. Dies erfolgt über die Funktion *Stitch > Adjust All Images*. Es empfiehlt sich, diese Korrektur beim Stitchen nach jeweils vier bis fünf Bildern auszuführen sowie nach Beendigung des kompletten Stitching-Vorgangs.

Sind alle Bilder der ersten Bildreihe positioniert und gestitcht, wird diese Reihe zu einem zylinderförmigen Panorama geschlossen. Hierzu wählt man im Menü *Stitch > Close Panorama*. Die Hintergrundfarbe des Bearbeitungsfensters ändert sich und man kann das zuletzt gestitchte Bild mit dem ersten Bild der Panoramareihe verbinden. Diese beiden Bilder werden wie bereits beschrieben gestitcht.

Danach wird die zweite Bildreihe durch Positionieren und Stitchen der Einzelbilder hinzugefügt. Auf diese Weise erhält man ein zweireihiges Panoramabild, das gegenüber einem einreihigen einen erweiterten vertikalen Bildwinkel besitzt.

Weisen die Einzelbilder unterschiedliche Helligkeit auf, kann dies über die Funktion *Render > Equalize All Images* korrigiert werden. Auf diese Art werden alle Bilder des Panoramas in der Helligkeit aneinander angeglichen. Für kleinere Unterschiede ist diese Funktion zweckmäßig, weisen die Bilder jedoch größere Farb- oder Helligkeitsschwankungen auf, empfiehlt sich eine gezielte Farbkorrektur mit Bildbearbeitungs-Software. Bevor das Panorama für den Export gerendert wird, sollte der gewünschte Bildausschnitt gewählt werden. Das Panorama wird anhand des Ausschnitts ausgerichtet, der aktuell im Bearbeitungsfenster zu sehen ist. Über die Funktion *Tools > Align Panorama* kann der Horizont des Panoramas festgelegt werden. Als Ausrichtungsmaß werden horizontale und vertikale Linien gezogen. Dabei kann es hilfreich sein, die Rasterfunktion über *Edit > Preferences > Display Grid* zu aktivieren. Hat man die gewünschte Position für den Anfangsbildausschnitt des Panoramas gefunden, wird das Panorama gerendert.

Beim Rendern bieten sich zahlreiche Auswahlmöglichkeiten bezüglich der Projektions- und Dateiformate an. REALVIZ Stitcher unterstützt die zylindrische, sphärische und kubische Projektion.

Ein zylindrisches Panorama kann als *cylindrical QTVR* publiziert werden oder als Bildstreifen exportiert und mit bestimmten Viewern als zylindrisches Panorama dargestellt werden.

In Abbildung 6.39 sehen Sie, welche Einstellungen beim hier gezeigten Beispielpanorama für das Rendern und Exportieren eines zylindrischen QTVR-Movies im Modus *Render > Render* getroffen werden.

Abbildung 6.39
Im Dialogfeld *Render Setup* werden Dateiformat, Kompression und Auflösung des zylindrischen QTVR-Panoramas definiert

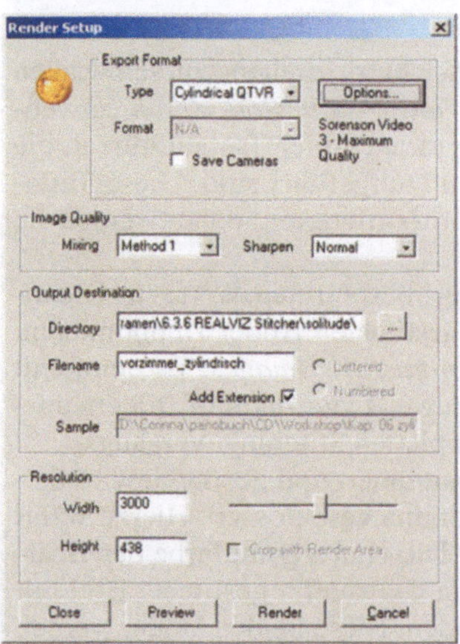

Im Bereich *Export Format > Type* wird das Projektionsformat definiert (hier: *Cylindrical QTVR*). Unter *Format* wird das Dateiformat festgelegt und über *Resolution* wird die Auflösung des späteren Panoramabilds in Pixeln definiert. Je höher der Wert für die Auflösung gewählt wird, desto besser wird die Bildqualität, allerdings steigt die Dateigröße proportional zu Auflösung und Bildqualität. Von einem Mittelwert aus kann man sich an die erwartete Bildqualität und Dateigröße herantasten.

Unter *Options* (siehe Abbildung 6.40) können weitere QTVR-spezifische Einstellungen vorgenommen werden.

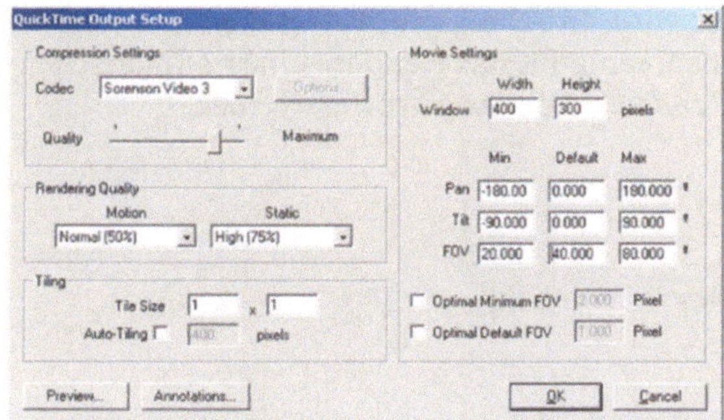

Abbildung 6.40
Im Dialogfeld *QuickTime Output Setup* können weitere Eigenschaften des QTVR-Movies bestimmt werden

Über *Compression Settings > Codec* wird die Art der Kompression bestimmt (nähere Informationen zu den Codecs erhalten Sie in Kapitel 10.1). Im Bereich *Compression Settings > Quality* wird die gewünschte Bildqualität gewählt. *Rendering Quality* bestimmt die Bildqualität während der Drehung des Panoramas (*Motion*) und beim Standbild (*Static*). Im Feld *Tiling* lässt sich das Panoramabild in quadratische Stücke (*Tiles*) unterteilen, so dass beim Download alle bereits geladenen Tiles abgespielt werden können. Der Abschnitt *Tiling* lässt sich mit REALVIZ Stitcher jedoch nur für cubic QTVR anwenden.

Im Feld *Movie Settings > Window* lässt sich die Fenstergröße in Pixeln definieren. Mit *Pan* und *Tilt* kann der Bildausschnitt beim Start des QTVR-Movies bestimmt werden. Unter *FOV* lassen sich der minimale und maximale Zoomfaktor definieren. Mit der Funktion *Optimal Minimum FOV* kann man einen maximalen Zoombereich festlegen, damit das Panorama beim Vergrößern für den Betrachter nicht zu grobkörnig erscheint. *Optimal Default FOV* wählt einen mittleren Blickwinkel als Startposition für das QTVR-Movie, so dass der Benutzer nach oben und unten schwenken kann. Unter *Annotations* können dem QTVR-Movie Textinformationen über Autor und Copyright sowie eine kurze Beschreibung des Inhalts hinzugefügt werden.

Sind alle Einstellungen getroffen, wird der Rendervorgang gestartet. Das Ergebnis kann in weiteren Renderdurchgängen mit veränderten Werten optimiert werden.

Wie die zylindrischen QTVR-Panoramen publiziert werden können, erfahren Sie in Kapitel 10.1. Dort finden Sie nähere Informationen über die Viewer sowie den Quellcode, mit dem die Panoramen in Websites eingebunden werden können.

Mit der Software REALVIZ Stitcher können aus mehreren QTVR-Panoramen virtuelle Rundgänge erzeugt werden. Die Vorgehensweise für das Definieren von Hotspots und das Erstellen eines virtuellen Rundgangs wird in Kapitel 9.3.1 erläutert.

Die zweite Möglichkeit, zylindrische Panoramen zu publizieren, besteht darin, dass man einen Panoramabildstreifen erzeugt, der mit Hilfe eines Viewers zylindrisch projiziert wird. In Abbildung 6.41 sehen Sie, welche Einstellungen beim Beispielpanorama für das Rendern eines zylindrischen Panoramabildes im Modus *Render > Render* getroffen werden.

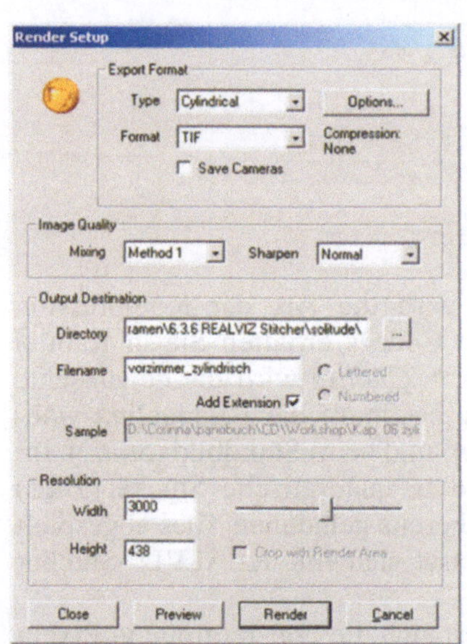

Abbildung 6.41
Im Dialogfeld *Render Setup* werden Dateiformat und Auflösung des zylindrischen Panoramabildes definiert

Im Bereich *Export Format > Type* wird *Cylindrical* gewählt. Unter *Format* wählen Sie das gewünschte Dateiformat aus. Fürs Internet wird das Bild in der Regel im JPG-Format benötigt. Soll das Panoramabild weiterbearbeitet werden, ist jedoch bei diesem Dateiformat der Datenverlust durch Kompression zu groß. Daher ist es ratsam, das Bild in einem nicht verlustbehafteten Format wie TIF abzuspeichern und eventuelle Änderungen der Größe oder des Dateiformats in einem Bildbearbeitungsprogramm vorzunehmen. Im Abschnitt *Resolution* wird die Auflösung des kompletten Panoramabilds numerisch eingegeben. Über den Button *Render* wird die Berechnung gestartet und das Panoramabild erzeugt.

Wie diese zylindrischen Panoramabilder publiziert werden können, erfahren Sie in Kapitel 10.2. Dort finden Sie nähere Informationen über die Viewer sowie den Quellcode, mit dem die Panoramen in Websites eingebunden werden können. Diese flächigen Panoramabildstreifen können außerdem auf Papier ausgedruckt oder im Labor ausbelichtet werden. Was hierbei zu beachten ist, darüber informiert Sie Kapitel 10.6.

Das in diesem Kapitel gezeigte Beispielpanorama wird in Kapitel 7.3.2 durch Hinzufügen weiterer Bildreihen zu einem sphärischen Panorama weiterbearbeitet.

Sie finden die hier vorgestellten Rohbilder und Panoramen auf der CD unter: \Workshop\Kap_06 zylindrische Panoramen\ 6_3_4 REALVIZ Stitcher

Vorteile

- REALVIZ Stitcher unterstützt alle gängigen Panoramaprojektionsformate.
- Es lassen sich vielfältige Dateiformate importieren und exportieren.
- Mit der Software ist die Umwandlung von Panoramaformaten möglich.

Nachteile

- Es können ausschließlich rechtwinklig abbildende Objektive verwendet werden. Die Software unterstützt keine Fisheye-Bilder.
- Bei zu großer Überlappung der Einzelbilder (45 % und mehr) kann es Probleme beim Stitchen geben.

7. Sphärische und kubische Panoramen

7.1 Einleitung

Sphärische und kubische Panoramen unterscheiden sich lediglich durch die Art der Projektion. Aufnahmeseitig kann die gleiche Technik eingesetzt werden. Sphärische und kubische Panoramen haben gegenüber den zylindrischen einen erweiterten vertikalen Blickwinkel. Die vertikale Schwenkrichtung ist hier nicht begrenzt, so dass selbst Boden und Himmel einer Szene sichtbar werden. Im Bodenbereich werden meist Teile des Stativs abgebildet. Für die realistische Abbildung eines Motivs sollte dieser Bildbereich nachbearbeitet werden.

Sphärische Panoramen können mit speziellen Panoramakameras aufgenommen werden. Alternativ besteht auch die Möglichkeit, eine oder mehrere Reihen von Einzelbildern aufzunehmen, die sich jeweils um einen bestimmten Prozentsatz überlappen. Die Anzahl der dafür erforderlichen Bilder richtet sich nach der Brennweite des verwendeten Objektivs. Die Einzelbilder werden mit spezieller Stitching-Software zu einem Panoramabild verschmolzen.

7.2 Aufnahmetechnik

7.2.1 Panoramakameras

Es gibt sowohl analoge als auch digitale Panoramakameras. Während die analogen Kameras in ihrer Verwendung meist auf zylindrische Panoramen begrenzt sind, können mit digitalen Panoramakameras zylindrische und sphärische Panoramen aufgenommen werden. Abhängig vom verwendeten Objektiv ergibt sich ein entsprechender vertikaler Bildwinkel. In diesem Kapitel werden zwei digitale Panoramakameras vorgestellt, während in Kapitel 6.2.1 eine analoge Panoramakamera zur Produktion zylindrischer Panoramen präsentiert wurde. Neben den im Buch vorgestellten Modellen gibt es noch weitere Panoramakameras. Eine Auswahl an Herstellern bietet Kapitel B.2.4. Die hier vorgestellten digitalen Kameramodelle arbeiten mit der Scantechnik. Anstelle des bei digitalen Chipkameras üblichen CCD-Chips befindet sich ein RGB-Zeilensensor. Während einer Aufnahme dreht sich die Kamera motorgetrieben um ihre eigene Achse und kann so die komplette Kameraumgebung aufnehmen beziehungsweise scannen.

Digitale Panoramakameras sind aufgrund der Scantechnik für die Abbildung bewegter Objekte weniger geeignet. Diese werden meist nicht realitätsgetreu abgebildet, es kann zu störenden Verzerrungen kommen (siehe Abbildung 7.1). Solche Verzerrungen können auch bewusst eingesetzt werden, etwa für spezielle Kunstpanoramen.

Abbildung 7.1
Bei Scankameras werden bewegte Objekte verzerrt dargestellt

Unter direkter Sonneneinstrahlung können häufig Bildfehler in Form von weißen Streifen entstehen (siehe Abbildung 7.2). Dieser Effekt nennt sich Blooming (siehe Kapitel 3.4.2). Wird eine kurze Belichtungszeit gewählt, lässt sich dieses Blooming verhindern oder zumindest abschwächen.

Abbildung 7.2
Unter direkter Sonneneinstrahlung kann bei Scankameras eine weiße Bloomingzeile entstehen

Abhängig von der Umgebungshelligkeit drehen sich die Kameras bei der Aufnahme schneller oder langsamer. Während die Aufnahmedauer bei ausreichender Helligkeit rund 1 Minute beträgt, kann sie bei dunkleren

Szenen durchaus 10 Minuten und länger betragen. Nachtaufnahmen sind mit solchen Kameras ineffektiv, da die Aufnahme sehr lange dauert und bewegte Lichter zu streifenförmigen Verzerrungen führen. Für spezielle Anwendungen können die hierbei entstehenden Effekte reizvoll sein, zum Abbilden einer realen nächtlichen Szene sind Scankameras jedoch eher ungeeignet.

Die im Folgenden vorgestellten digitalen Panoramakameras können nur mit angeschlossenem Notebook betrieben werden. Die Aufnahmen werden vom Rechner gesteuert, gleichzeitig werden dort die Bilddaten gespeichert. Die jeweilige Software wird mit der Kamera ausgeliefert und funktioniert nur mit angeschlossener Kamera. Daher wird die Kamera-Software nicht ganz so ausführlich besprochen wie die Stitching-Software. Nähere Informationen über die Funktionalität der jeweiligen Software-Produkte erhalten Sie von den Herstellern (siehe Kapitel B.2.4).

7.2.1.1 Seitz Roundshot Super Digital II

Der RBG-Zeilensensor der Roundshot Super Digital II bietet eine vertikale Auflösung von bis zu 2700 Pixeln. Je nach verwendetem Objektiv können mit dieser Kamera sphärische Aufnahmen mit einem maximalen Bildwinkel von 177° entstehen. Während der Aufnahme wird die Kamera von einem Schrittmotor gedreht, der horizontale Drehwinkel kann zwischen 1° und 400° betragen.

Vor der Aufnahme wird der Kamerakopf abhängig vom jeweiligen Objektiv positioniert. Der Kamerakopf ist mittels einer optischen Bank horizontal verschiebbar. Dadurch lässt sich der Nodalpunkt des Objektivs exakt auf dem Drehpunkt des Kamerakopfes einrichten. Diese optische Bank kann auch anderweitig genutzt werden. Setzt man einen Drehteller darauf, lässt sich die Vorrichtung für die Produktion von Objektmovies verwenden.

Abbildung 7.3
Roundshot Super Digital II

Die Roundshot Super Digital II funktioniert nur in Kombination mit einem Notebook. Von dort aus steuert die Roundshot-Software die Aufnahme und speichert die Bildinformation. Um bei sphärischen Abbildungen nicht auf dem Panorama sichtbar zu sein, muss sich der Fotograf mit dem Notebook während der Aufnahme mit der Kamera mitbewegen. Die Kamera dreht sich während eines Belichtungsvorgangs horizontal um die eigene Achse. Der aufzunehmende Bildwinkel kann softwareseitig eingestellt werden. Um genügend Überlappung beim anschließenden Zusammenfügen der Schnittkante zu haben, sollte man mindestens 5 % mehr Bildinformation aufnehmen.

Die Kamera misst die Helligkeit an der Startposition sowie am Endpunkt der Drehung, damit an der Überlappungskante keine Belichtungsunterschiede auftreten. Es kann zwischen fester Belichtung und Belichtungsautomatik gewählt werden. Die Automatik regelt die Belichtungszeit während der Aufnahme über die Drehgeschwindigkeit. Auf diese Weise können Helligkeitsunterschiede komfortabel ausgeglichen werden.

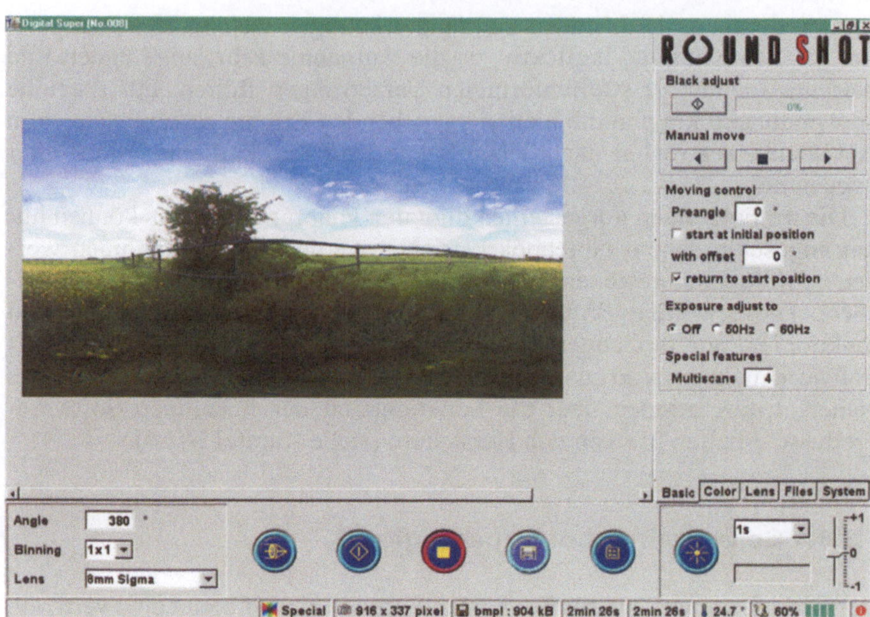

Abbildung 7.4
Roundshot-Software
während der Aufnahme
eines Panoramas

Vor der Aufnahme ist es erforderlich, in der Software die so genannte *Binning*-Rate einzustellen. Dieser Wert bestimmt die Abtastauflösung der Scanzeile und reicht von der höchsten Auflösung mit 1 x 1 bis zur niedrigsten Auflösung mit 8 x 8. Wählt man 8 x 8 als *Binning*-Rate, wird nur jedes 8. Pixel erfasst. Je höher diese Abtastauflösung gewählt wird, desto länger dauert der Scanvorgang. Die Brennweite des Objektivs und der gewünschte Panoramabildwinkel werden ebenfalls vor Beginn der Aufnahme angegeben. Für ein optimales Bildergebnis ist es wichtig, vor der Aufnahme einen Schwarzabgleich über die Funktion *Black adjust* vorzunehmen.

Die Software berechnet nach Festlegung aller aufnahmerelevanten Daten die zu erwartende Aufnahmedauer. Die schnellste Rotationszeit bei optimaler Helligkeit beträgt für eine 360°-Umdrehung etwa 20 Sekunden.

Bei nicht ganz so idealen Lichtverhältnissen, beispielsweise bei Innenräumen, kann die Scandauer eines Panoramabildes bei höchster Auflösung auf 20 Minuten und mehr ansteigen. Für solche Anwendungsfälle empfehlen sich zur gleichmäßigen Aufhellung des Motivs mitdrehende Flächenleuchten von Grigull. Diese Leuchten werden mit einem Ausleger an der Kamera befestigt und können so vom Kameramotor mitbewegt werden. Die Software der Kamera ist in der Lage, die Auslesefrequenz der Zeilen auf die 50 Hz der Flächenleuchten zu synchronisieren. So entstehen beim Scannen keine Hell-Dunkel-Phasen, die zu einem unschönen Streifenmuster führen würden. Nähere Informationen zum Grigull-Lichtsystem erhalten Sie unter: http://www.grigull.com [Stand 01.04.2003].

In Abbildung 7.5 sehen Sie die mit dieser Technik entstandene Aufnahme. Welche weiteren Bearbeitungsschritte zur Herstellung eines digitalen Panoramas erforderlich sind, erfahren Sie in Kapitel 7.3.1.

Sie finden das hier vorgestellte Panoramabild sowie das QTVR-Movie auf der CD unter: \Workshop\Kap_07 sphaerische Panoramen\ 7_3_1 Panoramabild

Abbildung 7.5
Panoramabild aufge-
nommen mit der Round-
shot Super Digital II

Vorteile

- Mit einer Aufnahme lässt sich eine vollsphärische Ansicht erzeugen.

- Es ist kein Stitchen erforderlich, es muss lediglich die Nahtkante bearbeitet werden.

- Bei ausreichender Helligkeit kann ein Panoramabild in wenigen Sekunden aufgenommen werden.

- Über das angeschlossene Notebook kann das entstandene Bild direkt am
  Set geprüft und bei Bedarf erneut aufgenommen werden.

Nachteile

- Die Kamera kostet rund 5000 € und eignet sich nur für die Panoramafotografie. Für herkömmliche Anwendungszwecke ist sie nicht geeignet.

- Aufgrund der Scantechnik kann es bei bewegten Objekten zu störenden
  Verzerrungen kommen. Es werden teilweise breite Farbstreifen abgebildet.

- Ist die Umgebungshelligkeit nicht hoch genug und lässt sie sich auch mit
  zusätzlicher Beleuchtung nicht aufhellen, kann eine Aufnahme in der
  höchsten Auflösung 20 Minuten und länger dauern.

- Die Kameras können nur mit angeschlossenem Notebook betrieben werden, von dem aus die Aufnahme gesteuert wird. Die Bilddaten werden
  während der Aufnahme auf das Notebook übertragen und dort gespeichert.

- Bei direkt einfallendem Sonnenlicht kann an der Stelle im betreffenden
  Bildbereich ein weißer Streifen entstehen. Dieses Phänomen nennt sich
  Blooming.

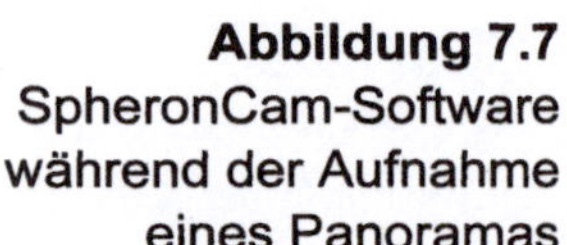

Abbildung 7.6
SpheroCam HDR

Abbildung 7.7
SpheronCam-Software
während der Aufnahme
eines Panoramas

7.2.1.2 Spheron SpheroCam HDR

Bei der SpheroCam HDR kommt ebenfalls die Scantechnik zum Einsatz. Der RGB-Zeilensensor ermöglicht eine vertikale Auflösung von bis zu 5300 Pixeln. Die Kamera wird von einem Gleichstrommotor getrieben und bei einer horizontalen Drehung um 360° wird die Kameraumgebung in 1300 Schritten abgetastet. Mit einem Fisheye-Objektiv, das über 180° Bildwinkel abdeckt, können vollsphärische Aufnahmen gemacht werden. Die Objektive werden von Spheron exakt eingemessen und anhand der Position des Nodalpunkts entsprechend montiert. Kamera und Objektiv sind eine optimierte Komplettlösung, daher ist der Wechsel gegen ein nicht eingemessenes Objektiv wenig empfehlenswert. Normalerweise besitzt die SpheroCam einen Blendenumfang von 12 Blendenstufen, während die SpheroCam HDR (High Dynamic Range) bis zu 26 Blendenstufen bietet. Die Aufnahme wird über ein angeschlossenes Notebook von der Kamera-Software (siehe Abbildung 7.7) gesteuert.

Vor der Aufnahme sollte die Kamera nivelliert werden, hierbei ist ein im Gehäuse befindlicher elektronischer Sensor behilflich. Dieser Sensor ist über die Kamera-Software ansteuerbar und auf diese Weise kann die Kamera exakt horizontal ausgerichtet werden.

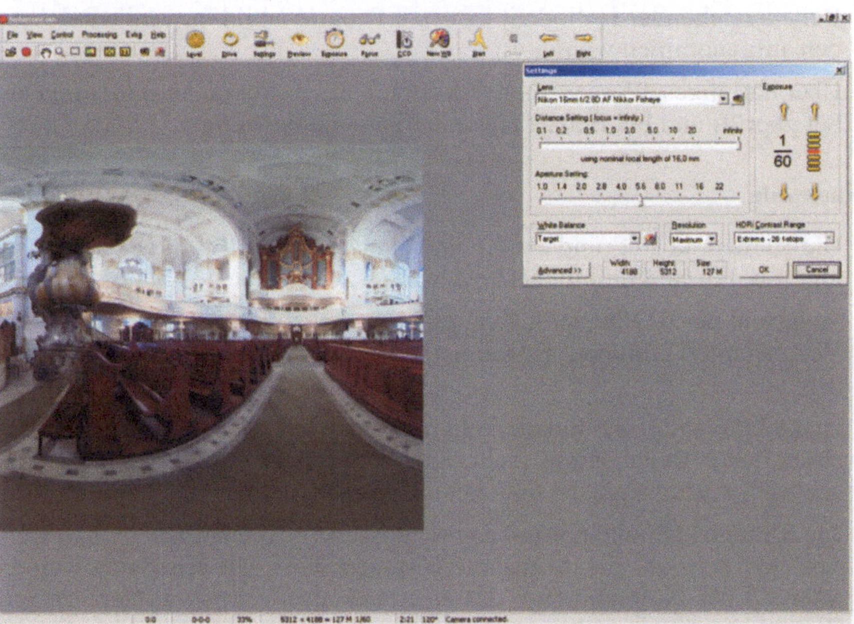

Unter *Settings > Lens* wird das verwendete Objektiv ausgewählt, wobei für das jeweils eingemessene Objektiv Linsenfehler wie Verzeichnungen und chromatische Aberration durch die Software korrigiert werden. Ebenso werden die gewünschten Aufnahmeeinstellungen in Bezug auf den horizontalen und vertikalen Bildwinkel getroffen. Hierbei kann der horizontale Bildwinkel von 1° bis 1600° reichen. Anhand des ISO-Wertes wird die Lichtempfindlichkeit definiert. Wie bei jeder digitalen Aufnahme empfiehlt sich ein manueller Weißabgleich, um die Farbstimmung der Szene originalgetreu abzubilden. Hierzu kann ein weißer Karton verwendet werden oder man definiert im Vorschaubild eine weiße Stelle, die dann von der Kamera zur Einmessung gezielt angesteuert wird. Ebenso werden die Belichtungseinstellungen und die Auflösung ausgewählt, wobei der einstellbare Blendenumfang von 12 bis 26 Blendenstufen reicht. Je höher die Auflösung und der Blendenumfang gewählt werden, desto größer wird die resultierende Bilddatei. Für ein HDR-Bild wird im Bereich *HDRi Contrast Range* die Einstellung *Extreme - 26 f-stops* getroffen. Der Scanvorgang wird über *Start* in Gang gesetzt. Während der Aufnahme muss sich der Fotograf mit der Kamera mitbewegen, wenn er nicht im Bild erscheinen möchte.

Nach der Aufnahme wird die Nahtkante von der Software zusammengefügt, es empfiehlt sich daher für ein 360°-Panorama insgesamt etwa 400° aufzunehmen. So kann die SpheronCam-Software hinterher im Überlappungsbereich beide Bildkanten ineinander blenden. Zuerst wird ein weicher Übergang geschaffen, um eventuelle Helligkeitsunterschiede in den beiden Randbereichen mit einer Blende zu verschmelzen. Für den Dateiexport wird ein Panoramabild mit harter Kante erzeugt, das horizontal exakt 360° umfasst.

Beim Speichern können diverse Panoramaformate gewählt werden. Für die Publikation mittels sphärischem Java-Viewer wird das *Equirectangular*-Format gewählt. Um ein cubic QTVR erzeugen zu können, empfiehlt sich der Export einzelner Würfelseiten. Bei diesem kubischen Format ist es auch am komfortabelsten, den unteren Bildbereich zu retuschieren, wenn man das Stativ nicht mit im Bild haben möchte. Ebenso kann ein zylindrisches Bild gespeichert werden, das dann wiederum auf unterschiedliche Weise publiziert werden kann.

Wenn wie im hier vorgestellten Beispiel ein HDR-Panorama aufgenommen wurde, stehen folgende Dateiformate zur Auswahl: TIFF (8, 16 oder 32 bit), JPEG, QuickTime VR, RADIANCE und Open EXR (HDR-Format).

Diese speziellen HDR-Bilder können neben der Verwendung als hochwertige digitale Panoramen auch als Grundlage für die Beleuchtung von 3D-Objekten dienen. Anwendung findet diese Technik beispielsweise bei Science-Fiction-Filmproduktionen. Dort werden Modellszenen wie etwa Mondlandschaften mit der SpheroCam HDR aufgenommen. Das auf diese Weise erzeugte sphärische HDR-Bild kann als so genannte Lightmap für realitätsgetreue Lichteffekte auf einem computergenerierten Raumschiff verwendet werden. Dieser auf HDR-Bildern beruhende Beleuchtungseffekt bei 3D-Renderings nennt sich Image Based Lighting.

In Abbildung 7.8 sehen Sie die mit dieser Technik entstandene Aufnahme. Welche weiteren Bearbeitungsschritte zur Herstellung eines digitalen Panoramas erforderlich sind, erfahren Sie in Kapitel 7.3.1.

Sie finden das hier vorgestellte Panoramabild sowie das QTVR-Movie auf der CD unter: \Workshop\ Kap_07 sphaerische Panoramen\7_2_1_2 SpheroCam HDR

Vorteile

- Mit einer Aufnahme lässt sich eine komplette sphärische Ansicht erzeugen.

- Die Kamera ist relativ schnell aufgebaut und bei guten Lichtverhältnissen kann man in wenigen Minuten ein komplettes Panoramabild aufnehmen.

- Es ist kein Stitchen erforderlich.

- Durch die hohe Auflösung ist die Bildqualität auch für den Druck ausreichend.

- Mit der HDR-Technik ist ein sehr hoher Kontrastumfang möglich, dadurch werden über- oder unterbelichtete Aufnahmen vermieden.

- Über das angeschlossene Notebook kann das entstandene Bild direkt am Set geprüft und bei Bedarf erneut aufgenommen werden.

Nachteile

- Der Preis liegt für die SpheroCam bei rund 18.000 € und für die SpheroCam HDR bei rund 48.000 €.

- Der Anwendungsbereich der Kameras konzentriert sich auf die Panoramafotografie. Für herkömmliche Anwendungszwecke sind sie nicht geeignet.

- Aufgrund der Scantechnik kann es bei bewegten Objekten zu störenden Verzerrungen kommen. Es werden teilweise breite Farbstreifen abgebildet.

- Ist die Umgebungshelligkeit nicht hoch genug und lässt sie sich auch mit zusätzlicher Beleuchtung nicht aufhellen, kann eine Aufnahme in der höchsten Auflösung 15 Minuten und länger dauern.

- Die Kameras können nur mit angeschlossenem Notebook betrieben werden, von dem aus die Aufnahme gesteuert wird. Die Bilddaten werden während der Aufnahme auf das Notebook übertragen und dort gespeichert.

- Bei direkt einfallendem Sonnenlicht kann im betreffenden Bildbereich ein weißer Streifen entstehen. Dieses Phänomen nennt sich Blooming.

7.2.2 Singlerow-Technik

7.2.2.1 Verwendung von zwei Fisheye-Bildern

Durch den großen Bildwinkel von über 180° genügen für ein sphärisches Panorama schon zwei Fisheye-Bilder. Die Kamera wird dabei nach dem ersten Bild um 180° geschwenkt, um die zweite Aufnahme zu machen. Je nach verwendetem Stativkopf gelingt der Aufbau relativ schnell.

Die Einzelbilder für diese Technik können mit dem iPIX-Rotator, dem Stativkopf Kiwi von Kaidan, dem VR-Drive von Roundshot oder mit einem Einbeinstativ inklusive Lot realisiert werden (siehe Kapitel 7.2.4).

Abbildung 7.9 zeigt Aufnahmen, die mit dieser Technik entstanden sind. Welche weiteren Bearbeitungsschritte zur Herstellung eines digitalen Panoramas erforderlich sind, erfahren Sie in Kapitel 7.3.3.

Abbildung 7.9
Einzelbilder eines sphärischen Singlerow-Panoramas mit zwei Fisheye-Bildern

Vorteile

- Es werden nur zwei Einzelbilder benötigt, daher lässt sich relativ schnell ein komplettes sphärisches Panorama aufnehmen.

- Aufgrund des großen Bildwinkels der Fisheye-Objektive sind bewegte Objekte unproblematisch, solange sie sich nicht im Randbereich befinden.

Nachteile

- Es gibt nicht für alle Kameras passende Fisheye-Objektive.

- Die Fisheye-Objektive erzeugen starke Verzerrungen, die vor oder während des Stitchens korrigiert werden müssen.

- Da nur zwei Bilder verwendet werden, ist die Auflösung des sphärischen Panoramas verglichen mit anderen Techniken, die mehr Bilder verwenden, nicht so hoch.

- Die sich berührenden Bildkanten beider Einzelbilder bieten kaum Überlappung für einen unsichtbaren Bildübergang. Für ein perfektes Ergebnis muss daher meist die Nahtkante retuschiert werden.

7.2.2.2 Verwendung von vier Fisheye-Bildern

Um genügend Überlappung für das anschließende Stitchen zu haben, werden hier vier Einzelbilder verwendet. Diese Bilder werden mit einem Fisheye-Objektiv realisiert, das mehr als 180° Bildwinkel besitzt. Es wird je ein Bild in jede Himmelsrichtung aufgenommen. Für die Drehung der Kamera um den Nodalpunkt des Fisheye-Objektivs empfiehlt sich der Einsatz eines speziellen Stativkopfes.

Die Einzelbilder für diese Technik können mit dem Stativkopf Kiwi von Kaidan, mit dem Roundshot VR-Drive oder mit einem Einbeinstativ inklusive Lot realisiert werden (siehe Kapitel 7.2.4).

Abbildung 7.10 zeigt Aufnahmen, die mit dieser Technik entstanden sind. Welche weiteren Bearbeitungsschritte zur Herstellung eines digitalen Panoramas erforderlich sind, erfahren Sie in Kapitel 7.3.4.

Abbildung 7.10
Einzelbilder eines sphärischen Singlerow-Panoramas mit vier Fisheye-Bildern

Vorteile

- Gegenüber der Multirow-Technik benötigt man hier verhältnismäßig wenige Einzelbilder.

- Aufgrund des großen Bildwinkels der Fisheye-Objektive sind bewegte Objekte unproblematisch, solange sie sich nicht im Randbereich befinden.

Nachteile

- Es gibt nicht für alle Kameras passende Fisheye-Objektive.

- Die Fisheye-Objektive erzeugen starke Verzerrungen, die vor oder während des Stitchens korrigiert werden müssen.

7.2.3 Multirow-Technik

Bei dieser Technik werden abhängig vom Bildwinkel des verwendeten Objektivs eine Vielzahl von Einzelbildern benötigt. Hierzu werden mehrere sich überlappende Bildreihen aufgenommen, bis mit den Einzelbildern eine Sphäre abgedeckt wird. Für diese Aufnahmetechnik benötigt man einen Stativkopf, der die Justierung des Nodalpunkts in horizontaler wie in vertikaler Richtung zulässt. Die Einzelbilder für diese Technik können mit dem Stativkopf Quickpan III von Kaidan oder dem VR-Drive aufgenommen werden (siehe Kapitel 7.2.4).

Abbildung 7.11 zeigt mehrere Bildreihen eines sphärischen Panoramas, die mit der Multirow-Technik realisiert wurden. Die weiteren Bearbeitungsschritte zur Herstellung eines digitalen Panoramas erfahren Sie in Kapitel 7.3.2.

Abbildung 7.11
Einzelbilder eines sphärischen Multirow-Panoramas

Vorteile

- Für die Multirow-Technik ist kein spezielles Kamera-Equipment erforderlich, es kann nahezu jede Kamera- und Objektivkombination verwendet werden.

- Durch die Anzahl der Einzelbilder erhöht sich die Auflösung des kompletten Panoramabilds.

Nachteile

- Zur exakten Ausrichtung der Kamera empfiehlt sich die Verwendung eines speziellen Panorama-Stativkopfs, mit dem Multirow-Aufnahmen möglich sind.

- Man benötigt je nach Bildwinkel des Objektivs zwischen 15 und 50 Aufnahmen für ein sphärisches Panorama.

- Durch die verhältnismäßig hohe Anzahl von Einzelbildern erhöht sich der Zeitaufwand für Aufnahme und Stitching.

- Die Multirow-Technik ist problematisch bei bewegten Objekten. Hier ist nicht ausgeschlossen, dass diese im Panorama unvollständig abgebildet werden.

7.2.4 Stativköpfe

Um die Kamera exakt um den Nodalpunkt drehen zu können, empfiehlt sich die Verwendung eines speziellen Stativkopfes. Man kann jedoch auch mit einfacheren Lösungen gute Ergebnisse erzielen. Im Folgenden werden verschiedene Stativköpfe vorgestellt. Weitere Hersteller von Panorama-Stativköpfen finden sich im Herstellerverzeichnis (siehe Kapitel B.2.5).

Abbildung 7.12
Kaidan Quickpan III

Kaidan Quickpan III

Der Quickpan III-Stativkopf (siehe Abbildung 7.12) ist individuell justierbar, passt also für viele verschiedene Kameras. Mit diesem Modell können zylindrische und sphärische Panoramen mit der Singlerow- oder der Multirow-Technik aufgenommen werden.

Abbildung 7.13
iPIX Rotator

iPIX Rotator

Dieser Stativkopf (siehe Abbildung 7.13) ist jeweils für ein bestimmtes Kameramodell mit passendem Fisheye-Konverter optimiert. Der Rotator rastet bei jeweils 180° ein, so lassen sich schnell und einfach die für die iPIX-Technik benötigten beiden Fisheye-Bilder justieren und fotografieren.

Roundshot VR-Drive

Der VR-Drive (siehe Abbildung 7.14) ist ein motorisierter Stativkopf für Singlerow- und Multirow-Aufnahmen. Der Stativkopf ist individuell einstellbar und je nach eingesetztem Objektiv lassen sich damit zylindrische und sphärische Aufnahmen realisieren. Der Motor steuert neben der Drehbewegung auch den Auslöser.

Abbildung 7.14
Roundshot VR-Drive

Kaidan Kiwi 5000

Dieser Stativkopf (siehe Abbildung 7.15) ist nur für die Kameramodelle Nikon Coolpix 5000 und Coolpix 990 geeignet. Mit dem Kiwi 5000 können zylindrische wie sphärische Panoramen aufgenommen werden, je nach eingesetztem Objektiv.

Abbildung 7.15
Kaidan Kiwi 5000

Einbeinstativmit Lot

Für diese Lösung wird ein Einbeinstativ verwendet, am Nodalpunkt des Objektivs ist ein Lot befestigt (siehe Abbildung 7.16). Anhand einer Markierung auf dem Boden kann die Kamera mit Hilfe des Lots exakt um den Nodalpunkt gedreht werden. Dieser Aufbau ist individuell justierbar und somit für verschiedene Kameramodelle geeignet. Je nach verwendetem Objektiv ist dieser Aufbau für zylindrische und sphärische Panoramen einsetzbar. Allerdings ist diese Lösung nur für Singlerow-Aufnahmen geeignet und erfordert exaktes Arbeiten sowie etwas Erfahrung mit dieser Aufnahmetechnik.

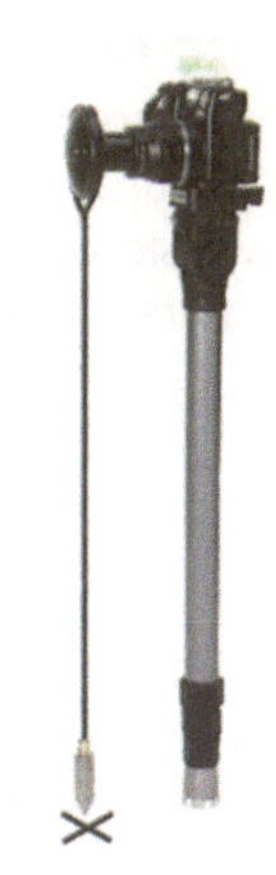

Abbildung 7.16
Einbeinstativ mit Lot

7.2.5 Weitere Tipps

Für die realistische Darstellung von Szenen ist es bei sphärischen Panoramaaufnahmen meistens erforderlich, den unteren Bildbereich zu bearbeiten. Dort sind häufig die Stativbeine oder die Füße des Fotografen zu sehen. Für die Retusche des Bodenbereichs ist es ratsam, das sphärische Panorama in eine kubische Darstellung umzuwandeln. So kann dieser Bildbereich bequem bearbeitet werden (siehe Kapitel 7.3.1). Fügt man an dieser Stelle beispielsweise ein Logo ein, kann auf die Retusche des Bodenbereichs verzichtet werden.

7.3 Stitching-Software

In diesem Kapitel werden einige Software-Produkte zur Herstellung sphärischer und kubischer Panoramen vorgestellt. Weitere Software-Hersteller finden sich im Herstellerverzeichnis (siehe Kapitel B.1.2). Einige der Software-Produkte sind sowohl für die Herstellung von zylindrischen als auch für die Produktion von kubischen und sphärischen Panoramen geeignet. Da hier unmöglich alle Varianten aufgezeigt werden können, finden Sie in Kapitel 12 einen tabellarischen Überblick über die Funktionalität der vorgestellten Software-Produkte.

7.3.1 REALVIZ Stitcher (Panoramabild)

Auf der CD finden Sie eine Demo-Version von REALVIZ Stitcher unter: \Demo-Versionen\Mac bzw. \Demo-Versionen\PC

Im Folgenden wird die Bildbearbeitung von sphärischen Aufnahmen, die mit Panoramakameras entstanden sind, erläutert. Näheres über die Aufnahme solcher Panoramen haben Sie in Kapitel 7.2.1 erfahren. Nach der Aufnahme sind weitere Arbeitsschritte notwendig, damit aus einem Panoramabild ein sphärisches oder kubisches Panorama entstehen kann.

Zunächst sollte man, falls erforderlich, Farb- und Helligkeitsveränderungen vornehmen. Dies geschieht am besten am kompletten Panoramabild. Nach der Farbkorrektur wird die horizontale Schnittstelle festgelegt. Dies ist notwendig, wenn für die Überlappung beispielsweise 380° statt der benötigten 360° aufgenommen wurden. Man sucht sich eine markante Stelle im Überlappungsbereich und schneidet die überflüssigen Bildbereiche rechts und links ab. Ob das Panorama so zusammenpasst, kann mit Hilfe von REALVIZ Stitcher kontrolliert werden.

Über die Funktion *Tools > Panorama Conversion* können zylindrische, sphärische und kubische Panoramen in verschiedene andere Formate konvertiert werden. Das beschnittene Bild wird so in ein *Cubic QTVR* umgewandelt, die dafür notwendigen Einstellungen zeigen die Abbildungen 7.17 und 7.18.

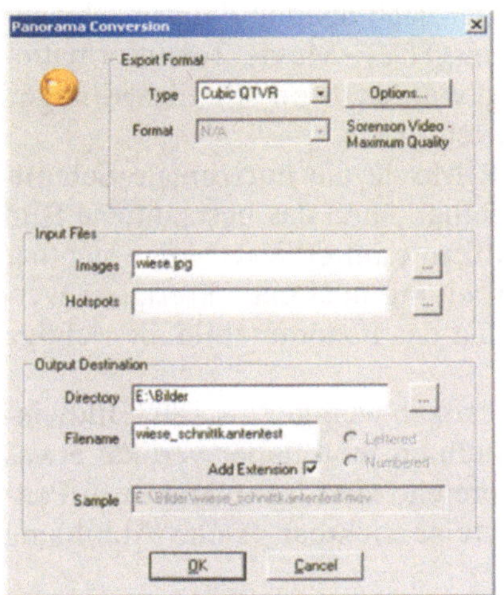

Abbildung 7.17
Rendereinstellungen für
die Umwandlung eines
Panoramabildes in ein
cubic QTVR

Unter *Options* können weitere QTVR-spezifische Einstellungen vorgenommen werden.

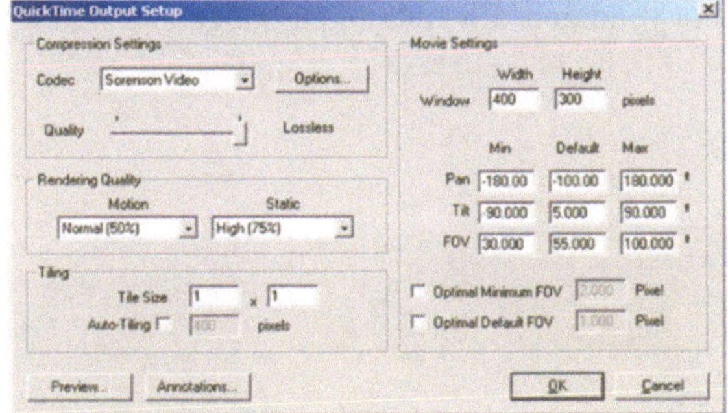

Abbildung 7.18
Im Dialogfeld *QuickTime
Output Setup* können
weitere Eigenschaften des
QTVR-Movies bestimmt
werden

Über *Compression Settings > Codec* wird die Art der Kompression bestimmt (nähere Informationen zu den Codecs erhalten Sie in Kapitel 10.1). Im Bereich *Compression Settings > Quality* wird die gewünschte Bildqualität gewählt. *Rendering Quality* bestimmt die Bildqualität während der Drehung des Panoramas (*Motion*) und beim Standbild (*Static*). Im Feld *Tiling* lässt sich das Panoramabild in quadratische Stücke (*Tiles*) unterteilen, so dass beim Download alle bereits geladenen Tiles abgespielt werden können. Für große QTVR-Panoramen lohnt sich auf jeden Fall eine Erhöhung des voreingestellten Wertes. Im vorliegenden Beispiel genügt jedoch ein Tiling von 1 x 1.

Im Feld *Movie Settings > Window* lässt sich die Fenstergröße in Pixeln definieren. Mit *Pan* und *Tilt* kann der Bildausschnitt beim Start des QTVR-Movies bestimmt werden. Unter *FOV* lassen sich der minimale und maximale Zoomfaktor definieren. Mit der Funktion *Optimal Minimum FOV* kann man einen maximalen Zoombereich festlegen, damit das Panorama beim Vergrößern für den Betrachter nicht zu grobkörnig erscheint. *Optimal Default FOV* wählt einen mittleren Blickwinkel als Startposition für das QTVR-Movie, so dass der Benutzer nach oben und unten schwenken kann. Unter *Annotations* können dem QTVR-Movie Textinformationen wie Autor und Copyright hinzugefügt werden. Sind alle Einstellungen getroffen, wird der Rendervorgang gestartet.

Anschließend wird bei diesem QTVR-Movie die horizontale Schnittstelle geprüft. Ist die Nahtkante nicht sichtbar, kann das beschnittene Bild so übernommen werden. Falls die Schnittkante im QTVR-Movie sichtbar ist, muss diese natürlich in der Bildbearbeitung nochmals korrigiert werden. Nach Beendigung dieses Vorgangs hat das Panoramabild die richtige Breite.

Einige der 8-mm-Fisheye-Objektive besitzen weniger als 180° Bildwinkel. Für eine komplette sphärische Darstellung fehlt daher vertikal etwas Bildinformation. Diese fehlenden Bildbereiche sind im interaktiven Panorama oben und unten als schwarze Kreise sichtbar (siehe Abbildung 7.20).

Bei der zweidimensionalen Darstellung des sphärischen Panoramabilds sind der obere und untere Bildbereich stark verzerrt. So können diese schwarzen Bildbereiche nur schwer retuschiert werden. Daher empfiehlt es sich, die Würfelseiten des cubic QTVR als quadratische Bilder einzeln abzuspeichern. Die dafür notwendigen Einstellungen zeigt Abbildung 7.19.

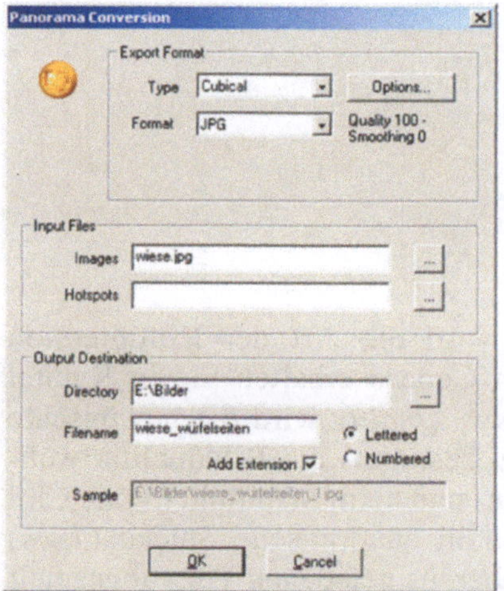

Abbildung 7.19
Einstellungen für die Umwandlung eines Panoramabildes in die einzelnen Würfelseiten

Wählt man im Menü *Tools > Panorama Conversion* das Exportformat *Cubical* und aktiviert im Bereich *Output Destination* die Dialogbox *Lettered*, werden die sechs Seiten des Würfels nach ihrer Ausrichtung benannt. Beispielsweise *u* für *up* und *d* für *down*. Da nur im oberen und unteren Bereich retuschiert werden muss, wählt man die beiden Würfelseiten *up* und *down* und bearbeitet die schwarzen Bildpartien in einem Bildbearbeitungsprogramm. Im unteren Würfelbild kann übrigens auch ein Logo eingefügt werden, von dem das Stativ verdeckt wird. So spart man sich das meist zeitaufwendigere originalgetreue Nachbilden dieses Bildbereichs.

Ist die Retusche abgeschlossen, wandelt man im dem Menü *Panorama Conversion* die einzelnen Würfelseiten zu einem cubic QTVR. Die erforderlichen Einstellungen für das Beispielpanorama zeigen die Abbildungen 7.17 und 7.18.

Wie diese kubischen QTVR-Panoramen publiziert werden können, erfahren Sie in Kapitel 10.1. Dort finden Sie nähere Informationen über die Viewer sowie den Quellcode, mit dem die Panoramen in HTML-Dateien eingebunden werden können.

Soll das Panorama nicht als cubic QTVR, sondern als sphärisches Panorama mittels PTViewer veröffentlicht werden, wandelt man die retuschierten Würfelseiten mit REALVIZ Stitcher in ein sphärisches Bild um. Das Panorama wird dazu mit der Funktion *Panorama Conversion* als *Spherical* im JPG-Format gespeichert.

Wie solche sphärischen Panoramabilder publiziert werden können, erfahren Sie in Kapitel 10.2. Dort finden Sie nähere Informationen über die Viewer sowie den Quellcode, mit dem die Panoramen in HTML-Dateien eingebunden werden können.

Sie finden das hier vorgestellte Panoramabild sowie das QTVR-Movie auf der CD unter:\Workshop\ Kap_07 sphaerische Panoramen\7_3_1 Panoramabild

7.3.2 REALVIZ Stitcher (Multirow-Technik)

Mit der Software REALVIZ Stitcher ist die Bearbeitung von Singlerow- und Multirow-Panoramen möglich. Es können zylindrische, sphärische und kubische Panoramen erzeugt werden. Im Folgenden erfahren Sie, wie Sie ein vierreihiges sphärisches Panorama mit REALVIZ Stitcher produzieren können.

Zuerst wird eine neues Projekt angelegt, indem man unter *File > New* ein neues Dokument aufruft. Dieses Stitcher-Projekt wird am besten gleich mit der Funktion *File > Save as* unter einem bestimmten Namen abgespeichert. Als Nächstes werden die Einzelbilder des Panoramas über *File > Load Images* importiert. Die Bilder werden hier lediglich referenziert, was die Dateigröße des Stitcher-Projekts klein hält und die nachträgliche Korrektur von Einzelbildern vereinfacht. Sind die Bilder geladen, erscheinen

Auf der CD finden Sie eine Demo-Version von REALVIZ Stitcher unter: \Demo-Versionen\Mac bzw. \Demo-Versionen\PC

sie als Thumbnails im unteren Bereich des Bearbeitungsfensters. Hier können die Bilder in ihrer Ausrichtung noch verändert werden, indem sie durch Anklicken ausgewählt und über *Edit > Rotate* in die richtige Position gedreht werden.

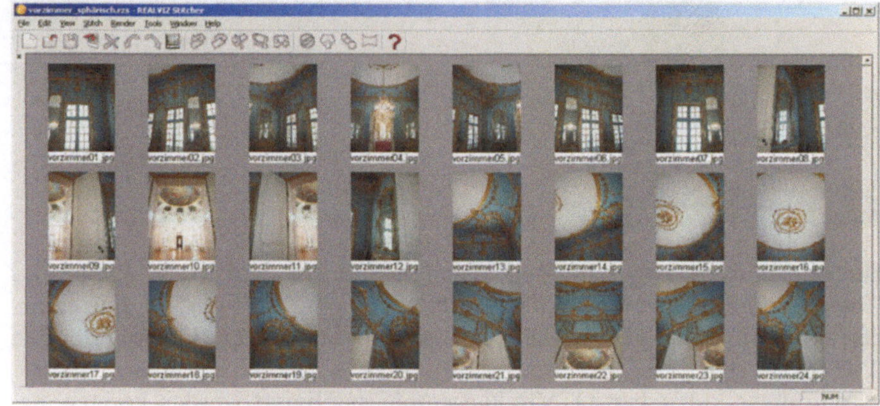

Abbildung 7.21
Importierte Bilder vor dem Beginn des Stitchens

Die Software erkennt selbstständig, welches Seitenverhältnis die Bilder besitzen, mit welcher Objektivbrennweite sie aufgenommen wurden und welche Verzeichnung die Bilder haben. Über *Edit > Properties* können die Werte gezielt verändert werden.

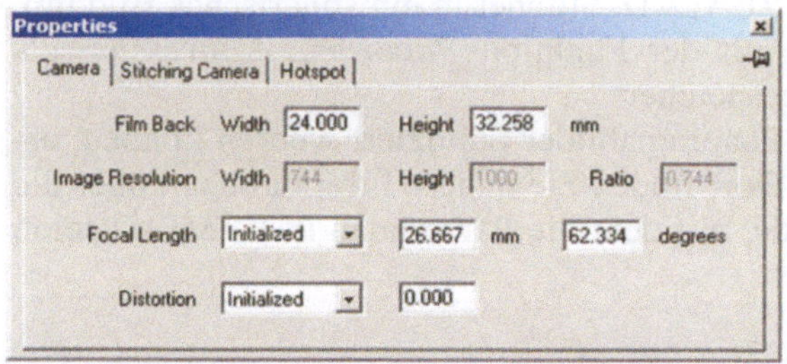

Abbildung 7.22
Aufnahmeeigenschaften können über *Properties* eingestellt werden

Bilder, die mit einem Weitwinkelobjektiv gemacht wurden, können im Randbereich Verzerrungen aufweisen und daher nicht ohne weiteres gestitcht werden. REALVIZ Stitcher bietet die Möglichkeit, diese Verzeichnungen vor dem Stitchen zu beseitigen. Hierzu werden die ersten beiden Bilder per Drag-and-Drop in den oberen Bearbeitungsbereich gebracht und dort möglichst deckungsgleich positioniert, jedoch ohne sie zu stitchen. Sind die Bilder bereits gestitcht, kann die Verzeichnung nicht mehr korrigiert werden. Mit der Funktion *Tools > High Distortion > Calibrate* wird die Verzerrung aller Bilder dieses Projekts berechnet und beseitigt. Die Korrektur der Verzeichnung kann über *Tools > High Distortion > Reset* rückgängig gemacht werden.

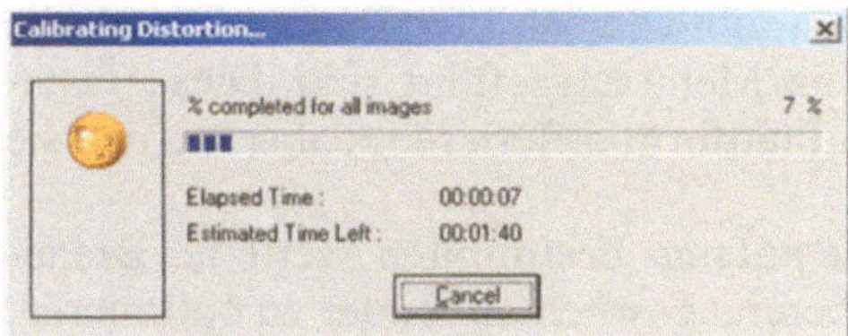

Abbildung 7.23
Verzeichnungen können
über die Funktion *High
Distortion Calibration*
korrigiert werden

Das eigentliche Stitchen erfolgt, indem man das erste Einzelbild per Drag-
and-Drop von der Thumbnail-Bildleiste nach oben in den Bearbeitungsbereich zieht. Danach wird das zweite Bild in diesen Bereich gebracht und
dort so positioniert, dass die Überlappungsbereiche möglichst deckungsgleich sind. Die ungefähre Positionierung kann mit der Maus vorgenommen werden, für die Feinpositionierung empfiehlt sich die Verwendung
der Pfeiltasten. Die Bilder können horizontal und vertikal bewegt werden
sowie über die Kombination von Shift-Taste und den Pfeiltasten auch
gedreht werden. Stimmt die Position des betreffenden Einzelbildes, wird
das Stitchen mit der Enter-Taste ausgeführt. Wenn ein Bild gestitcht ist,
ändert sich die Farbe der Bildumrandung von rot (positionierbar) zu grün
(gestitcht).

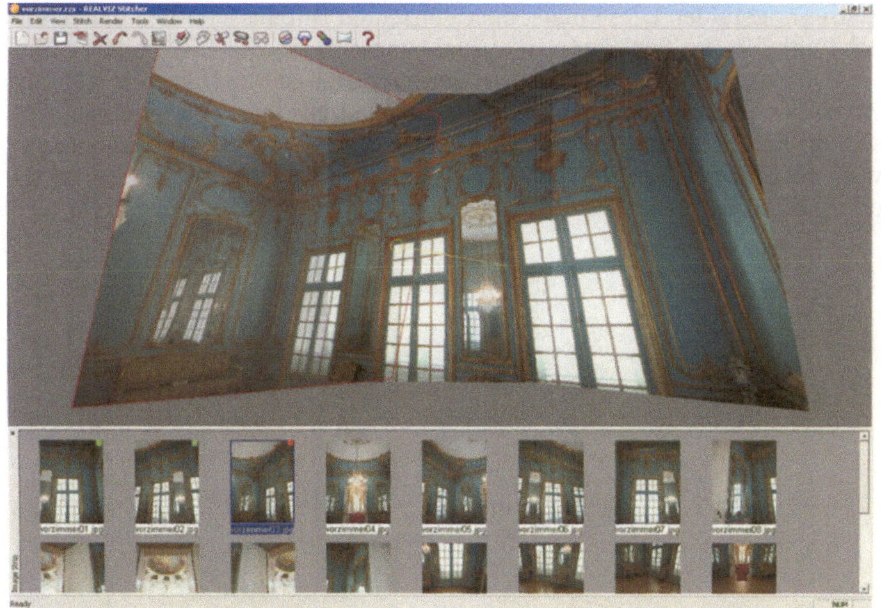

Abbildung 7.24
Stitching-Prozess: Rot
markierte Bilder können
positioniert werden, grün
markierte Bilder sind
bereits gestitcht

Kann ein bestimmtes Einzelbild nicht gestitcht werden, erscheint ein Dialogfenster, das über diese Tatsache informiert. In diesem Fall kann über
die Funktion *Forced Stitch* trotzdem gestitcht werden. Das Bild wird hierbei von der Software nicht automatisch positioniert, sondern an der vom
Benutzer bestimmten Position in die Bildreihe eingefügt.

Um im Panorama zu navigieren, die Ansicht zu drehen, zu schwenken
oder zu zoomen, werden die Funktionen *View > Pan, Roll, Zoom* verwen-

det. Wie für die meisten Funktionen gibt es auch hier Tastaturkürzel, die neben den jeweiligen Funktionen im Menü aufgeführt sind. Diese Tastaturkürzel können von Plattform zu Plattform differieren, daher werden sie hier nicht explizit angegeben.

Die Software ist in der Lage, die anfangs bestimmten Werte für Brennweite und Verzerrung anhand der bereits gestitchten Bilder zu optimieren. Dies erfolgt über die Funktion *Stitch > Adjust All Images*. Es empfiehlt sich, diese Korrektur beim Stitchen alle vier bis fünf Bilder auszuführen sowie nach Beendigung des kompletten Stitching-Vorgangs.

Sind alle Bilder der ersten Bildreihe positioniert und gestitcht, wird diese Reihe zu einem zylinderförmigen Panorama geschlossen. Hierzu wählt man im Menü *Stitch > Close Panorama*. Die Hintergrundfarbe des Bearbeitungsfensters ändert sich und man kann das zuletzt gestitchte Bild mit dem ersten Bild der Panoramareihe verbinden. Diese beiden Bilder werden wie bereits beschrieben gestitcht.

Danach werden die weiteren Bildreihen durch Positionieren und Stitchen der Einzelbilder hinzugefügt. Auf diese Weise werden die insgesamt 50 Einzelbilder in diesem Beispiel zu einem vierreihigen Panorama zusammengefügt.

Bei den unteren Bildreihen sind im Bodenbereich in der Regel Teile des Stativs abgebildet. Diese meist unerwünschten Bildausschnitte können mit der Funktion *Artifact Removal* ausgeklammert werden. Ein weiteres Beispiel für solche Bildbereiche können auch Passanten sein, die sich am Rand eines Bildes befinden und die im späteren Panorama nicht sichtbar sein sollen. Mit der Funktion *Tools > Artifact Removal* kann im ausgewählten Einzelbild mittels eines Polygons der Bildbereich markiert werden, der ausgeblendet werden soll.

Abbildung 7.25
Mit der Funktion *Artifact Removal* können unerwünschte Bildbereiche (hier das Stativ) ausgeklammert werden

Diese Funktion ist nur im Überlappungsbereich von Bildern sinnvoll, da die markierte Stelle in einem Bild durch Bildinformation aus dem darüber liegenden Bild ergänzt wird. Ist keine Ersatzbildinformation vorhanden, werden die markierten Bereiche im Panorama schwarz dargestellt. Die Funktion *Artifact Removal* kann jederzeit wieder rückgängig gemacht werden, indem das betreffende Bild markiert wird. Über das Menü *Tools > Artifact Removal* können die Polygone in ihrer Form verändert oder auch komplett entfernt werden. Diese Einstellungen müssen nicht zwingend vor dem Stitchen vorgenommen werden, es kann auch zuerst gestitcht und anhand des kompletten Panoramabildes entschieden werden, welche Stellen noch nachbearbeitet werden müssen.

Weisen die Einzelbilder unterschiedliche Helligkeit auf, kann dies über die Funktion *Render > Equalize All Images* korrigiert werden. Auf diese Art werden alle Bilder des Panoramas in der Helligkeit aneinander angeglichen. Für kleinere Unterschiede mag diese Funktion zweckmäßig sein, weisen die Bilder jedoch größere Farb- oder Helligkeitsschwankungen auf, empfiehlt sich eine gezielte Farbkorrektur mit geeigneter Bildbearbeitungs-Software.

Bevor das Panorama für den Export gerendert wird, sollte der gewünschte Bildausschnitt gewählt werden. Das Panorama wird anhand des Ausschnitts ausgerichtet, der aktuell im Bearbeitungsfenster zu sehen ist. Über die Funktion *Tools > Align Panorama* wird der Horizont des Panoramas festgelegt. Als Ausrichtungsmaß werden horizontale und vertikale Linien gezogen. Dabei kann es hilfreich sein, die Rasterfunktion über *Edit > Preferences > Display Grid* zu aktivieren. Hat man die gewünschte Position für den Anfangsbildausschnitt des Panoramas gefunden, wird das Panorama gerendert.

Beim Rendern bieten sich zahlreiche Auswahlmöglichkeiten bezüglich der Projektions- und Dateiformate an. REALVIZ Stitcher unterstützt die zylindrische, sphärische und kubische Projektion.

Ein kubisches Panorama kann als *cubic QTVR* publiziert werden. Eine weitere Lösung bietet der Export eines sphärischen Panoramabildes und die Darstellung mittels eines sphärischen Panorama-Viewers.

In Abbildung 7.26 sehen Sie, welche Einstellungen beim hier gezeigten Beispielpanorama für das Rendern und Exportieren eines kubischen QTVR-Movies im Modus *Render > Render* getroffen werden.

Im Bereich *Export Format > Type* wird das Projektionsformat definiert (hier: *Cubic QTVR*). Unter *Format* wird das Dateiformat bestimmt und über *Resolution* wird die Auflösung des späteren Panoramabilds in Pixeln definiert. Je höher der Wert für die Auflösung gewählt wird, desto besser wird die Bildqualität, allerdings steigt die Dateigröße proportional zu Auflösung und Bildqualität. Von einem Mittelwert aus kann man sich an die gewünschte Qualität und Dateigröße herantasten.

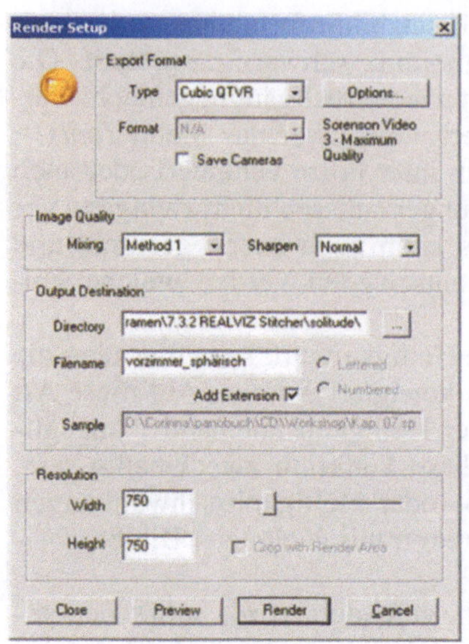

Unter *Options* können weitere QTVR-spezifische Einstellungen vorgenommen werden.

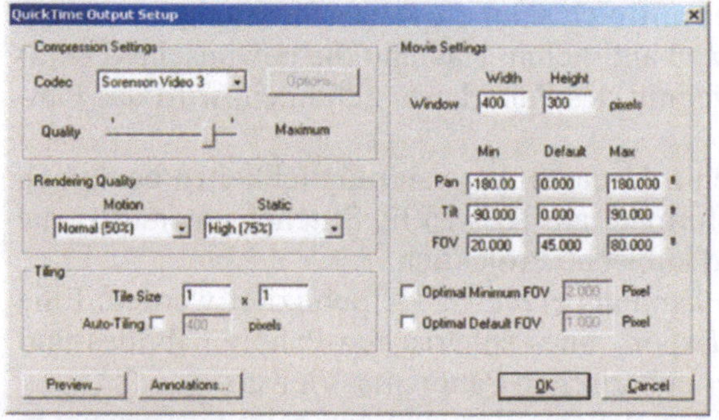

Über *Compression Settings > Codec* wird die Art der Kompression bestimmt (nähere Informationen zu den Codecs erhalten Sie in Kapitel 10.1). Im Bereich *Compression Settings > Quality* wird die gewünschte Bildqualität gewählt. *Rendering Quality* bestimmt die Bildqualität während der Drehung des Panoramas (*Motion*) und beim Standbild (*Static*). Im Feld *Tiling* lässt sich das Panoramabild in quadratische Stücke (*Tiles*) unterteilen, so dass beim Download alle bereits geladenen Tiles abgespielt werden können. Für große QTVR-Panoramen lohnt sich auf jeden Fall eine Erhöhung des voreingestellten Wertes. Im vorliegenden Beispiel genügt jedoch ein Tiling von 1 x 1.

Im Feld *Movie Settings > Window* lässt sich die Fenstergröße in Pixeln definieren. Mit *Pan* und *Tilt* kann der Bildausschnitt beim Start des QTVR-Movies bestimmt werden. Unter *FOV* lassen sich der minimale und maximale Zoomfaktor definieren. Mit der Funktion *Optimal Minimum*

FOV kann man einen maximalen Zoombereich festlegen, damit das Panorama beim Vergrößern für den Betrachter nicht zu grobkörnig erscheint. *Optimal Default FOV* wählt einen mittleren Blickwinkel als Startposition fürs QTVR-Movie, so dass der Benutzer nach oben und unten schwenken kann. Unter *Annotations* können dem QTVR-Movie Textinformationen über Autor und Copyright sowie eine kurze Beschreibung des Inhalts hinzugefügt werden.

Sind alle Einstellungen getroffen, wird der Rendervorgang gestartet. Das Ergebnis kann in weiteren Renderdurchgängen mit veränderten Werten optimiert werden.

Wie die kubischen QTVR-Panoramen publiziert werden können, erfahren Sie in Kapitel 10.1. Dort finden Sie nähere Informationen über die Viewer sowie den Quellcode, mit dem die Panoramen in Websites eingebunden werden können.

Mit der Software REALVIZ Stitcher können aus mehreren QTVR-Panoramen virtuelle Rundgänge erzeugt werden. Die Vorgehensweise für das Definieren von Hotspots und das Erstellen eines virtuellen Rundgangs wird in Kapitel 9.3.1 erläutert.

Die zweite Möglichkeit, ein solches Panorama zu publizieren, besteht darin, dass man einen sphärischen Panoramabildstreifen erzeugt, der mit Hilfe eines Viewers kugelförmig projiziert wird. In Abbildung 7.28 sehen Sie, welche Einstellungen beim Beispielpanorama für das Rendern eines sphärischen Panoramabildes im Modus *Render > Render* getroffen werden.

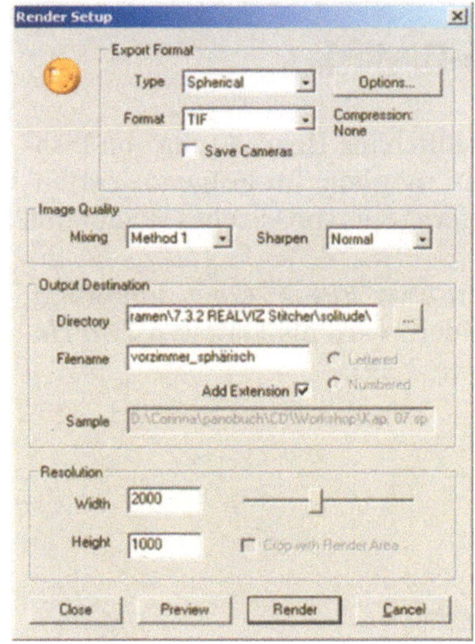

Abbildung 7.28
Im Dialogfeld *Render Setup* werden Dateiformat und Auflösung des sphärischen Panoramabildes definiert

Sie finden die hier vorgestellten Rohbilder und Panoramen auf der CD unter: \Workshop\Kap_07 sphaerische Panoramen\ 7_3_2 REALVIZ Stitcher

Im Bereich *Export Format > Type* wird *Spherical* gewählt. Unter *Format* wählen Sie das gewünschte Dateiformat aus. Fürs Internet wird das Bild in der Regel im JPG-Format benötigt. Soll das Panoramabild weiterbearbeitet werden, ist jedoch bei diesem Dateiformat der Datenverlust durch

Kompression zu groß. Daher ist es ratsam, das Bild in einem nicht verlustbehafteten Format wie TIF abzuspeichern und eventuelle Änderungen der Größe oder des Dateiformats in einem Bildbearbeitungsprogramm vorzunehmen. Im Abschnitt *Resolution* wird die Auflösung des kompletten Panoramabilds numerisch eingegeben. Über den Button *Render* wird die Berechnung gestartet und das Panoramabild erzeugt.

Wie diese sphärischen Panoramabilder publiziert werden können, erfahren Sie in Kapitel 10.2. Dort finden Sie nähere Informationen über die Viewer sowie den Quellcode, mit dem die Panoramen in Websites eingebunden werden können.

Vorteile

- REALVIZ Stitcher unterstützt alle gängigen Projektionsformate.
- Es lassen sich vielfältige Dateiformate importieren und exportieren.
- Mit der Software ist die Umwandlung von Panoramaformaten möglich.

Nachteile

- Es können ausschließlich rechtwinklig abbildende Objektive verwendet werden. Die Software unterstützt keine Fisheye-Bilder.
- Bei zu großer Überlappung der Einzelbilder (45 % und mehr) kann es Probleme beim Stitchen geben.

7.3.3 iPIX Builder (zwei Fisheye-Bilder)

Mit der Software iPIX Builder ist ausschließlich die Bearbeitung von Fisheye-Bildern mit einem Bildwinkel von 180° möglich. Im Folgenden erfahren Sie, wie Sie mit zwei Fisheye-Bildern ein sphärisches Panorama produzieren können.

Zuerst werden die beiden Hemisphären über *File > Open* importiert. Für die Bearbeitung von zwei Fisheye-Bildern wird als Dateityp *Two Hemisphere Files* ausgewählt (siehe Abbildung 7.29).

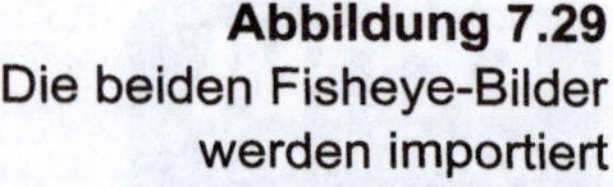

Abbildung 7.29
Die beiden Fisheye-Bilder
werden importiert

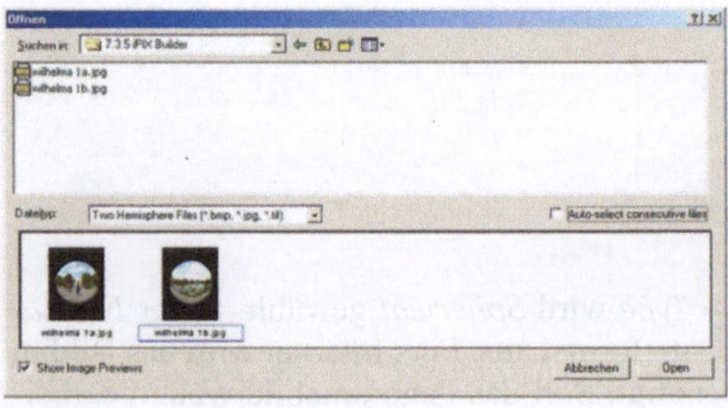

Nach dem Import der Einzelbilder erscheinen im Bearbeitungsfenster verschiedene Ansichten der Fisheye-Bilder (siehe Abbildung 7.30).

Abbildung 7.30
Bearbeitungsfenster von iPIX Builder

Zunächst sollten in den beiden linken Fenstern, die grün gekennzeichneten Kreisradien mit dem Fisheye-Bildausschnitt in Übereinstimmung gebracht werden. Bei Bedarf können die Radien neu definiert werden.

Die beiden mittleren Bearbeitungsfenster zeigen die Überlappungskanten auf beiden Seiten. Anhand dieser Darstellung lässt sich überprüfen, wie die Einzelbilder zueinander positioniert sind.

Über die Funktionen im Menüfenster *Manual* können die Radien der Hemisphären in ihrer Größe verändert werden, man kann ihre Position in X- und Y-Richtung verschieben. Ebenso lassen sich die Bilder drehen, bis man deren optimale Ausrichtung ermittelt hat. Diese Funktionen lassen sich sowohl für beide Bilder gleichzeitig als auch nur für eines von beiden anwenden. Wenn die Schnittstelle so wenig wie möglich sichtbar ist, sind die beiden Bilder optimal positioniert. Diese Einstellungen, die so genannten Fisheye-Parameter, können unter *Files > Save Fisheye Params* gespeichert werden. Bei der Bearbeitung weiterer Panoramen, die mit dem gleichen Setup aufgenommen wurden, wird das Stitching durch Aufrufen dieser Parameter vereinfacht.

Das Fenster ganz rechts zeigt eine Vorschau des sphärischen Panoramas im iPIX-Viewer. Diese Vorschau ist identisch mit der späteren Darstellung über das Plug-in. Das Panorama kann gedreht und gezoomt werden, um das Bild in allen Bereichen zu prüfen.

Der Überlappungsbereich der beiden Hemisphären ist sehr gering und da die Software die Bildüberlappung nicht blendet, sondern eine harte Kante erzeugt, muss diese Überlappungskante in einem weiteren Bearbeitungsschritt mit Photoshop retuschiert werden. Das fertig positionierte Panorama wird für die Retusche in Photoshop unter *File > Save As* als *editable iPIX* gespeichert.

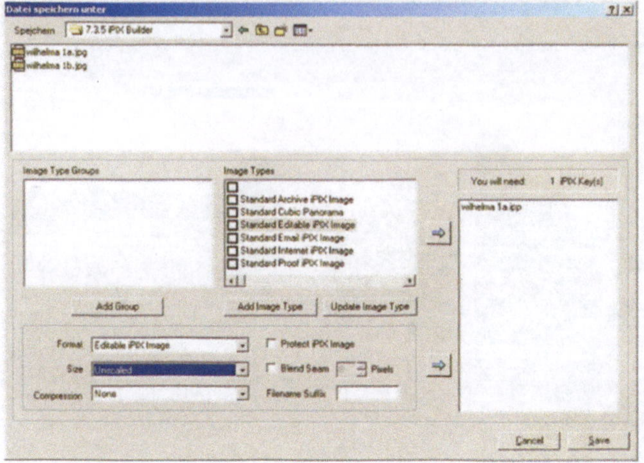

Abbildung 7.31
Für das Speichern des Panoramas als *editable iPIX* wird ein 30-stelliger Key benötigt

Für das Speichern wird ein 30-stelliger Key benötigt, der gegen eine Gebühr von 25 US-$ online über den iPIX-Store erhältlich ist (http://www.ipixstore.com [Stand 14.05.2003]). Hierbei ist zu beachten, dass dieser Key nur für eine bestimmte, auf einem Rechner lizenzierte Software-Version gültig ist. Sie können nicht auf einem Rechner mit der Bearbeitung beginnen und das abschließende Speichern (als iPIX-Datei oder als sphärisches Bild) auf einem anderen Rechner vornehmen.

Bei einem *editable iPIX* handelt es sich um ein aufgefaltetes sphärisches Bild. Dieses Bild wird in Photoshop entlang der Nahtkante und an allen anderen erforderlichen Stellen retuschiert. Währenddessen kann die sphärische Ansicht im iPIX-Viewer überprüft werden. Aufgerufen wird der Viewer über das Menü *Datei > Exportieren > iPIX Export*. Über dasselbe Menü wird der Bildstreifen nach der Retusche gespeichert.

Abbildung 7.32
In Photoshop wird die Nahtkante retuschiert
Oben: unretuschiert
Unten: retuschiert

Nach der Bildbearbeitung wird das Bild erneut mit iPIX Builder geöffnet. Hier kann der Anfangsblickwinkel, der *Initial View*, definiert werden. Für den finalen Speichervorgang benötigt man wieder denselben Key, den man schon für das Speichern des *editable iPIX* benutzt hat. Es empfiehlt sich, bei diesem Speichervorgang alle benötigten Größen- und Qualitätsvarianten zu speichern. Ein späteres Verändern und Speichern des Panoramas ist nur durch den Einsatz eines weiteren Keys möglich.

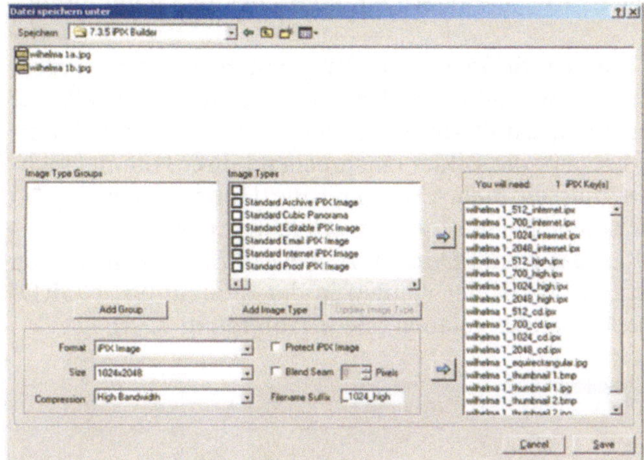

Abbildung 7.33
Beim finalen Speichern werden am besten alle benötigten Formate gespeichert

Sie finden die hier vorgestellten Rohbilder sowie das Panorama auf der CD unter: \Workshop\Kap_07 sphaerische Panoramen\ 7_3_3 iPIX Builder

Wie die sphärischen iPIX-Panoramen publiziert werden können, erfahren Sie in Kapitel 10.3. Dort finden Sie nähere Informationen über die Viewer sowie den Quellcode, mit dem die Panoramen in Websites eingebunden werden können.

Vorteile

- Es werden nur zwei Bilder benötigt, dadurch lässt sich relativ schnell ein komplettes Panorama aufnehmen.

- Aufgrund des großen Bildwinkels der Fisheye-Bilder ist die Abbildung bewegter Objekte unproblematisch, solange sie sich nicht im Randbereich befinden.

- Die Software ist vergleichsweise einfach zu bedienen.

Nachteile

- Da nur zwei Bilder verwendet werden, ist die Auflösung des sphärischen Panoramas verglichen mit anderen Techniken (bei denen mehr Bilder aufgenommen werden) nicht so hoch.

- Die Interactive Pictures Corporation verlangt für jedes produzierte Panorama eine Gebühr von 25 US-$.

- Für ein perfektes Ergebnis muss meist die Nahtkante retuschiert werden.

- iPIX-Panoramen wirken stellenweise etwas verzerrt. Einige Betrachter mögen diese kugelförmige Anmutung, auf andere wirkt sie zu verzeichnet.

7.3.4 easyPanoram (vier Fisheye-Bilder)

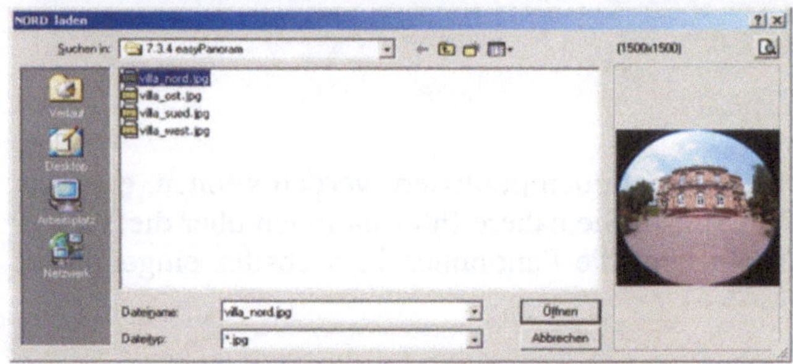

Die Software easyPanoram eignet sich ausschließlich für die Bearbeitung von Fisheye-Bildern mit einem Bildwinkel von 180°. Im Folgenden erfahren Sie, wie Sie mit vier Fisheye-Bildern ein kubisches Panorama produzieren können.

Bevor die Bilder mit der Software easyPanoram bearbeitet werden, empfiehlt es sich, die Fisheye-Bilder entlang der kreisrunden Bildkante quadratisch zu beschneiden, damit sie ein Seitenverhältnis von 1 : 1 aufweisen. Die Software benennt die Bilder entsprechend ihrer Himmelsrichtung. Die Einzelbilder müssen nicht zwingend die Himmelsrichtung im Namen enthalten, eine solche Namensgebung erleichtert jedoch die Identifikation der Bilder. Über das Menü *Datei > Fisheye-Bilder laden* werden die vier Bilder importiert. Die Bilder werden in der Reihenfolge NORD-OST-SUED-WEST nacheinander geladen (siehe Abbildung 7.34).

Abbildung 7.34
Die Einzelbilder werden nacheinander aufgerufen und importiert

Nach dem Laden erscheint ein Dialogfenster (siehe Abbildung 7.35), in dem der exakte Kreisausschnitt festgelegt wird.

Abbildung 7.35
Die Fisheye-Bilder müssen vor der Bearbeitung exakt zugeschnitten werden

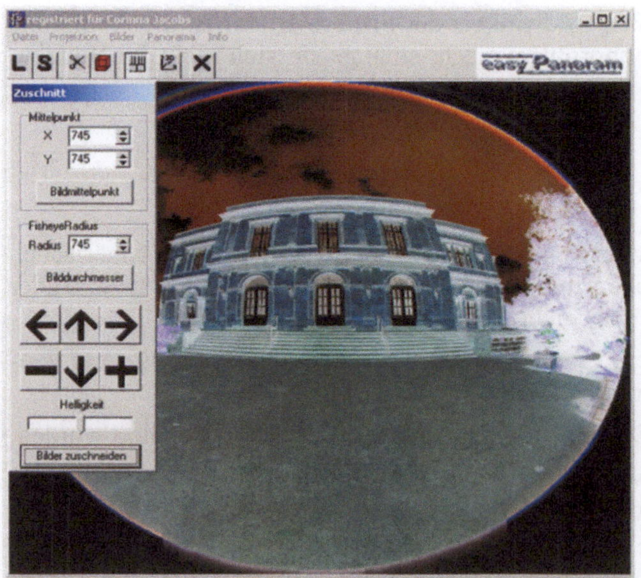

Der Ausschnitt wird anhand eines invertiert dargestellten Kreises für alle importierten Fisheye-Bilder bestimmt (siehe Abbildung 7.35). Sie haben die Wahl zwischen der numerischen Eingabe von Bildmittelpunkt und Radius oder der Festlegung mittels Pfeilbuttons. Mit den Pfeiltasten lässt sich der Kreis bewegen und über die Plus- und Minus-Tasten die Größe des Radius verändern. Über den Regler *Helligkeit* können dunkle Bilder für die Definition des Beschnitts aufgehellt werden, damit sich die Kontur des Kreises besser abzeichnet. Auf die Helligkeit der Ursprungsbilder hat dieser Faktor keine Auswirkung. Stimmen Kreisradius und Position des Beschnittkreises mit den importierten Bildern überein, wird die Funktion über den Button *Bilder zuschneiden* für alle Bilder gleichzeitig aktiviert.

Abbildung 7.36
Hauptfenster mit importierten Fisheye-Bildern

Für die Bearbeitung der Einzelbilder wird eine kubische Ansicht erzeugt. Über das Menü *Projektion > kubisch* gelangen Sie ins Dialogfenster *Kubische Bilder bearbeiten*. Hier werden zuerst im Bearbeitungsbereich *Optionen* (siehe Abbildung 7.37) Angaben über *Bildzahl, Projektion, Objektivabbildung* und *Überlappung* gemacht. Zu Beginn der Bearbeitung empfiehlt sich ein kleiner Überlappungswert, da sich die Position der Einzelbilder anhand der harten Kanten besser beurteilen lässt. Vor dem Speichern wird dieser Wert auf 3 oder 4 erhöht, um weichere Bildübergänge zu erhalten.

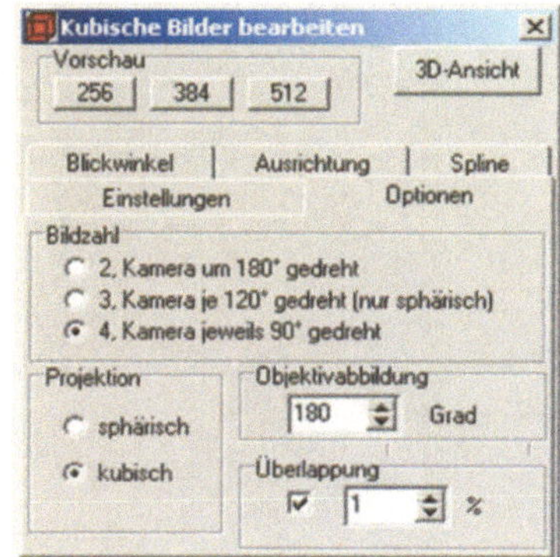

Abbildung 7.37
Im Bereich *Optionen* werden Aufnahme- und Darstellungsparameter definiert

Sie können Ihre Einstellungen im kubischen 3D-Viewer überprüfen. Aktiviert wird diese Darstellung über den Button *3D-Ansicht*, die Darstellungsqualität wird unter *Vorschau > 512 (*alternativ auch *256* oder *384)* bestimmt. Je größer der Wert im Feld *Vorschau* gewählt wird, desto besser ist die Bildqualität des Renderings, desto länger dauert jedoch die Erstellung der Ansicht. Nach der Änderung eines Parameters wird die Vorschau über den Button *512* aktualisiert. In der Titelzeile des Viewer-Fensters erkennen Sie, welches Bild Sie gerade im Blickfeld haben. Abbildung 7.38 zeigt Bild *Nord* des Beispielpanoramas bei einer Position von *5°*.

Abbildung 7.38
Vorschau im kubischen
3D-Viewer

Als Nächstes wird im Bereich *Blickwinkel* (siehe Abbildung 7.39) die *Skalierungskorrektur* eingestellt. Hier gelten die horizontalen Bildkanten als Anhaltspunkte für die Korrektur. Über die Parameter *Höhe* und *Breite* lassen sich die Radien der Fisheye-Bilder verändern. Im Bereich *Blickwinkel (1°/100)* lassen sich die Bildwinkel für jedes Einzelbild sowohl horizontal als auch vertikal optimieren. Die Werte werden so lange verändert, bis die Nahtkanten der Einzelbilder im mittleren Bildbereich möglichst genau zusammenpassen. Die Bereiche ganz oben und ganz unten werden in diesem Bearbeitungsschritt noch vernachlässigt.

Abbildung 7.39
Im Bereich *Blickwinkel*
werden die Radien der
Fisheye-Bilder optimiert

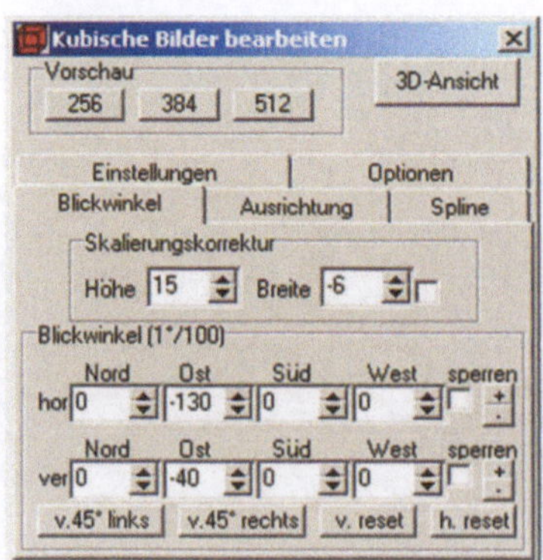

Im nächsten Schritt werden die oberen und unteren Bildpartien durch die Funktion *Spline* (siehe Abbildung 7.40) optimiert. Die Bildkanten werden anhand der Kurve, deren Verlauf Sie numerisch bestimmen können, zum Rand hin abgerundet. Die Abbildungen 7.40 und 7.41 zeigen im direkten Vergleich, welchen Effekt die *Spline*-Funktion auf das Panoramabild hat.

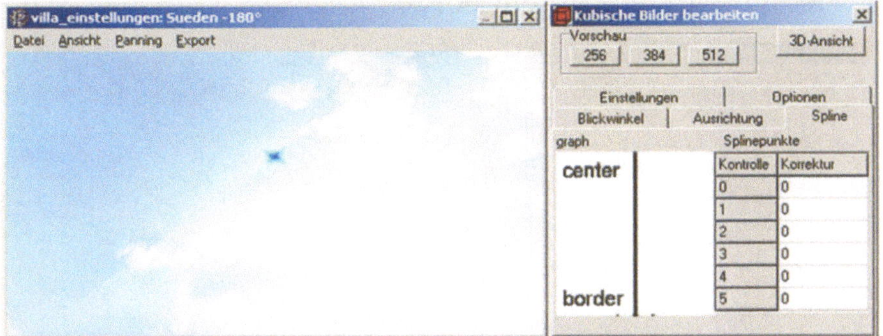

Abbildung 7.40
Oberer Bildbereich vor Anwendung der *Spline*-Funktion

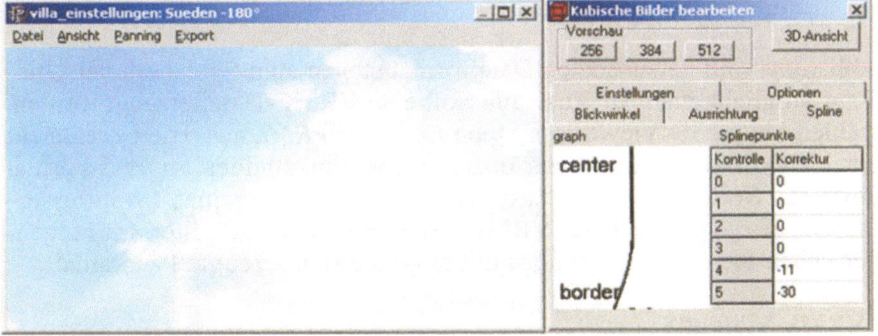

Abbildung 7.41
Oberer Bildbereich nach Anwendung der *Spline*-Funktion

Im Bearbeitungsbereich *Ausrichtung* (siehe Abbildung 7.42) lassen sich die Einzelbilder in X- und Y-Richtung verschieben und über die Funktion *Drehung* in 10er-Schritten drehen. Bei allen Funktionen können Positionsveränderungen durch Aktivierung der Dialogbox *sperren* auf alle Bilder gleichzeitig angewandt werden.

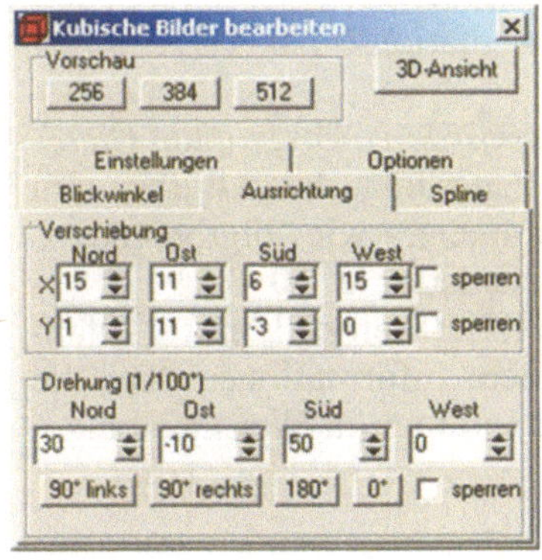

Abbildung 7.42
Im Bereich *Ausrichtung* lässt sich die Position der Einzelbilder verändern

Haben Sie die optimale Position der Einzelbilder gefunden, kann die Panoramaansicht gespeichert werden. Vorher sollten Sie jedoch die gewünschte Bildgröße festlegen. Die Bildgröße lässt sich im Bearbeitungsbereich *Einstellungen* (siehe Abbildung 7.43) über *Bildgröße quadratisch* verändern. Je größer die quadratische Bildgröße gewählt wird, desto größer wird die resultierende Panoramadatei.

Abbildung 7.43
Im Bearbeitungsbereich *Einstellungen* wird die Bildgröße des Panoramas gewählt

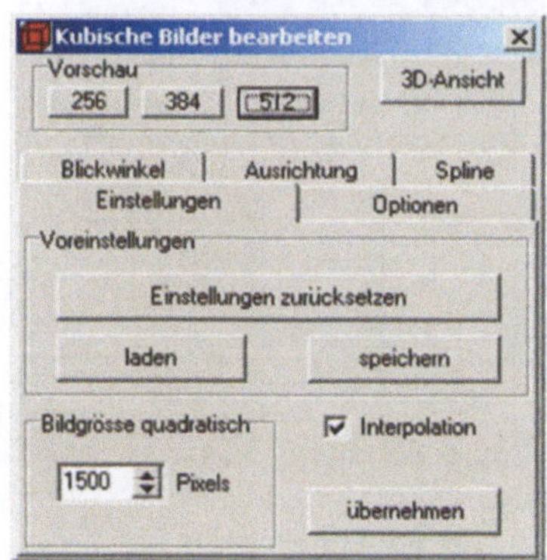

Abhängig vom gewünschten Dateiformat stehen zum Speichern verschiedene Möglichkeiten zur Auswahl. Soll eine VRML-Datei erzeugt werden, wählen Sie im 3D-Viewer das Menü *Export > VRML* aus. Hierbei entsteht eine VRML-Datei, die sechs quadratische Einzelbilder im JPG-Format umfasst. Wollen Sie den Startblickwinkel des Panoramas beeinflussen, öffnen Sie die gespeicherte VRML-Datei in einem Texteditor. Im Folgenden sehen Sie das Script für das mit easyPanoram erzeugte Panorama:

```
#VRML V2.0 utf8
#generated by easyPanoram - http://easypanoram.de
Background {frontUrl "villa_vrml_nord.jpg"
backUrl "villa_vrml_sued.jpg"
leftUrl "villa_vrml_west.jpg"
rightUrl "villa_vrml_ost.jpg"
topUrl "villa_vrml_oben.jpg"
bottomUrl "villa_vrml_unten.jpg"}
Viewpoint{position 0 0 20 fieldOfView 1.2 orientation 0 1 0 -1.3}
```

Sie finden die hier vorgestellten Rohbilder sowie das Panorama auf der CD unter: \Workshop\Kap_07 sphaerische Panoramen\ 7_3_4 easyPanoram

Im Parameter *Viewpoint* lassen sich Position (*position*), Bildwinkel (*fieldOfView*) und Ausrichtung (*orientation*) das Panoramas beeinflussen. Im Beispiel wurden die Werte des *Viewpoint*-Parameters wie folgt geändert:
Viewpoint{position 0 0 20 fieldOfView 1.2 orientation 0 1 0 -3.2}

Wie die kubischen VRML-Panoramen publiziert werden können, erfahren Sie in Kapitel 10.5. Dort finden Sie nähere Informationen über die Viewer sowie den Quellcode, mit dem die Panoramen in Websites eingebunden werden können.

Eine weitere Speicherfunktion finden Sie im Hauptfenster im Menü *Datei > Panorama speichern*. Hier können Sie ein sphärisches Bild speichern, das im Zusammenspiel mit dem Java-Applet PTViewer dargestellt werden kann. Für den Export eines sphärischen Bildes müssen Sie jedoch zuvor die kubische Darstellung in eine sphärische umwandeln. Dies geschieht im Bearbeitungsfenster *Kubische Bilder bearbeiten > Optionen* (siehe Abbildung 7.37). Hier stellen Sie die Projektion von *kubisch* auf *sphärisch* um. Die sphärische Darstellung kann im JPG- oder BMP-Format gespeichert werden.

Wie solche sphärischen Panoramabilder publiziert werden können, erfahren Sie in Kapitel 10.2. Dort finden Sie nähere Informationen über die Viewer sowie den Quellcode, mit dem die Panoramen in HTML-Dateien eingebunden werden können.

Im vorliegenden Beispiel wurde das Stativ, das im unteren Bildbereich abgebildet war, vor dem Import der Rohbilder retuschiert. Falls nur wenig vom Stativ im Bild zu sehen ist, können Sie den Bodenbereich auch über die Einstellungen in der Software easyPanoram so bearbeiten, dass das Stativ nicht mehr sichtbar ist. Eine weitere Alternative besteht darin, die Würfelseiten über das Menü *Datei > Panorama speichern* einzeln zu exportieren und dann in der Datei mit der Endung _unten den Bodenbereich zu retuschieren oder dort ein Logo einzufügen.

Vorteile

- Es werden nur vier Bilder benötigt, dadurch lässt sich relativ schnell ein komplettes Panorama aufnehmen.

- Aufgrund des großen Bildwinkels der Fisheye-Bilder ist die Abbildung bewegter Objekte unproblematisch, solange sie sich nicht im Randbereich befinden.

Nachteile

- Da nur vier Bilder verwendet werden, ist die Auflösung des kubischen Panoramas verglichen mit anderen Techniken (bei denen mehr Bilder aufgenommen werden) nicht so hoch.

- Die Bearbeitung kann für unerfahrene Benutzer einige Zeit in Anspruch nehmen.

- Es lassen sich für den VRML-Export in easyPanoram keine Einstellungen bezüglich des Anfangsblickwinkels treffen. Diese Parameter können jedoch durch Öffnen der gespeicherten VRML-Datei in einem Texteditor verändert werden.

8. Objektmovies

8.1 Einleitung

Wie der Begriff Objektmovie schon andeutet, handelt es sich hierbei um
eine Art Film, bei dem verschiedene Ansichten rund um das Objekt hintereinander abgespielt werden. Abhängig von der Mausposition des Betrachters werden die Bilder vorwärts oder rückwärts abgespielt. Die Einzelbilder
sind als Bildstreifen so angelegt, dass der jeweils nächste Blickwinkel des
Objekts dargestellt wird. So bekommt der Betrachter den Eindruck, er
würde das Objekt selbst drehen und bei mehrreihigen Objektmovies auch
neigen.

Die Objekte werden dafür meist auf einem Drehteller mit neutralem
Hintergrund fotografiert. Dabei bleibt die Kamera statisch, während sich
das Objekt dreht. Bei größeren Objekten, die nicht auf einen Drehteller
passen, kann das Objekt mit der Kamera umkreist werden.

8.2 Aufnahmetechnik

8.2.1 Singlerow-Technik

Bei einem Singlerow-Objektmovie kann das jeweilige Objekt vom
Betrachter um einen bestimmten Punkt gedreht werden. Auf horizontaler
Ebene ist eine Drehung um 360° möglich. Das Schwenken des Objekts
nach oben oder unten ist jedoch mit der Singlerow-Technik nicht realisierbar, hierfür wird die Multirow-Technik benötigt (siehe Kapitel 8.2.2).

Zur Aufnahme wird das Objekt mittig auf einem Drehteller positioniert,
der für jede Aufnahme um eine bestimmte Gradzahl weiterbewegt wird.
Die Kamera bleibt hierbei für die komplette Bildreihe statisch positioniert.
Das Objekt wird beispielsweise in 10°-Schritten gedreht und so werden
insgesamt 36 Bilder pro Bildreihe aufgenommen. Es können natürlich
auch mehr oder weniger Bilder pro Reihe erzeugt werden.

Für die Aufnahme von Singlerow-Objektmovies empfiehlt sich die Verwendung eines speziellen Drehtellers (siehe Kapitel 8.2.3).

Abbildung 8.1 zeigt Aufnahmen, die mit dieser Technik realisiert wurden. Die weiteren Bearbeitungsschritte zur Herstellung eines Objektmovies erfahren Sie in Kapitel 8.3.

Abbildung 8.1
Teil der Bildreihe eines
Singlerow-Objektmovies

Vorteile

• Schnelle und einfache Produktion eines Objektmovies.

Nachteile

• Das Objekt kann vom Benutzer nur horizontal gedreht werden.

8.2.2 Multirow-Technik

Bei einem Multirow-Objektmovie kann das Objekt vom Betrachter neben der horizontalen Drehung auch vertikal bewegt werden. Abhängig von der Anzahl und Ausrichtung der Bildreihen kann eine komplette Drehung des Objekts in alle Richtungen erzielt werden.

Die Aufnahme solcher Multirow-Objektmovies gestaltet sich wesentlich aufwendiger als die Singlerow-Variante. Lediglich die Aufnahme der mittleren Reihe wird wie bei der Singlerow-Technik realisiert. Für die weiteren Reihen wird eine Konstruktion benötigt, mit der sich die Kamera in immer gleichem Abstand zum Objektmittelpunkt um das Objekt schwenken lässt. Nach Aufnahme der ersten Reihe, die meist mit 0° vertikal aufgenommen wird, schwenkt man die Kamera um beispielsweise 30° vertikal nach oben. Ist die Kamera positioniert, werden die Einzelbilder der zweiten Bildreihe aufgenommen. Möchte man ein komplettes Multirow-Objektmovie erzeugen, sind bei einem vertikalen Abstand von jeweils 30° insgesamt 7 Bildreihen à 36 Bilder notwendig.

Für die Aufnahme von Multirow-Objektmovies empfiehlt sich die Verwendung eines Drehtellers sowie eines speziellen Kamerarigs für die Schwenkbewegung der Kamera (siehe Kapitel 8.2.3). Alternativ zur Fotografie können die Bilder für ein Objektmovie ebenso mit einem 3D-Programm erstellt werden. Kapitel 8.2.5 bietet Ihnen nähere Informationen zur Produktion computergenerierter Bilder zur Herstellung von Objektmovies.

Abbildung 8.2 zeigt Aufnahmen, die mit dieser Technik realisiert wurden. Welche weiteren Bearbeitungsschritte zur Herstellung eines Objektmovies erforderlich sind, erfahren Sie in Kapitel 8.3.3.

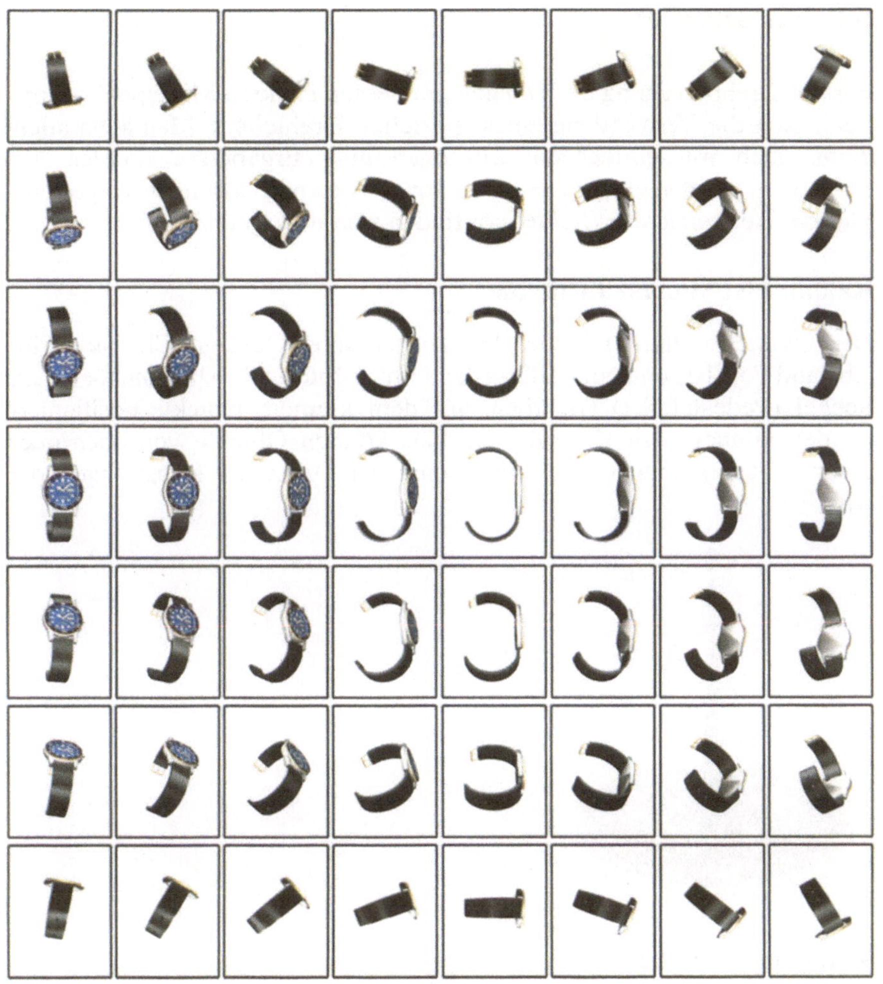

Abbildung 8.2
Teil der Bildreihe eines
Multirow-Objektmovies

Die Bildreihen sind wie
folgt ausgerichtet:

Reihe 1: +90°
Reihe 2: +60°
Reihe 3: +30°
Reihe 4: +/-0°
Reihe 5: -30°
Reihe 6: -60°
Reihe 7: -90°

Vorteile

- Durch die komplette Drehung hat der Betrachter hier eine sehr realistische Anmutung des Objekts.

Nachteile

- Die Produktion eines Multirow-Objektmovies ist wesentlich aufwendiger als bei einem Singlerow-Objektmovie.

- Für die bogenförmige Kamerabewegung um das Objekt herum ist ein so genanntes Kamerarig (siehe Abbildung 8.7) erforderlich.

8.2.3 Drehteller

Für die Drehbewegung des Objekts um dessen exakten Mittelpunkt, empfiehlt sich die Verwendung eines speziellen Drehtellers. Man kann allerdings auch mit einfacheren Lösungen gute Ergebnisse erzielen. Im Folgenden werden einige Drehteller sowie Alternativlösungen vorgestellt. Weitere Hersteller von Drehtellern finden sich in Kapitel B.2.6.

Kaidan Pixi Manual Turntable

Der manuelle Pixi-Drehteller hat zur besseren Justage Clickstops im Abstand von 10° und eine Ziffernskala im 5°-Intervall. Als Zubehör ist ein Sockel (Pedestal Set) erhältlich, auf dem kleinere Objekte positioniert werden können. Mit Hilfe des Sockels können Objekte von oben oder unten aufgenommen werden, ohne dass der Drehteller selbst abgebildet wird.

Abbildung 8.3
Kaidan Pixi Manual Turntable mit Adjustable Pedestal Set

Stativ als Drehteller

Das Objekt kann auf einem Stativ positioniert und mittels Wasserwaage und Gradskala exakt ausgerichtet und gedreht werden. Allerdings ist bei dieser Methode die Größe des Objekts beschränkt. Für erste Versuche ist dies jedoch eine sehr praktikable Lösung.

Abbildung 8.4
Für erste Tests kann ein Stativ als Drehteller verwendet werden

Roundshot VR-Drive

Beim VR-Drive handelt es sich um einen motorisierten Stativkopf, mit dem sowohl Panorama- als auch Objektaufnahmen möglich sind. Der Drehteller ist als Zubehör erhältlich. Über den Motor lassen sich die Objekte auf dem Drehteller drehen, während die angeschlossene Kamera automatisch alle erforderlichen Einzelbilder aufnimmt.

Abbildung 8.5
Roundshot VR-Drive mit
Drehteller-Aufsatz

Walk Around

Bei Objekten, die nicht bewegt werden können, bietet sich folgende Lösung an: Man bewegt sich mit der Kamera um das Objekt herum und ersetzt so die Drehbewegung des Objekts. Voraussetzung ist, dass man eine exakte Kreisbewegung um den Mittelpunkt des Objekts vollzieht. Es empfiehlt sich in jedem Fall die Verwendung eines Stativs mit Wasserwaage, das an allen Aufnahmeorten exakt ausgerichtet wird. Als Hilfsmittel für die Kreisbewegung bietet sich der Einsatz eines Seils an, das ähnlich einem Zirkel um das Objekt herumbewegt wird. Am besten markieren Sie die Abstände auf dem Boden mit Kreide, Klebestreifen oder Stöcken (je nach Beschaffenheit des Untergrundes).

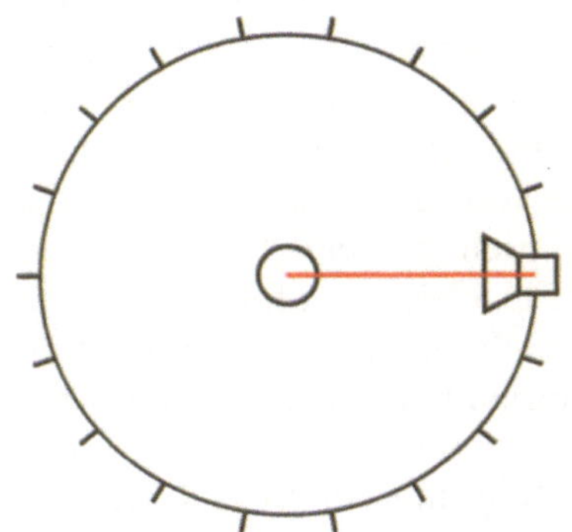

Abbildung 8.6
Schematische Darstellung
der Walk-Around-Methode

Kaidan Magellan 2500 Object Rig

Um die Kamera für Multirow-Aufnahmen in einem exakten Zirkel vertikal um das Objekt herum bewegen zu können, gibt es spezielle Kamerarigs, die diese Justierung erlauben. Für die Drehung des Objekts ist ein Drehteller integriert. Kaidan bietet diese Rigs in manueller oder motorisierter Form an.

Abbildung 8.7
Kaidan Magellan 2500
Object Rig

8.2.4 Tipps für die Aufnahme von Objekten

Bei der Panoramaproduktion werden die Einzelbilder beim Stitchen durch Überblenden zu einem Panoramabild verschmolzen. Daher ist es nicht unbedingt erforderlich, die Abstände der Einzelbilder zueinander exakt einzuhalten. Hier kann auch mit unterschiedlichen Abständen ein gutes Ergebnis erzielt werden. Anders bei der Produktion von Objektmovies. Wie der Name Movie schon andeutet, handelt es sich hier eigentlich um einen Film, bei dem die verschiedenen Ansichten rund um das Objekt hintereinander abgespielt werden. Abhängig von der Mausposition des Betrachters. Die Einzelbilder werden hierbei nicht geblendet und so fallen unterschiedliche Abstände zwischen den Einzelshots sofort auf – das Objekt dreht sich nicht gleichmäßig. Daher sollte man bei der Produktion auf exakte Abstände zwischen den Einzelaufnahmen achten. Grundsätzlich gilt hier: Je mehr Aufnahmen gemacht werden, desto weicher wirkt die Objektbewegung im Movie. Allerdings steigt mit der Anzahl der Einzelbilder auch die Dateigröße.

Meist ist es nicht erforderlich, mehr als 36 Bilder pro Aufnahmereihe zu fotografieren. Hierbei wird das Objekt in 10°-Schritten gedreht und pro Drehposition wird ein Bild gemacht. Bei einem Abstand von je 20° benötigt man für eine komplette Umdrehung 18 Bilder und erhält ebenfalls ein Ergebnis mit weicher Drehbewegung. Werden weniger Bilder pro Reihe aufgenommen, ruckelt das Objektmovie bei der Bewegung deutlich. Sie können dem Benutzer auch ein Motiv in verschiedenen Dateigrößen und Qualitäten zur Auswahl anbieten. Fürs Shooting macht das keinen Unterschied, es werden 36 Einzelbilder im 10°-Intervall aufgenommen. Hinterher werden beispielsweise drei Objektmovies erzeugt, je ein Movie mit 36, 18 und 12 Einzelbildern pro Reihe. Für die reduzierten Varianten werden die überflüssigen Bilder vor Erstellung des Movies der Bildreihe entnommen.

Für ein perfektes Objektmovie ist die exakt deckungsgleiche Positionierung des Objekts auf allen Einzelbildern unbedingt erforderlich. Da es bei der Verwendung von analogen Kameras zu Toleranzen beim Filmtransport und zu leichten Positionsdifferenzen beim Scannen kommen kann, empfiehlt sich hier eher die Verwendung von Digitalkameras oder Videokameras.

Die Kamera sollte während der Aufnahme einer Bildreihe nicht bewegt werden, daher ist es ratsam, die zeitverzögerte Selbstauslöserfunktion der Kamera oder einen Fernauslöser zu verwenden. Ebenfalls sollten die Akkus geladen sein, damit sie nicht während der Aufnahme einer Reihe gewechselt werden müssen. Wird die Kamera auch nur leicht in der Position verändert, wirkt sich das negativ auf das spätere Objektmovie aus.

Ebenso sollten der Drehteller und die Kamera exakt horizontal ausgerichtet sein, das geschieht am besten mit Hilfe einer Wasserwaage. Je exakter bei der Aufnahme gearbeitet wurde, desto weniger muss später nachkorrigiert werden. Die Position des Objekts kann zwar in der Bildnachbearbeitung korrigiert werden, dies ist jedoch meist zeitaufwendiger, als wenn bei der Aufnahme präzise gearbeitet wird.

Vor allem bei der Aufnahme asymmetrischer Gegenstände empfiehlt es sich, nach der Positionierung des Objekts, eine Testdrehung mit dem gewünschten Bildausschnitt zu machen. Hierbei kann überprüft werden, ob sich das Objekt in jeder Drehposition innerhalb des Bildbereichs befindet und nicht womöglich an einer Stelle darüber hinausragt.

Sollen größere Gegenstände mit der Walk-Around-Technik aufgenommen werden, kann es auch bei sorgfältiger Arbeitsweise zu leichten Positionsverschiebungen des Objekts in den Einzelbildern kommen. Dies kann den Gesamteindruck des Objektmovies erheblich verschlechtern. Daher ist es ratsam, diese Einzelbilder mit Hilfe eines Bildbearbeitungsprogramms möglichst exakt deckungsgleich zu positionieren.

Für eine gleichmäßige Anmutung des Objektmovies ist eine homogene Lichtstimmung bei der Aufnahme des Objekts unerlässlich. Schwanken die Helligkeits- oder Farbwerte von Einzelbild zu Einzelbild, wirkt sich dies durch Flackern im Objektmovie aus. Daher empfiehlt es sich, die Aufnahmen für interaktive Objektdarstellungen in einem Studio mit guter

Anzahl der Einzelbilder

Das Objektmovie sollte auf allen Bildern mittig positioniert sein

Achten Sie auf eine gleichmäßige Lichtstimmung bei allen Einzelbildern

Ausleuchtung und neutralem Hintergrund vorzunehmen. Bei der Walk-Around-Methode ist bei Außenaufnahmen ebenfalls die Lichtstimmung zu beachten. Hier sollte entweder bei Sonne oder bei bewölktem Himmel fotografiert werden.

Um dem Betrachter die Illusion eines „schwebenden" Objekts zu geben, empfiehlt sich die Retusche des unteren Bildbereichs, wo meist der Drehteller zu sehen ist. Für manche Drehteller gibt es Zubehörsockel, die mittig auf den Drehteller angebracht werden (siehe Kapitel 8.2.3). Auf diesen Sockeln können kleinere Objekte vom Drehteller abgehoben fotografiert werden, so ist nur ein kleiner Teil des Untergrunds sichtbar, der leichter retuschiert werden kann als der komplette Drehteller.

Bei Objekten, die nicht von selbst stehen können, empfiehlt sich die Verwendung von Klebeband oder Modelliermasse, mit deren Hilfe diese Objekte auf dem Drehteller oder Zubehörsockel befestigt werden. Eine solche Fixierung ist bei den meisten Gegenständen sinnvoll, da auf diese Weise mögliche Positionsverschiebungen während der Drehung verhindert werden.

8.2.5 Alternativen

Objektmovies sind außer mit Fotos auch mit computergenerierten Bildern realisierbar. Die hierfür erforderlichen Bilder, so genannte 3D-Renderings, werden mit 3D-Software erzeugt. Durch die nahezu unbegrenzten Darstellungsmöglichkeiten der 3D-Programme können hier einfacher als in der Realität verschiedene Produktionswege beschritten werden. Entweder bleibt die Kamera statisch an einer bestimmten Position und das Objekt wird um den Mittelpunkt gedreht oder das Objekt bleibt statisch und die Kamera schwenkt in exakter Kreisbewegung außen herum. Wo es in punkto Präzision in der Realität manchmal Schwierigkeiten gibt, sind solche exakten Schwenks mit 3D-Software sehr gut realisierbar. Auch Multi-row-Objektmovies lassen sich mit 3D-Programmen wesentlich einfacher produzieren als in der Realität. Hier kann das Objekt präzise in alle Richtungen gedreht werden, so stellt selbst die Ansicht direkt von oben oder unten kein Problem dar. Für die Realisierung solcher Aufnahmen mit fotografischen Mitteln wird eine spezielle Vorrichtung benötigt, die eine bogenförmige Bewegung der Kamera um das Objekt herum ermöglicht.

Für die 3D-Variante müssen die betreffenden Objekte jedoch mit entsprechender Software modelliert werden, was für eine realistische Anmutung einige Erfahrung erfordert. Eine Liste professioneller 3D-Software findet sich im Herstellerverzeichnis (siehe Kapitel B.1.8).

Für die Darstellung mittels VRML-Viewer kann das Dateiformat VRML meist direkt aus der 3D-Software exportiert werden. Um ein QTVR-Objektmovie zu erzeugen, benötigt man häufig ein extra Plug-in für die 3D-Software, bei dem die QuickTime-Eigenschaften gewählt werden können. Das Rendering und der QTVR-Export erfolgen dann über die-

---

Der untere Bildbereich sollte retuschiert werden

Es ist hilfreich, die Objekte vor der Aufnahme zu fixieren

Die Einzelbilder können alternativ auch mit 3D-Software erstellt werden

ses Plug-in. Eine weitere Möglichkeit besteht darin, die Ansichten des Objekts einzeln zu speichern. So können die Einzelbilder mit spezieller Software in ein Objektmovie umgewandelt werden. Kapitel 8.3.3 zeigt die Produktion eines Multirow-Objektmovies, das auf solchen computergenerierten Bildern basiert.

8.2.6 Specials

Neben den statischen Objektmovies gibt es Objektdarstellungen, bei denen das Objekt während der Drehung zusätzliche Bewegungen vollzieht, wie etwa ein Notebook, das auf- und zugeklappt wird. Diese Animation wird durch Aufnehmen mehrerer Bewegungszustände realisiert. Während der Aufnahme einer kompletten Objektdrehung wird das Objekt bewegt. Für ein Singlerow-Objektmovie mit 36 Einzelbildern bietet sich folgende Anordnung des Objekts an: In Bild 1 ist das Notebook geschlossen, Bild 2 zeigt es in leicht geöffnetem Zustand, in Bild 3 ist es etwas weiter geöffnet. Bild 18 zeigt das Notebook maximal geöffnet und bis zum Bild 36 wird es in regelmäßigen Abständen wieder geschlossen. Für eine homogene Anmutung des resultierenden Objektmovies sollte die Bewegung des Objekts analog zur Drehung des Drehtellers in möglichst gleichmäßigen Schritten ausgeführt werden. Kapitel 8.3.2 zeigt die Produktion eines Objektmovies, bei dem das Objekt neben der Drehbewegung weitere Bewegungen vollführt.

Objektmovies, bei denen das Objekt neben der Drehung zusätzlich bewegt wird

8.3 Software zur Erzeugung von Objektmovies

Es werden im Folgenden einige Software-Produkte zur Herstellung von Objektmovies vorgestellt. Weitere Software-Hersteller finden sich im Herstellerverzeichnis (siehe Kapitel B.1.3). Einige der Software-Produkte sind sowohl für die Herstellung von Panoramen als auch für die Produktion von Objektmovies geeignet. Da hier unmöglich alle Varianten aufgezeigt werden können, finden Sie in Kapitel 12 einen tabellarischen Überblick über die Funktionalität der vorgestellten Software-Produkte.

Bevor die Einzelbilder mit der Software bearbeitet werden, ist es ratsam, zu prüfen, ob die Bilder in der richtigen Reihenfolge benannt sind. Hierbei ist zu beachten, dass die meisten Programme die Bilder in alphanumerischer Reihenfolge importieren. Sie sollten daher Zahlen unter 10 mit Nullen vor der Ziffer ergänzen, also beispielsweise 001, 002, 003. Sind die Bilder mit 1, 2, 3 benannt, stimmt die Reihenfolge im späteren Objektmovie nicht, es werden zuerst die Bilder 1, 11, 12 und danach 2, 21, 22 geladen und bearbeitet. Bei Multirow-Aufnahmen beginnen Sie mit der obersten Reihe, der Draufsicht aufs Objekt (siehe Tabelle in Kapitel 8.3.3).

Auf der CD finden Sie die Software PTools unter: \Demo-Versionen\Mac bzw. \Demo-Versionen\PC

8.3.1 PTools – PTStripe

PTStripe ist einer der Bestandteile des Software-Pakets Panorama Tools (PTools). Die Software PTStripe erzeugt aus einer Reihe von Objektansichten einen Objektbildstreifen, der im Zusammenspiel mit dem Java-Applet PTViewer für den Betrachter als Objektmovie erscheint. Im Folgenden wird die Produktion eines Singlerow-Objektmovies bestehend aus 36 Einzelbildern aufgezeigt.

Zur Erzeugung des Bildstreifens ziehen Sie den Ordner, in dem sich die Einzelbilder befinden, auf das PTStripe-Symbol (siehe Abbildung 8.8).

Abbildung 8.8
Zur Bearbeitung werden die Einzelbilder auf das PTStripe-Symbol gezogen

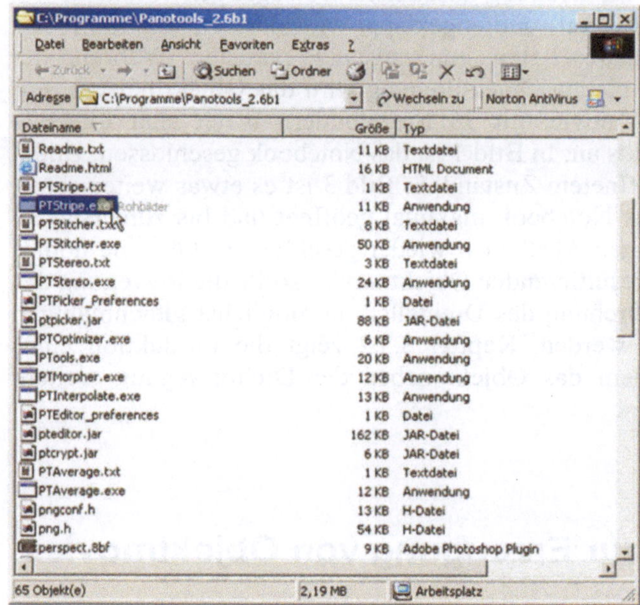

Daraufhin erscheint ein Dialogfenster, in dem Sie festlegen, wo das resultierende Bild gespeichert werden soll (siehe Abbildung 8.9).

Abbildung 8.9
Vor der Bearbeitung wird das Ziel der resultierenden Datei festgelegt

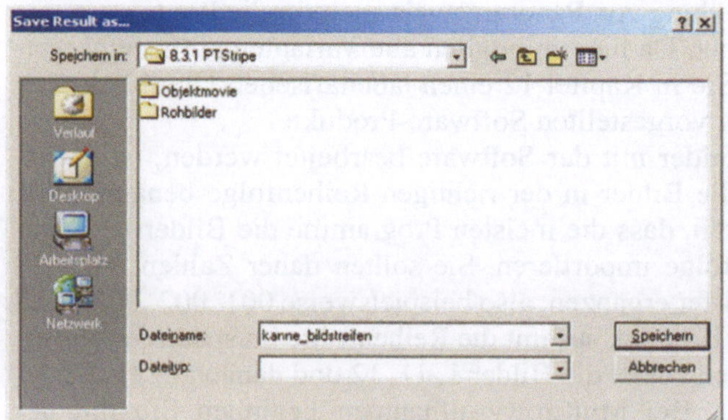

Die Bearbeitungsdauer für die Erzeugung des Bildstreifens hängt von der Dateigröße der Einzelbilder sowie von der Prozessorgeschwindigkeit ab. Abbildung 8.10 zeigt den Ausschnitt eines mit PTStripe erzeugten Objektbildstreifens.

Abbildung 8.10
Teil des mit PTStripe erzeugten Bildstreifens

Derartige Bildstreifen können selbstverständlich auch mit herkömmlicher Bildbearbeitungs-Software erzeugt werden. Die exakte Positionierung der Einzelbilder zu einem Bildstreifen dauert jedoch meist länger, als wenn für diesen Arbeitsschritt die PTools-Applikation PTStripe verwendet wird.

Wie diese Objektbildstreifen als Objektmovies publiziert werden können, erfahren Sie in Kapitel 10.2.1.3. Dort finden Sie nähere Informationen über die Viewer sowie den Quellcode, mit dem die Objektmovies in Websites eingebunden werden können.

Sie finden die hier vorgestellten Rohbilder sowie das Objektmovie auf der CD unter: \Workshop\ Kap_08 Objektmovies\ 8_3_1 PTStripe

Vorteile

- Schnelle und einfache Herstellung eines Objektbildstreifens.
- Die Software ist kostenlos erhältlich.
- PTools läuft auf den Plattformen Linux, Mac und PC.

Nachteile

- Keine Korrekturmöglichkeiten in der Software PTStripe. Bildkorrekturen müssen mit Bildbearbeitungs-Software vorgenommen werden.
- Der Bildstreifen erscheint erst im Zusammenspiel mit dem Java-Applet PTViewer integriert in eine HTML-Datei für den Betrachter als Objektmovie.

8.3.2 QTVR Edit Object

Mit der Software QTVR Edit Object ist es möglich, ein normales QuickTime-Movie zu einem QTVR-Objektmovie umzuwandeln. Zuvor wird aus den Einzelbildern der Objektdarstellung ein QuickTime-Movie erzeugt. Dies ist mit dem QuickTime-Player Pro in einem Arbeitsschritt möglich. Im Folgenden wird sowohl die Erstellung eines QuickTime-Movies als auch die nachfolgende Umwandlung zu einem QTVR-Objektmovie aufgezeigt.

Zuerst werden die Einzelbilder mit QuickTime-Player Pro in einen Film umgewandelt. Hierfür öffnen Sie den QuickTime-Player und rufen die Objektdarstellungen über *Ablage > Bildsequenz öffnen* auf. Bevor die Bilder

In Kapitel B.1.3 erfahren Sie, wo Sie den QuickTime-Player Pro sowie die Software QTVR Edit Object beziehen können

geladen werden, erscheint das Dialogfenster *Bildsequenzeinstellungen*, in dem die Anzahl der Bilder pro Sekunde für den Film definiert werden (siehe Abbildung 8.11). Für den hier vorgestellten Anwendungszweck ist es erforderlich, dass im Pulldown-Menü die Bildrate *1 Bild pro Sekunde* gewählt wird.

Abbildung 8.11
Im Dialogfenster
Bildsequenzeinstellungen
wählen Sie die Bildrate
1 Bild pro Sekunde

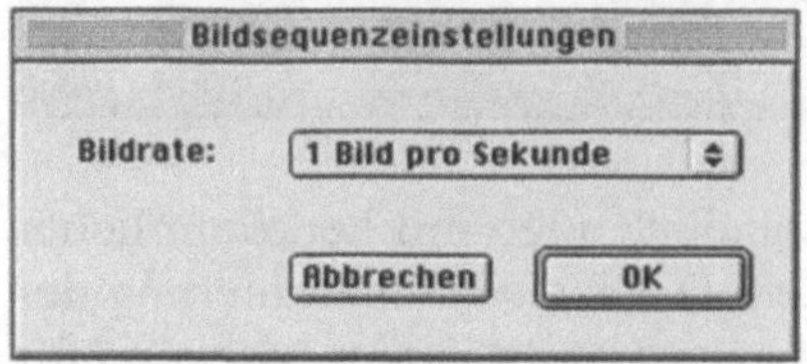

Die Einzelbilder werden importiert und sind im Player-Fenster als Film abspielbar (siehe Abbildung 8.12).

Abbildung 8.12
Die Einzelbilder wurden
zu einem QTVR-Movie
umgewandelt

Um diesen Film mit QTVR Edit Object in ein Objektmovie umwandeln zu können, muss er über *Ablage > Sichern unter* als *eigenständiger Film* gespeichert werden.

Im nächsten Schritt wird die Bearbeitung des Movies mit der Software QTVR Edit Object fortgesetzt. Hierzu wird der QuickTime-Film über *File > Open* aufgerufen. Im Programm erscheinen nebeneinander eine Vorschau des Objektmovies sowie das Bearbeitungsfenster. Über dieses Bearbeitungsfenster (siehe Abbildung 8.13) können die Abspieleigenschaften des späteren QTVR-Movies wie folgt definiert werden:

Im Bereich *Columns* wird die Anzahl der Einzelbilder eingegeben. Unter *Pan* legen Sie den Start- und Endwinkel der Objektdrehung fest. Über die Dialogbox *Wrap* lässt sich eine Endlosdrehung des Objekts in horizontaler Richtung aktivieren. Ist *Wrap* deaktiviert, endet die Drehung beim ersten bzw. letzten Bild des Movies. Mit der Funktion *Reverse Control* ist es möglich, das Objekt in die entgegengesetzte Richtung der Mausbewegung drehen zu lassen.

Unter *Rows* können Sie die Anzahl der aufgenommenen Bildreihen bestimmen. Im vorliegenden Beispiel gibt es nur eine Reihe, da es sich um eine Singlerow-Produktion handelt. Bei Multirow-Objektmovies geben Sie unter *Tilt > Start* den maximalen Winkel von oben ein (beispielsweise 90°) und unter *Tilt > End* den maximalen Winkel von unten (beispielsweise -90°). *Wrap* steht für eine Endlosdrehung des Objekts in vertikaler Richtung. Über *Reverse Controls* lassen sich Maus- und Objektbewegung umkehren. *Swap Pan & Tilt Controls* tauscht die Steuerung für Drehung und Neigung.

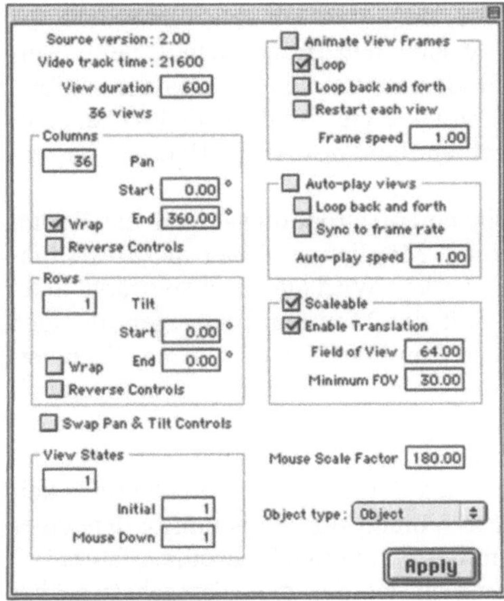

Abbildung 8.13
Bearbeitungsfenster von QTVR Edit Object

Im Bereich *View States* (state = Zustand) lässt sich die Anzahl der Interaktionen festlegen, die über die Maus während des Abspielens zusätzlich angesteuert werden können. Ein normales Objektmovie zeigt nur einen Zustand des Objektes und hat daher nur einen *View State*. Zusätzliche Interaktivität besteht meist darin, dass während des Abspielens über die Mausfunktionen ein alternativer Zustand des Objektes sichtbar wird. Beispielsweise eine Autotür, die sich bei Berühren mit der Maus automatisch öffnet oder schließt. Die Einzelaufnahmen des Alternativzustands müssen sich schon in der Bildfolge des Movies befinden, damit sie angesteuert werden können.

Unter *Animate View Frames* können Sie die Abspieleigenschaften dieser zusätzlichen Animation bestimmen. Ist die Checkbox *Loop* aktiviert, wird die Animation als Endlosschleife abgespielt. Haben Sie *Loop back and forth* gewählt, läuft die Animation vorwärts und rückwärts im Wechsel. Während *Restart each view* die Animation immer wieder von Beginn an zeigt. Über *Frame speed* wird die Abspielgeschwindigkeit der Animation bestimmt, wobei der Wert 1 für ein Bild pro Sekunde steht.

Im Feld *Auto-play views* legen Sie fest, ob das Objekt beim Start des Movies automatisch gedreht werden soll. Ist die Dialogbox *Loop back and forth* aktiviert, wird die Objektdrehung wechselweise vorwärts und rückwärts abgespielt, während bei deaktivierter Funktion eine kontinuierliche Vorwärtsdrehung gezeigt wird. Ist der Bereich *Sync to frame rate* aktiviert, bewegt sich die Abspielgeschwindigkeit analog zur Bildrate des Films (1.00 = ein Bild pro Sekunde). Unter *Auto-play speed* lässt sich die Drehgeschwindigkeit durch Eingabe eines numerischen Faktors verändern.

Im Bereich *Scaleble* wird definiert, ob das Objekt sich im QTVR-Movie vergrößern lässt oder nicht. Über die Funktion *Enable Translation* wird dem Betrachter das Verschieben des skalierten Objekts ermöglicht. Ist *Scaleble* aktiviert, bestimmt *Field of View* den Bildausschnitt beim Start des Movies, während *Minimum FOV* den maximalen Zoomfaktor angibt.

Der *Mouse Scale Factor* legt fest, um wie viel Grad das Objekt bei einer Mausbewegung vom linken zum rechten Rand des Abspielfensters bewegt werden soll.

Unter *Object type* können Sie in einem Dropdown-Menü die Bedienungsart des Objektmovies auswählen. Möglich sind hier die Einstellungen *Object, Scene, Drag-only* und *Absolute*. Wird *Object* ausgewählt, kann der Betrachter das Objekt sowohl mit der Maushand bewegen als auch über die Pfeile am linken und rechten Rand des Fensters. Unter *Scene* erscheint statt der Maushand eine Raute, die sich Richtung Fensterrand zu Pfeilen verwandelt. Wählen Sie *Drag-only,* kann das Objekt nur über die Maushand gedreht werden, es erscheinen keine Pfeile zum Abspielen des Movies. *Absolute* zeigt die Maushand als Zeiger und enthält ebenfalls keine Pfeile am Fensterrand. Die Unterschiede der Bedienungsarten eines QTVR-Objektmovies lassen sich am besten in einer Testreihe erfahren.

Sind alle Einstellungen vorgenommen, werden die Eigenschaften über den Button *Apply* auf das Objektmovie angewandt und können im Vorschaufenster getestet werden. Hat das Objektmovie die gewünschte Anmutung, speichern Sie das QTVR über *File > Save As* unter neuem Namen ab, so haben Sie beide Movies (QuickTime und QTVR) zur Verfügung.

Die Dateigröße des resultierenden Objektmovies kann nach diesem Arbeitsschritt zu groß für eine Internetpublikation sein. Das QTVR-Movie ist zu diesem Zeitpunkt noch unkomprimiert und die Dateigröße ergibt sich aus der Summe der Einzelbilder. Wollen Sie die QTVR-Datei komprimieren, öffnen Sie das Objektmovie mit QuickTime-Player Pro. Hier kann unter *Ablage > Exportieren* das Format *Interframe Compressed QTVR Object Movie* gewählt werden. Über *Optionen* gelangen Sie in ein Dialogfenster, in dem Sie sowohl die Zieldateigröße definieren als auch einen Kompressions-Codec auswählen können. Nähere Informationen zu den QuickTime-Codecs bietet Kapitel 10.1.

Wie QTVR-Objektmovies publiziert werden können, erfahren Sie in Kapitel 10.1. Dort finden Sie nähere Informationen über die Viewer sowie den Quellcode, mit dem QTVR-Movies in Websites eingebunden werden können.

Sie finden die hier vorgestellten Rohbilder und Objektmovies auf der CD unter: \Workshop\ Kap_08 Objektmovies\ 8_3_2 QTVR Edit Object

Vorteile

- Schnelle und einfache Produktion von Objektmovies.
- Die Software ist kostenlos erhältlich.

Nachteile

- Wenig Korrekturmöglichkeiten.
- Die Software läuft nur unter Mac OS.

8.3.3 VR Worx – VR ObjectWorx

Mit der Software VR Worx können sowohl Singlerow- als auch Multirow-Objektmovies erstellt werden. Im Folgenden wird die Produktion eines Multirow-Objektmovies aufgezeigt. Hierbei ist die Bezeichnung der Einzelbilder wichtig, damit die Reihenfolge der Darstellungen im späteren Movie stimmt. Für das Beispiel wurden vertikal 7 Reihen à 36 Bilder aufgenommen (bzw. in einem 3D-Programm gerendert). Die einzelnen Reihen haben vertikal jeweils einen Abstand von 30°. In der folgenden Tabelle sehen Sie, wie die insgesamt 252 Einzelbilder benannt sind.

Auf der CD finden Sie eine Demo-Version von VR Worx unter: \Demo-Versionen\Mac bzw. \Demo-VersionenPC

Benennung der Einzelbilder für Multirow-Objektmovies

Reihe	Ausrichtung	Benennung
1	+ 90°	001 - 036
2	+ 60°	037 - 072
3	+ 30°	073 - 108
4	+/- 0°	109 - 144
5	- 30°	145 - 180
6	- 60°	181 - 216
7	- 90°	217 - 252

In VR Worx wird über das Menü *File > New* mit der Funktion *Create New > Create an Object* der Programmbereich VR ObjectWorx aufgerufen. Um mit VR ObjectWorx ein Objektmovie zu erzeugen, werden die sechs Bearbeitungsbereiche *Setup, Acquire, Hot Spots, Effects, Compress* und *Playback* durchlaufen.

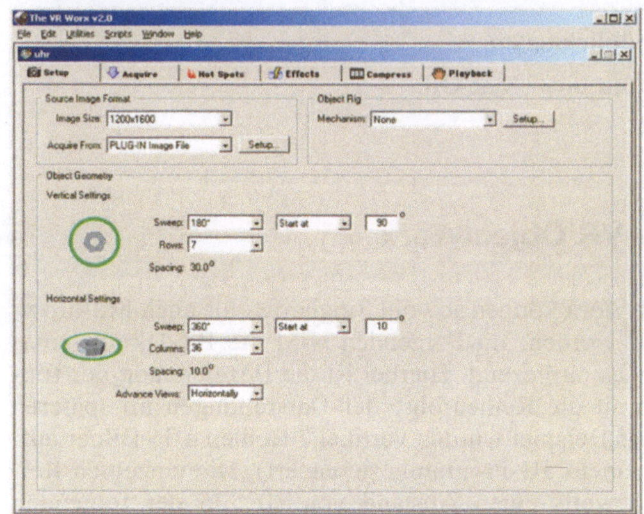

Abbildung 8.14
Im Bereich *Setup* werden die Eigenschaften der Einzelbilder definiert

Zuerst wird im Bereich *Setup* (siehe Abbildung 8.14) unter *Source Image Format* die exakte Größe eines Einzelbilds in Pixel angegeben. Ist die jeweilige Bildgröße nicht im Popup-Menü zu finden, werden unter *Custom* eigene Werte eingegeben. Über *Acquire From* können Bildquellen wie Scanner oder Videokarten angewählt werden. Liegen die vorgesehenen Bilder schon auf dem Rechner vor, wählt man hier *Acquire From > PLUG-IN Image File*. Im Bereich *Object Rig* kann ein motorisierter Drehteller angesteuert werden. Wurden die Bilder mit einem manuellen Drehteller aufgenommen, stellt man *Mechanism > None* ein. Im Abschnitt *Object Geometry* werden Angaben über die Anzahl der Bildreihen vertikal sowie der Einzelbilder auf horizontaler Ebene gemacht. *Vertical Settings > Sweep* legt den vertikalen Schwenk einer Bildreihe in Grad fest. Bei einer Singlerow-Produktion steht *Sweep* auf 0°. Im Multirow-Beispiel gibt *Sweep 180°* an, dass das Objekt vertikal komplett abgebildet wurde. Unter *Vertical Settings > Rows* wird die Anzahl der Bildreihen angegeben. Aus diesen Angaben ermittelt die Software den Abstand *Spacing* zwischen den Einzelbildern. Über *Horizontal Settings > Sweep* wird definiert, ob das Objekt eine komplette 360°-Umdrehung vollzieht oder ob weniger Bilder aufgenommen wurden. *Horizontal Settings > Columns* bestimmt, aus wie vielen Einzelbildern eine Bildreihe besteht. Aus diesen Angaben berechnet die Software den Abstand *Spacing* zwischen den Einzelbildern. Mit *Advance Views* wird angegeben, in welcher Ausrichtung die Bilder vorhanden sind. *Horizontally* legt hierbei fest, dass zuerst auf einer horizontalen Ebene alle Bilder gezeigt werden, bevor die nächste Bildreihe vertikal versetzt gezeigt wird. Ist *Vertically* ausgewählt, wird zuerst vertikal geschwenkt. Sind diese Einstellungen getroffen, wird ins Bedienfeld *Acquire* gewechselt.

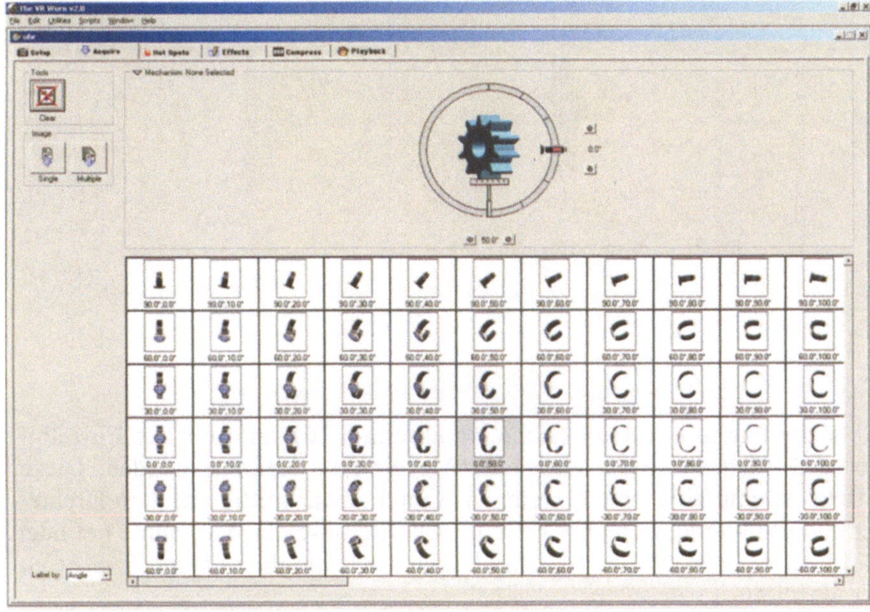

Abbildung 8.15
Unter *Acquire* werden die Einzelbilder importiert

Im Bereich *Acquire* (siehe Abbildung 8.15) sind Platzhalter für die Einzelbilder vorhanden, abhängig von den Angaben im Bedienfeld *Setup*. Über *Image > Multiple* werden die Einzelbilder importiert. Sollen einzelne Bilder ausgetauscht werden, können mit der Funktion *Tools > Clear* ausgewählte Bilder gelöscht und über *Image > Single* Ersatzbilder importiert werden. Die Software integriert alle Einzelbilder in das bestehende VR Worx-Dokument, daher sind VR Worx-Dateien verglichen mit Projektdateien anderer Programme entsprechend groß.

Im Bearbeitungsbereich *Hot Spots* können mit der Funktion *Tools* Hotspots in beliebiger Form definiert werden. Den Hotspots können diverse Funktionen zugewiesen werden. Nähere Informationen hierzu finden Sie in Kapitel 9.3.2.

Im *Effects*-Fenster können Position und Bildausschnitt des Objektmovies mit den Funktionen *Center*, *Crop* und *De-wobble* verändert werden. Über *Matte* und *Sound* können dem Objektmovie Effekte hinzugefügt werden. Im Folgenden werden die einzelnen Effekte erklärt, für das im Beispiel gezeigte Multirow-Objektmovie kommt jedoch keiner diese Effekte zur Anwendung.

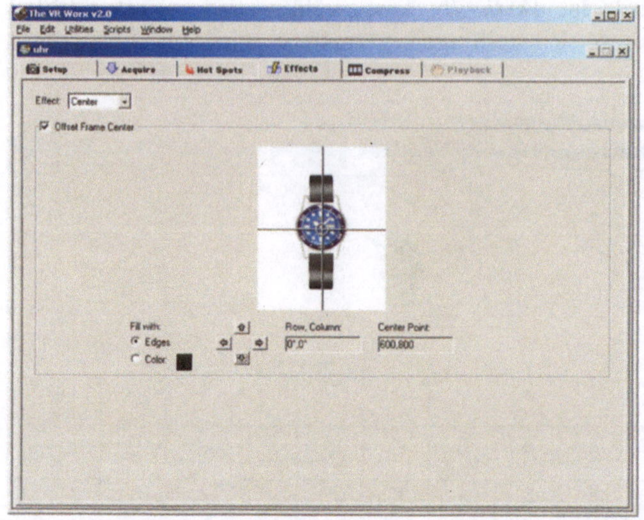

Über die Funktion *Center* (siehe Abbildung 8.16) kann für alle Einzelbilder eines Objektmovies ein neuer Mittelpunkt definiert werden. Dieser
Effekt ist empfehlenswert, wenn das Objekt zwar mittig auf dem Drehteller gedreht wurde, sich aber nicht in der Bildmitte der Aufnahme befindet.
Der Center-Effekt wird durch Anklicken der Dialogbox *Offset Frame Center* aktiviert.

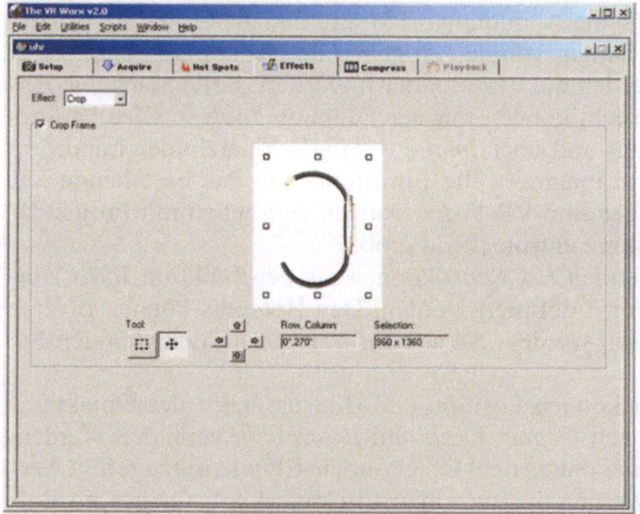

Die Funktion *Crop* (siehe Abbildung 8.17) beschneidet den Bildausschnitt
des späteren Objektmovies. Das kann sinnvoll sein, wenn beispielsweise
um das Objekt herum zu viel Hintergrund sichtbar ist. Aktiviert wird dieser Effekt über die Dialogbox *Crop Frame*. Man kann ein Rechteck in der
gewünschten Größe um das Objekt ziehen und den im späteren Objektmovie sichtbaren Bereich definieren.

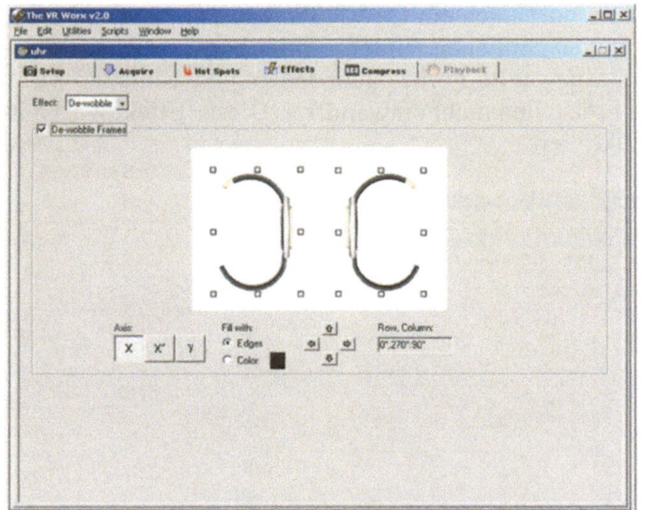

Abbildung 8.18
Unter *Effects* > *De-wobble* kann die Position eines Objektes nachträglich korrigiert werden

Mit Hilfe der Funktion *De-wobble* (siehe Abbildung 8.18) lässt sich ein bei der Aufnahme nicht ganz korrekt positioniertes Objekt nachträglich noch mittig ausrichten. Beim De-wobble-Effekt kann über drei Achsen korrigiert werden, X, X' und Y. Die Korrektur der X- und X'-Achse ist für Objektmovies möglich, die 360° horizontal abdecken. Die Y-Achse lässt sich nur bei Multirow-Aufnahmen beeinflussen. Zur Positionierung der Mittelachse werden jeweils gegenüberliegende Einzelbilder gezeigt. Der *De-wobbl*e-Effekt wird über die Checkbox *De-wobble Frames* aktiviert.

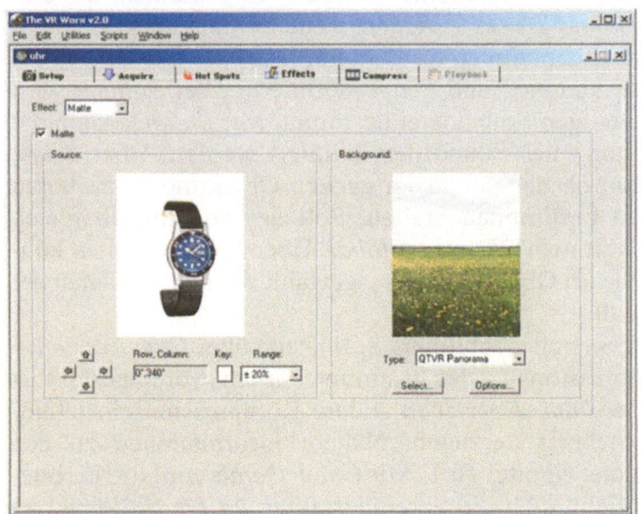

Abbildung 8.19
Im Bereich *Effects* > *Matte* kann das Objekt freigestellt und mit einem anderen Hintergrund kombiniert werden

Mit der Funktion *Matte* (siehe Abbildung 8.19) können Objekte von ihrem ursprünglichen Hintergrund freigestellt werden. Wird das Objekt beispielsweise vor Blue-Screen aufgenommen, kann es maskiert und vor einen anderen Hintergrund gesetzt werden. Dieser neue Hintergrund kann eine Farbfläche, ein Bild oder auch ein QTVR-Panorama sein. Die Funktion *Matte* kann bei unterschiedlichen Hintergrundfarben angewandt werden, allerdings darf die gewählte Farbe nicht im Objekt enthalten sein, sonst funktioniert das Freistellen nicht einwandfrei. Dieser Effekt wird mit der Dialogbox *Matte* aktiviert.

Abbildung 8.20
Über *Effects* > *Sound* können dem QTVR-Movie Tonspuren hinzugefügt werden

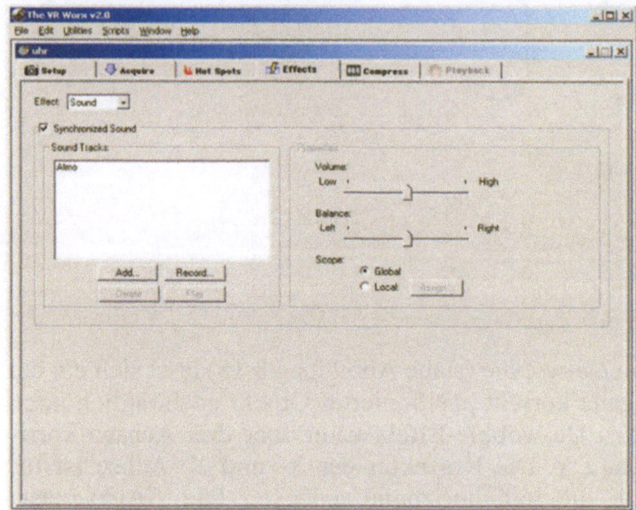

Die Funktion *Sound* (siehe Abbildung 8.20) ermöglicht die Einbindung von einer oder mehreren Tonspuren. Über *Sound Tracks* > *Add* können bestehende Sounddateien verschiedener Formate eingebunden werden. Ebenso können über *Sound Tracks* > *Record* neue Sounds über ein angeschlossenes Mikrofon aufgenommen werden. Für jede Tonspur werden die Eigenschaften *Volume, Balance* und *Scope* definiert. Über *Volume* wird die Lautstärke der jeweiligen Sounddatei bestimmt. Mit *Balance* kann die Links-Rechts-Ausrichtung des Soundfiles definiert werden. Über *Scope* kann bestimmt werden, ob der Sound im ganzen Objektmovie zu hören sein wird oder nur an bestimmten Stellen. Soll der Ton überall gleich wahrnehmbar sein, wählt man *Scope* > *Global*. Über *Scope* > *Local* können bestimmte Bereiche im Objektmovie ausgewählt werden, an denen der Sound zu hören sein soll.

Im Bereich *Compress* (siehe Abbildung 8.21) kann über *Compression* > *Codec* > *Set* der Kompressions-Codec bestimmt werden. Voreingestellt ist *Foto-JPEG Quality Medium*. Aber auch andere Kompressionseinstellungen können gute Ergebnisse erzielen. Nähere Informationen zu den QuickTime-Codecs bietet Kapitel 10.1. Mit *Color Depth* wird die Farbtiefe festgelegt. Es empfiehlt sich die voreingestellten *24 bit (Millions)* zu übernehmen. Über *Frame Size* kann die Fenstergröße des QuickTime-Movies bestimmt werden. Sind alle Einstellungen getroffen, wird das Objektmovie über *Commands* > *Compress* gerendert.

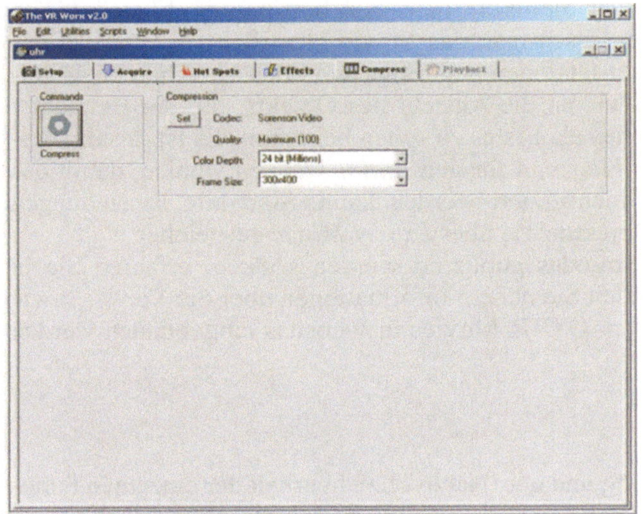

Abbildung 8.21
Unter *Compress* wird das QTVR-Movie erzeugt und dabei mit dem gewählten Codec komprimiert

Das fertig gerenderte Movie kann im *Playback*-Fenster betrachtet und getestet werden (siehe Abbildung 8.22).

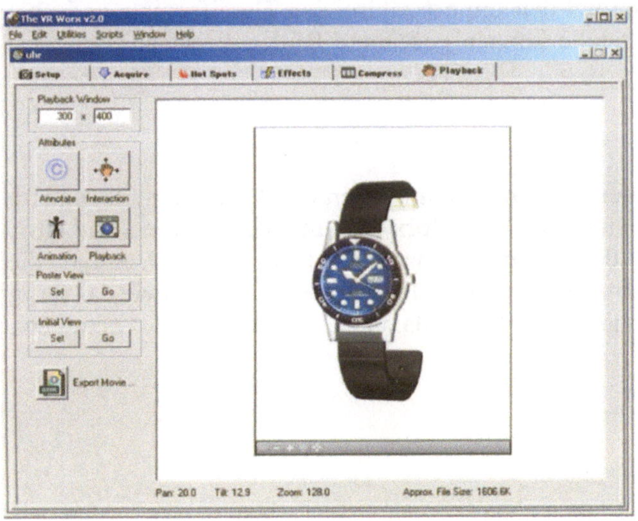

Abbildung 8.22
Im Bereich *Playback* wird das Objektmovie geprüft und nach Festlegung weiterer Eigenschaften gespeichert

Die endgültige Fenstergröße wird über *Playback Window* definiert. Unter *Attributes > Annotate* können dem Objektmovie Informationen wie Name, Copyright und eine kurze Beschreibung des Inhalts beigefügt werden. *Attributes > Interaction* bestimmt die Maus- und Tastenfunktionen, mit denen der Betrachter das Objektmovie im QuickTime-Player beeinflussen kann. Mit *Attributes > Animation* wird die Bewegung des Objektmovies beeinflusst, beispielsweise, dass das Movie nach einer Drehung um 360° wieder beim ersten Bild beginnt. So erhält der Anwender den Eindruck eines unablässig drehbaren Objekts. Über *Attributes > Playback* bestimmt man die Eigenschaften weiterer QuickTime-Komponenten wie Video und

Ton. Über *Poster View* definiert man ein bestimmtes Einzelbild im Objektmovie, anhand dessen man das Movie identifizieren kann. Dieses Bild wird in den Datei-Dialogen angezeigt und auch als Thumbnail verwendet. Der *Initial View* ist die Ansicht des Objekts, die der Betrachter beim Öffnen des Movies als Erstes zu sehen bekommt. Es ist ratsam, dasselbe Bild für *Poster View* und für den *Initial View* zu wählen, damit das Objektmovie besser identifiziert werden kann. Sind alle Einstellungen getroffen, wird das Objektmovie über *Export Movie* gespeichert.

Wie QTVR-Objektmovies publiziert werden können, erfahren Sie in Kapitel 10.1. Dort finden Sie nähere Informationen über die Viewer sowie den Quellcode, mit dem QTVR-Movies in Websites eingebunden werden können.

Vorteile

- Einfache Handhabung und gute Nachvollziehbarkeit der einzelnen Funktionen.

- VR Worx bietet umfangreiche Korrektur- und Effektfunktionen.

- Zusatzfunktionen wie das Hinzufügen von Sound sind möglich.

- Die Software unterstützt den Import zahlreicher Dateiformate und über die TWAIN-Schnittstelle können gescannte Bilder direkt geladen werden.

Nachteile

- Da die eingebundenen Bild- und Sounddaten nicht referenziert, sondern integriert werden, sind die VR Worx-Dokumente entsprechend groß (Größenordnung 200 MB und mehr). Aus diesem Grund enthält die Buch-CD für das vorgestellte Beispiel nur die Rohbilder sowie das fertig gestellte Objektmovie und nicht das dazugehörige VR Worx-Dokument.

9. Virtuelle Rundgänge

9.1 Einleitung

Im einfachsten Anwendungsfall sind mehrere Einzelpanoramen mittels so genannter Hotspots miteinander verlinkt. Klickt man auf einen Hotspot im Panorama, gelangt man zur nächsten Stelle des Rundgangs. Bei aufwendigeren virtuellen Rundgängen können Panoramen, Objektmovies, Videos, Sound und Grafiken miteinander verbunden sein. Die häufigste Verwendungsform ist jedoch meist die Verlinkung von Einzelpanoramen zu virtuellen Rundgängen. Daher liegt der Schwerpunkt des folgenden Kapitels auf dieser Anwendung.

9.2 Aufnahmetechnik

Prinzipiell sind mit allen vorgestellten Panoramaformen virtuelle Rundgänge vorstellbar. Es können zylindrische, sphärische und kubische Rundgänge produziert werden. Auch die Verbindung mit Objektmovies ist möglich. Je nach gewählter Projektionsform werden die Einzelpanoramen und Objektmovies, wie in den Kapiteln 6, 7 und 8 beschrieben, produziert. Danach können sie mit den hier vorgestellten Software-Produkten zu virtuellen Rundgängen verlinkt werden.

9.2.1 Tipps für die Aufnahme

Um den Besucher des virtuellen Rundgangs nicht zu verwirren, empfiehlt es sich, die Aufnahme-Spots so zu wählen, dass die Einzelpanoramen sich jeweils in Sichtweite zueinander befinden. Das Springen von einem Panorama zum anderen ist für den Benutzer auf diese Weise besser nachvollziehbar. Zur Verdeutlichung des jeweiligen Standpunkts und zur Orientierung kann auch eine Grundrisskarte gezeigt werden, die mit den Panoramen verlinkt ist. Der Betrachter kann auf diese Weise sowohl über die Hotspots als auch über den Grundriss zum nächsten Panorama gelangen. Überdies sollte die vertikale Position der Kamera bei allen Panoramen eines Rundgangs in etwa gleich sein. Für eine realistische Anmutung empfiehlt sich die Positionierung der Kamera in Augenhöhe.

9.3 Software für virtuelle Rundgänge

Es werden im Folgenden einige Software-Produkte zur Herstellung von virtuellen Rundgängen vorgestellt. Weitere Software-Hersteller finden sich im Herstellerverzeichnis (siehe Kapitel B.1.4). Einige der Software-Produkte sind sowohl für die Herstellung von Panoramen und Objektmovies als auch für deren Verlinkung zu virtuellen Rundgängen geeignet. Da hier unmöglich alle Varianten aufgezeigt werden können, finden Sie in Kapitel 12 einen tabellarischen Überblick über die Funktionalität der vorgestellten Software-Produkte.

9.3.1 REALVIZ Stitcher

Auf der CD finden Sie eine Demo-Version von REALVIZ Stitcher unter: \Demo-Versionen\Mac bzw. \Demo-Versionen\PC

Mit REALVIZ Stitcher können Sie sowohl Panoramen stitchen als auch mehrere dieser Panoramen zu Rundgängen verlinken. Im Folgenden wird die Produktion eines virtuellen Rundgangs aufgezeigt.

Mit Hilfe von REALVIZ Stitcher können Hotspots definiert werden, die auf eine URL oder ein anderes Panorama verweisen. Die Hotspots werden nach dem Stitchen im *Hotspot*-Modus innerhalb des Bearbeitungsbereiches gesetzt. Die Hotspots können nur für QTVR-Movies bestimmt und exportiert werden. Bei allen anderen Exportformaten, die REALVIZ Stitcher anbietet, wird die Hotspot-Funktion nicht unterstützt.

Die Hotspots werden in einem bestehenden Stitcher-Projekt im *Hotspot Creation Mode* definiert. Es ist ratsam, die Hotspots in einem komplett gestitchten Panorama zu positionieren. Wie Panoramen mit REALVIZ Stitcher zusammengefügt werden, haben Sie in den Kapiteln 6.3.4 und 7.3.2 bereits erfahren. Der *Hotspot Creation Mode* wird über *Tools > Hotspots* aktiviert. Im Panoramabild, das sich im Bearbeitungsfenster befindet, wird die gewünschte Bildpartie über *Pan* und *Zoom* in den sichtbaren Bereich gebracht.

Durch Doppelklick kann der erste Punkt des Hotspot-Polygons definiert werden. Die jeweils nächsten Scheitelpunkte des Polygons werden mit einem einfachen Mausklick gesetzt. Das Polygon wird mit einem Doppelklick geschlossen (siehe Abbildung 9.1).

Abbildung 9.1
Im *Hotspot Creation Mode*
können Hotspot-Polygone
gezeichnet werden

Um den Hotspot zu verlinken, muss das betreffende Polygon ausgewählt
sein. Dies geschieht durch Anklicken des Polygons, die Auswahl ist an der
grünen Umrandung erkennbar. Über *Edit > Properties* gelangt man ins
Untermenü *Hotspot* (siehe Abbildung 9.2). Hier können die notwendigen
Einstellungen für die Verlinkung getroffen werden.

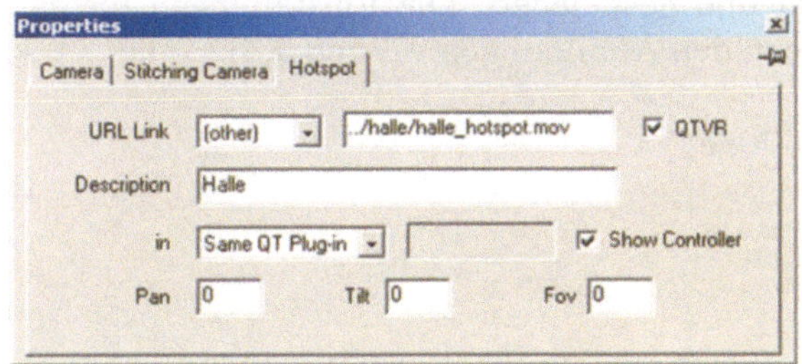

Abbildung 9.2
Im *Properties*-Fenster
werden die Eigenschaften
der Hotspots definiert

Im Bereich *URL Link* kann im Pulldown-Menü zwischen *http://, ftp://,
mailto:* und *(other)* gewählt werden. Wenn Sie das Panorama mit einer
anderen Website verlinken möchten, wählen Sie *http://* und geben in der
nachfolgenden Zeile die Adresse der Site ein. Befindet sich das Panorama,
mit dem verlinkt werden soll, auf demselben Webserver, wird *(other)* ausgewählt. In die Adresszeile wird der relative Pfad zur Panoramadatei eingegeben.

Im Feld *Description* kann diesem Hotspot ein Name gegeben werden,
der beim Abspielen des QTVR-Movies in der Navigationsleiste des
QuickTime-Players dargestellt wird.

Unter *in* kann über ein Dropdown-Menü zwischen *Same Window, New Window* und *Named Frame* gewählt werden. Wobei *Same Window* bedeutet, dass die Ziel-Website im selben Browserfenster dargestellt wird, wie das erste Panorama. *New Window* bewirkt die Darstellung des verlinkten Panoramas in einem neuen Browserfenster. Während bei *Named Frame* das verlinkte Panorama in einem definierten Frame auf der betreffenden Website dargestellt wird. Der Name des Ziel-Frames wird ins nebenstehende Textfeld eingegeben.

Wenn das Ziel des Hotspot-Links ein anderes QTVR-Panorama ist, können QTVR-Einstellungen für das Zielpanorama getroffen werden. Hierzu aktivieren Sie die Dialogbox *QTVR*. Es erscheinen daraufhin im Pulldown-Menü *in* weitere Auswahlmöglichkeiten: *Same QT Plug-in* und *New QT Player*. Mit *Same QT Plug-in* wird das neue Panorama in dasselbe Movie-Fenster geladen. Wählt man *New QT Player* wird das nachfolgende Panorama in einem neuen Player-Fenster aufgerufen. Über *Pan, Tilt* und *Fov* kann der Bildausschnitt beim Start des verlinkten QTVR-Movies definiert werden. Sollen die Eigenschaften des Ziel-Movies übernommen werden, wählen Sie für *Pan, Tilt* und *Fov* jeweils den Wert 0.

Abhängig von den gewählten Einstellungen im *Properties*-Menü kann es vorkommen, dass virtuelle Rundgänge nicht direkt im QuickTime-Player betrachtet werden können. Die volle Funktionalität erhalten diese Rundgänge erst, wenn sie in eine Website eingebaut sind und über das Browser-Plug-in betrachtet werden. Bei der im Beispielpanorama gewählten Einstellung *Same QT Plug-in* (siehe Abbildung 9.3) funktioniert jedoch das Springen von einem Hotspot zum nächsten im QuickTime-Player.

Sind alle gewünschten Hotspots definiert, wird das QTVR-Movie über *Render > Render* berechnet und gespeichert. Die Einstellungen für das Beispielpanorama sehen Sie in den Abbildungen 9.3 und 9.4.

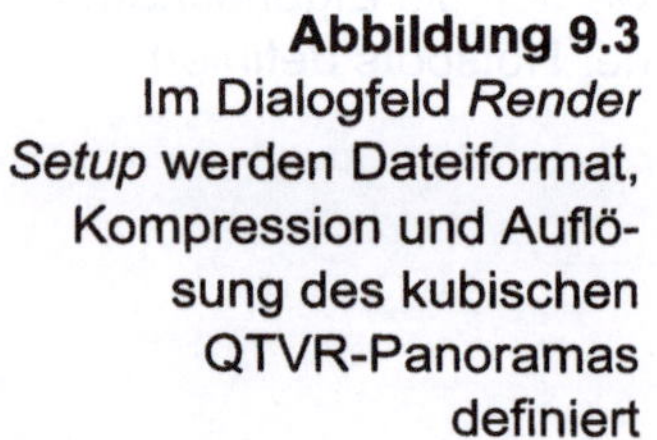

Abbildung 9.3
Im Dialogfeld *Render Setup* werden Dateiformat, Kompression und Auflösung des kubischen QTVR-Panoramas definiert

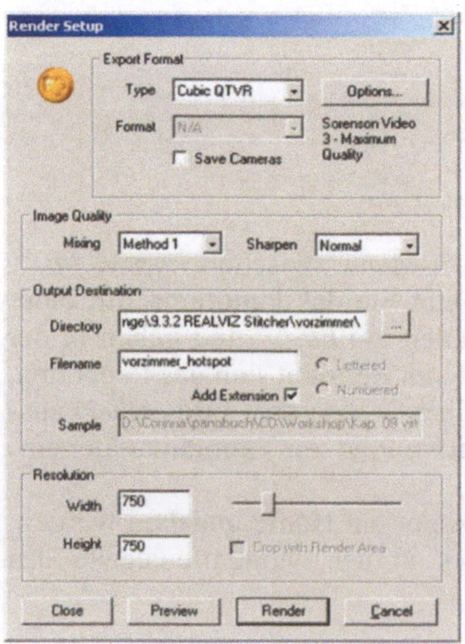

Unter *Options* können weitere QTVR-spezifische Einstellungen vorgenommen werden.

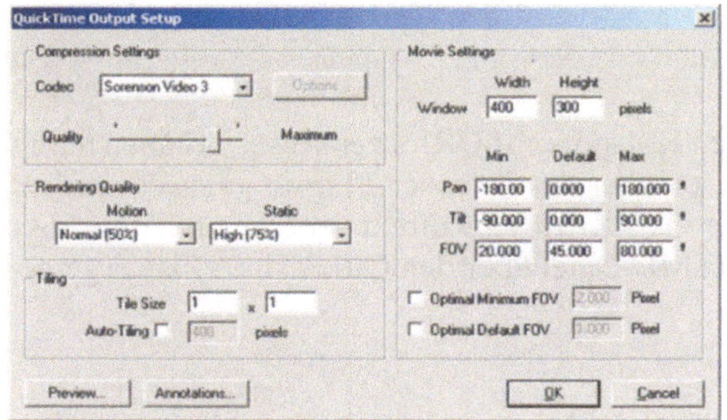

Abbildung 9.4
Im Dialogfeld *QuickTime Output Setup* können weitere Eigenschaften des QTVR-Movies bestimmt werden

Über *Compression Settings > Codec* wird die Art der Kompression bestimmt. Nähere Informationen zu den Codecs erhalten Sie in Kapitel 10.1. Im Bereich *Compression Settings > Quality* wird die gewünschte Bildqualität gewählt. *Rendering Quality* bestimmt die Bildqualität während der Drehung des Panoramas (*Motion*) und beim Standbild (*Static*). Im Feld *Tiling* lässt sich das Panoramabild in quadratische Stücke (*Tiles*) unterteilen, so dass beim Download alle bereits geladenen Tiles abgespielt werden können. Für große QTVR-Panoramen lohnt sich auf jeden Fall eine Erhöhung des voreingestellten Wertes. Im vorliegenden Beispiel genügt jedoch ein Tiling von 1 x 1.

Im Feld *Movie Settings > Window* lässt sich die Fenstergröße in Pixeln definieren. Mit *Pan* und *Tilt* kann der Bildausschnitt beim Start des QTVR-Movies bestimmt werden. Unter *FOV* lassen sich der minimale und maximale Zoomfaktor definieren. Mit der Funktion *Optimal Minimum FOV* kann man einen maximalen Zoombereich festlegen, damit das Panorama beim Vergrößern für den Betrachter nicht zu grobkörnig erscheint. *Optimal Default FOV* wählt einen mittleren Blickwinkel als Startposition fürs QTVR-Movie, so dass der Benutzer nach oben und unten schwenken kann. Unter *Annotations* können dem QTVR-Movie Textinformationen über Autor, Copyright sowie eine kurze Beschreibung des Inhalts hinzugefügt werden.

Sind alle Einstellungen getroffen, wird der Rendervorgang gestartet. Das Ergebnis kann in weiteren Renderdurchgängen mit veränderten Werten optimiert werden.

Wie diese QTVR-Rundgänge publiziert werden können, erfahren Sie in Kapitel 10.1. Dort finden Sie nähere Informationen über die Viewer sowie den Quellcode, mit dem die Panoramen in Websites eingebunden werden können.

Sie finden den hier vorgestellten Rundgang auf der CD unter: \Workshop\ Kap_09 virtuelle Rundgaenge\9_3_1 REALVIZ Stitcher

Vorteile

- Schnelles und einfaches Definieren von Hotspot-Polygonen und Eigenschaften der betreffenden Hotspots.

- Die QTVR-Movies werden zwar verlinkt, aber dennoch einzeln gespeichert. Somit wird jedes Panorama nur bei Bedarf geladen und der Betrachter muss nicht warten, bis der komplette Rundgang übertragen ist.

Nachteile

- Virtuelle Rundgänge, deren Hotspots auf URLs verweisen, können nur in HTML-Dateien eingebunden über das Browser-Plug-in getestet werden. Rundgänge, bei denen die QTVR-Movies direkt untereinander verlinkt sind, können auch ohne HTML-Datei über den QuickTime-Player getestet werden.

Auf der CD finden Sie eine Demo-Version von VR Worx unter: \Demo-Versionen\Mac bzw. \Demo-Versionen\PC

9.3.2 VR Worx – VR SceneWorx

Mit der Software VR Worx ist die Bearbeitung von Panoramen und Objektmovies möglich, zudem können virtuelle Rundgänge erzeugt werden. Mit VR SceneWorx können Hotspots sowohl in QTVR-Panoramen als auch auf QTVR-Objektmovies definiert werden. Wie Panoramen mit VR Worx zusammengefügt werden, haben Sie in Kapitel 6.3.2 erfahren. Näheres über die Produktion von Objektmovies mit VR Worx steht in Kapitel 8.3.3. Im folgenden Kapitel wird die Verlinkung von Panoramen zu einem virtuellen Rundgang aufgezeigt.

In VR Worx wird über das Menü *File > New* mit der Funktion *Create New > Create a Scene* der Programmbereich VR SceneWorx aufgerufen. Um mit VR SceneWorx einen virtuellen Rundgang zu erzeugen, werden die fünf Bearbeitungsbereiche *Setup, Background, Nodes, Compose* und *Playback* durchlaufen.

Abbildung 9.5
Im Bereich *Setup* werden die Eigenschaften der Szene definiert

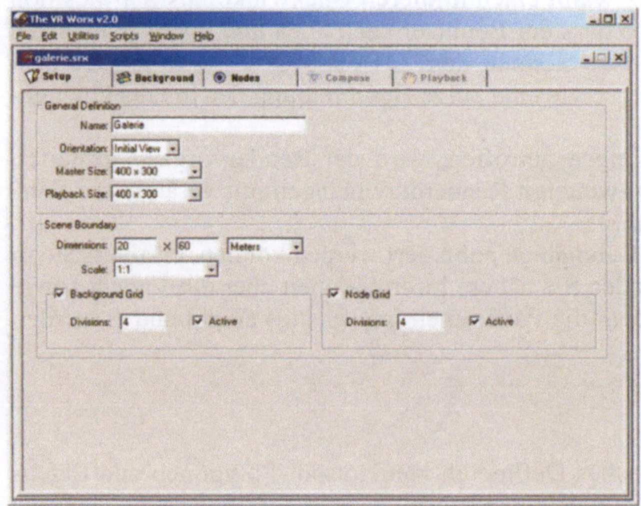

Zuerst wird im Bereich *Setup* (siehe Abbildung 9.5) unter *General Definition* ein Name für die Szene eingegeben. Im Pulldown-Menü *Orientation* wird ausgewählt, welche Ansicht der Panoramen beim Aufruf sichtbar sein soll. Wählt man hier *Initial View*, wird der Bildausschnitt verwendet, der vorher beim jeweiligen QTVR-Movie festgelegt wurde. *Master Size* bestimmt die Abmessung der Movies im Bearbeitungsbereich, *Playback Size* hingegen definiert die Größe des resultierenden QTVR-Movies. Im Feld *Scene Boundary > Dimensions* wird die Größe der Fläche eingegeben, über die sich die gesamte Szene erstreckt, wobei *Scale* den Maßstab angibt. Über *Background Grid* und *Node Grid* kann ein Gitternetz angezeigt werden. Hier ist es sinnvoll, die Voreinstellungen beizubehalten. Sind alle Grundeinstellungen getroffen, wird in den Bereich *Background* gewechselt (siehe Abbildung 9.6).

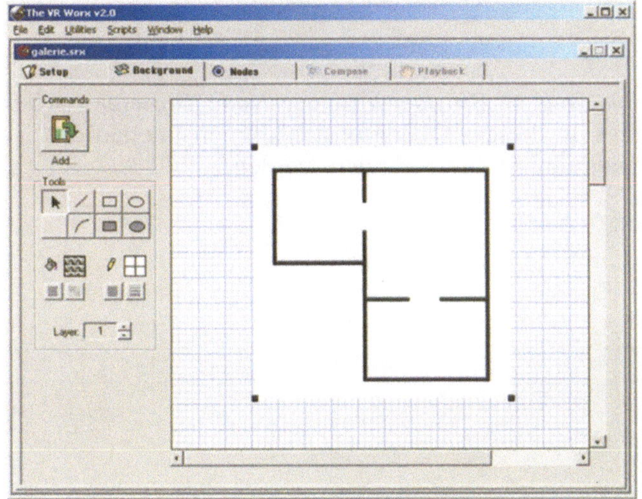

Abbildung 9.6
Grundrisse können als Hintergrundbilder verwendet werden

Hier können Grundrisse als Hintergrundbilder definiert werden, welche die Positionierung der Panoramen in der Szene erleichtern. Diese Grundriss-Skizzen können unter *Commands > Add* als Bilddateien importiert werden oder mit Hilfe der Zeichenwerkzeuge erstellt werden.

Im Bearbeitungsbereich *Nodes* (siehe Abbildung 9.7) werden die Panoramen und Objekte importiert und positioniert. Ebenso können deren Eigenschaften modifiziert werden. Einzelne Panoramen oder Objektmovies werden über *Commands > Add* geladen. Mit der Funktion *Commands > Clear* können importierte Dateien wieder entfernt werden. Unter *Commands > Edit* kann das betreffende Movie getestet werden.

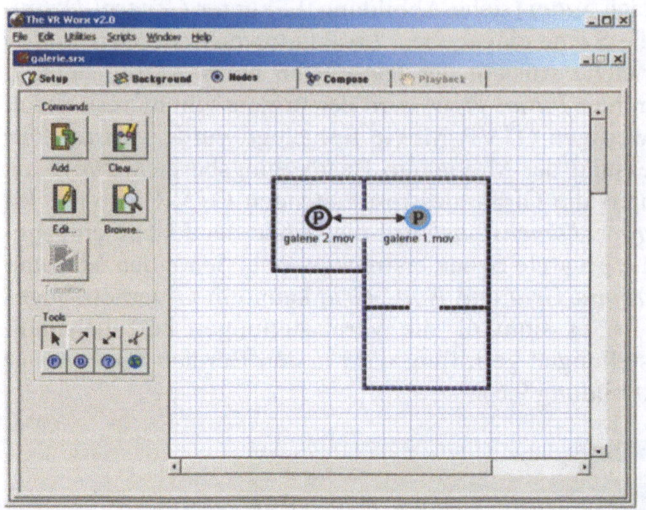

Über den Button *Commands > Browse* wird der *Node Browser* (siehe Abbildung 9.8) geöffnet. In diesem Dialogfenster können Interaktionseigenschaften des Movies definiert und verändert werden.

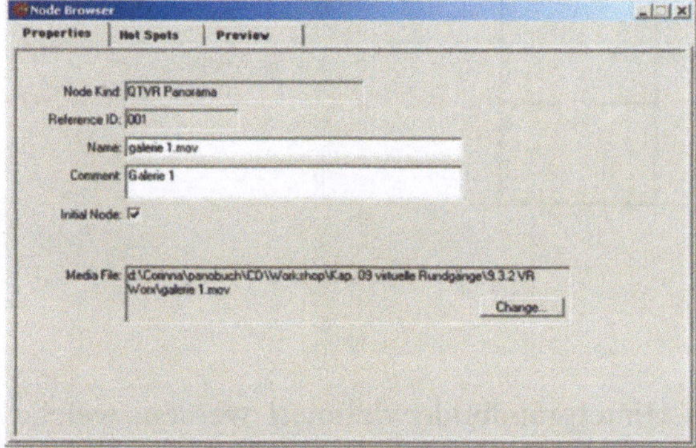

Der *Node Browsers* beinhaltet die drei Bereiche *Properties*, *Hot Spots* und *Preview*. Im Feld *Properties* (siehe Abbildung 9.8) können Eigenschaften wie Name (*Name*) und Bemerkungen (*Comment*) für das betreffende Panorama oder Objektmovie eingegeben werden. Danach wird ins nächste Bedienfeld gewechselt.

Im Feld *Hot Spots* (siehe Abbildung 9.9) lassen sich mit Hilfe der Zeichenwerkzeuge (*Tools*) verschiedene Formen für Hotspots auswählen. Hat man ein Hotspot-Polygon definiert, gelangt man durch Doppelklicken der betreffenden Farbfläche in ein weiteres Untermenü namens *Hot Spot Properties*.

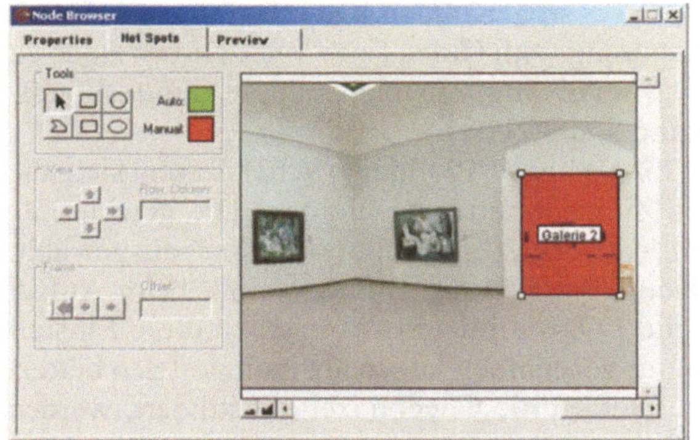

Abbildung 9.9
Im Bereich *Hot Spots*
können farbige Hotspot-
Flächen gezeichnet
werden

Das Dialogfenster *Hot Spot Properties* umfasst die vier Bearbeitungsbereiche *Gerneral, Cursors, Link* und *URL*. Im Bereich *General* (siehe Abbildung 9.10) wird die Art der Verknüpfung unter *Kind* in einem Pulldown-Menü ausgewählt. Für eine einfache Verlinkung von mehreren Panoramen wählt man *Kind > Link*. Im Feld *Name* wird die Bezeichnung eingegeben, die beim Abspielen des QTVR-Movies in der Navigationsleiste des QuickTime-Players dargestellt werden soll. Unter *Comment* können weitere Kommentare, die diesen Hotspot betreffen, eingegeben werden.

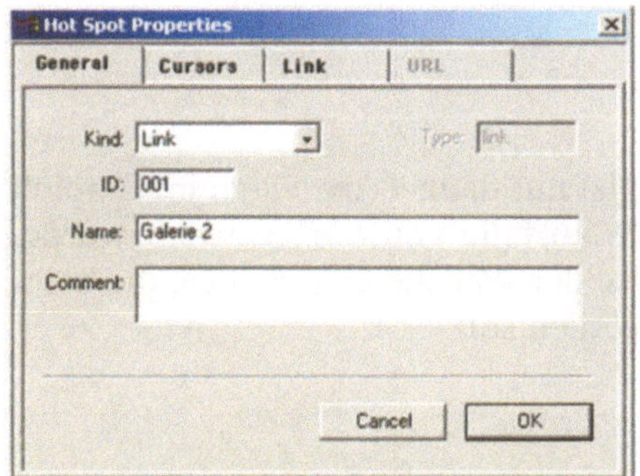

Abbildung 9.10
Im Dialogfeld *Hot Spot
Properties > General*
werden die Eigenschaften
eines Hotspots festgelegt

Im Feld *Cursors* (siehe Abbildung 9.11) können dem Mauszeiger bei Bedarf andere Funktionen und optische Eigenschaften zugewiesen werden.

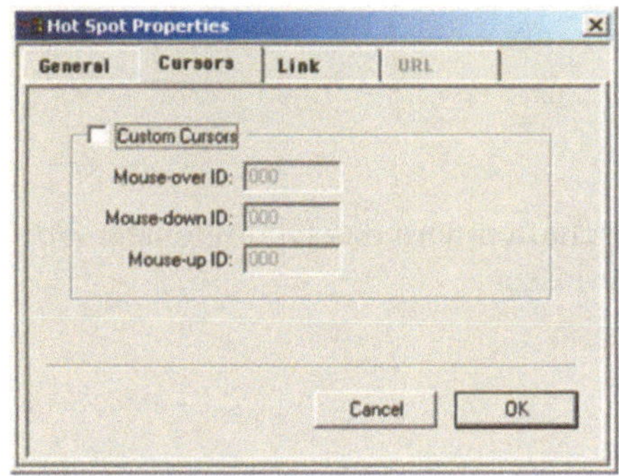

Abbildung 9.11
Im Menü *Cursors*
können die Eigenschaften
des Mauszeigers verändert
werden

Über die genaue Bedeutung dieser so genannten IDs informiert das Handbuch „Virtual Reality Programming with QuickTime VR". Dieses Buch ist als PDF-Dokument erhältlich unter http://developer.apple.com/techpubs/mac/qtvr/qtvrapi-2.html [Stand 20.05.2003].

Im Bearbeitungsbereich *Link* (siehe Abbildung 9.12) lassen sich die verschiedenen Attribute des Zielpanoramas bestimmen. Die gewünschte Zieldatei wird unter *Destination Node ID* im Pulldown-Menü ausgewählt. Im Bereich *Custom Link View* lässt sich der Bildausschnitt beim Aufruf des Movies über *Pan, Tilt* und *FOV* definieren. Wobei sich diese Einstellungen besser im *Node Browser* vornehmen lassen, da man dort den betreffenden Bildausschnitt sieht. Bleiben die Checkboxen deaktiviert, werden die im jeweiligen Movie definierten Werte übernommen.

Abbildung 9.12
Im Bereich *Link* lassen sich verschiedene Attribute des Zielpanoramas bestimmen

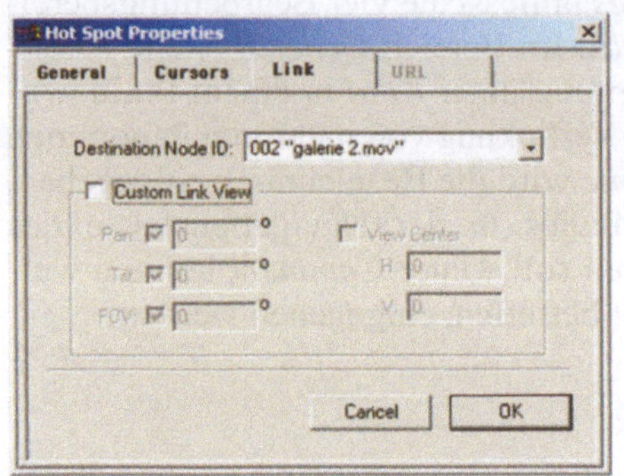

Das Feld *URL* (siehe Abbildung 9.13) ist nur dann aktiv, wenn im Bereich *General* als Art der Verknüpfung *URL* anstelle von *Link* gewählt wurde. Hier wird unter *URL* die Internetadresse der Website eingegeben, die beim Klicken auf den Hotspot aufgerufen werden soll.

Abbildung 9.13
Im Bereich *URL* werden Webadressen eingegeben, die beim Klick auf den Hotspot aufgerufen werden sollen

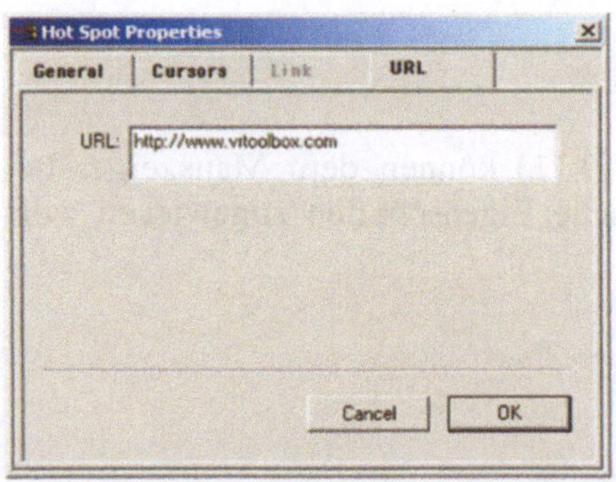

Nach Definition aller relevanten Eigenschaften wird das Dialogfenster *Hot Spot Properties* über den Button *OK* verlassen.

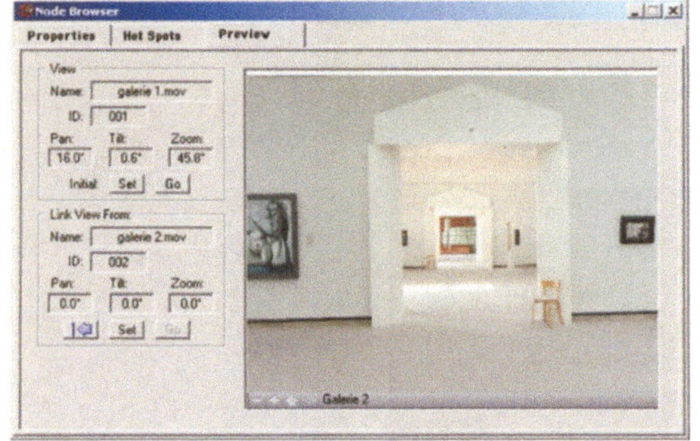

Abbildung 9.14
Im *Node Browser* lassen sich unter *Preview* die Bildausschnitte für den Start des QTVR-Movies festlegen

Zurück im *Node Browser* (siehe Abbildung 9.14) kann der virtuelle Rundgang im Bedienfeld *Preview* getestet werden. Im Bereich *View* kann der Bildausschnitt des sichtbaren Panoramas über *Pan, Tilt* und *Zoom* verändert werden. Der Bereich *Link View From* betrifft das verlinkte Panorama und dessen Startblickwinkel. Hier lassen sich die Werte ebenfalls über *Pan, Tilt* und *Zoom* beeinflussen. Sind alle Einstellungen im Bereich *Node Browser* getroffen, kehrt man zum Hauptbearbeitungsfenster von VR SceneWorx zurück. Hier wird der nächste Bearbeitungsbereich *Compose* aufgerufen.

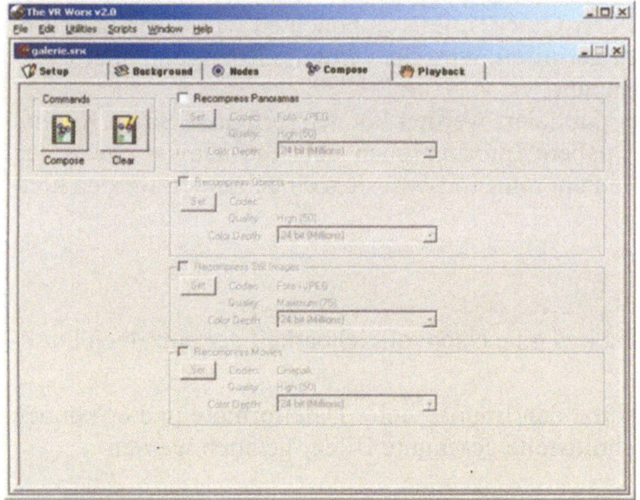

Abbildung 9.15
Im Bearbeitungsbereich *Compose* wird der virtuelle Rundgang erzeugt

Im Bereich *Compose* (siehe Abbildung 9.15) wird der virtuelle Rundgang über die Funktion *Compose > Commands* berechnet. Bei Bedarf können die Panoramen und Objektmovies mit einem anderen Codec komprimiert werden. Aktiviert werden diese Änderungen über die Funktion *Recompress*. In Kapitel 10.1 erhalten Sie nähere Informationen über QuickTime-Codecs. Der fertige Rundgang wird im *Playback*-Fenster betrachtet und getestet

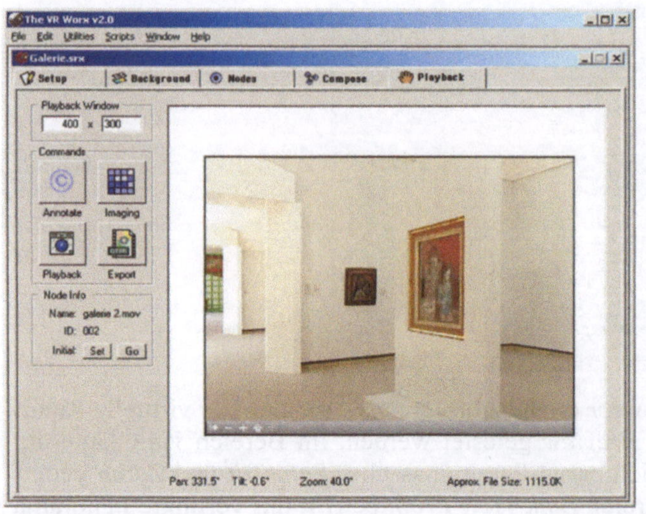

Abbildung 9.16
Der Rundgang wird im Bereich *Playback* geprüft und nach Festlegung weiterer Eigenschaften gespeichert

Sie finden den hier vorge-stellten Rundgang auf der CD unter: \Workshop\ Kap_09 virtuelle Rund-gaenge\9_3_2 VR Worx

Im Bereich *Playback* (siehe Abbildung 9.16) wird die endgültige Fenster-größe über *Playback Window* definiert. Unter *Commands > Annotate* kön-nen dem Movie Informationen wie Name, Copyright sowie eine kurze Beschreibung des Inhalts hinzugefügt werden. Mit *Commands > Imaging* wird die Bildqualität während der Drehung (*Motion*) und im statischen Zustand (*Static*) beeinflusst. Über *Commands > Playback* bestimmt man die Eigenschaften weiterer QuickTime-Komponenten wie Video und Ton. Sind alle Einstellungen getroffen, wird der virtuelle Rundgang über *Com-mands > Export* gespeichert.

Wie QTVR-Movies publiziert werden können, erfahren Sie in Kapitel 10.1. Dort finden Sie nähere Informationen über die Viewer sowie den Quellcode, mit dem die Panoramen in Websites eingebunden werden kön-nen.

Vorteile

- Einfache Handhabung und gute Nachvollziehbarkeit der einzelnen Funk-tionen.

- Die Software unterstützt den Import vieler Dateiformate und es können über die TWAIN-Schnittstelle gescannte Bilder geladen werden.

Nachteile

- Mit der Software können nur QTVR-Movies erzeugt werden. Andere Projektions- oder Dateiformate werden nicht unterstützt.

- Virtuelle Rundgänge werden von VR Worx als komplettes Movie ge-speichert, das alle eingebundenen Dateien enthält. Das erhöht die Datei-größe des resultierenden QTVR-Movies. Andere Software-Produkte verlinken die Panoramen einzeln, so werden die Panoramen nur bei Be-darf geladen.

- Da die eingebundenen Bilddaten nicht referenziert, sondern integriert werden, sind die VR Worx-Dokumente entsprechend groß (Größenordnung 200 MB und mehr). Aus diesem Grund enthält die Buch-CD für das vorgestellte Beispiel nur die Einzelpanoramen sowie den fertig gestellten QTVR-Rundgang und nicht das dazugehörige VR Worx-Dokument.

9.3.3 HotMedia

HotMedia ist eine von IBM entwickelte Rich-Media-Anwendung, die für Webanwendungen über ein Java-Applet nutzbar gemacht wird. Über das HotMedia-Applet können Panoramen, Objekte, Grafiken, Sound und Video verknüpft werden. Im folgenden Kapitel wird die Verlinkung von iPIX-Panoramen zu einem virtuellen Rundgang aufgezeigt.

Nähere Informationen über die Software HotMedia erhalten Sie unter: http://www-3.ibm.com/software/awdtools/hotmedia/

Für die Bearbeitung mit der Software HotMedia können ausschließlich iPIX-Dateien verwendet werden, die stark komprimiert sind (*Compression: Internet*). Dateien mit höherer Qualität sind mit HotMedia nicht kompatibel. Über die HotMedia-Software können in den iPIX-Panoramen Hotspots definiert werden, diese Hotspots sind mit Textinformationen und Sounds kombinierbar. Anschließend werden die iPIX-Dateien (.ipx) in HotMedia-Dateien (.mvr) umgewandelt und sind über das HotMedia-Applet abspielbar.

Zunächst wird eine iPIX-Datei über das Hauptmenü *Workspace > iPIX Image > Add* importiert (siehe Abbildung 9.17).

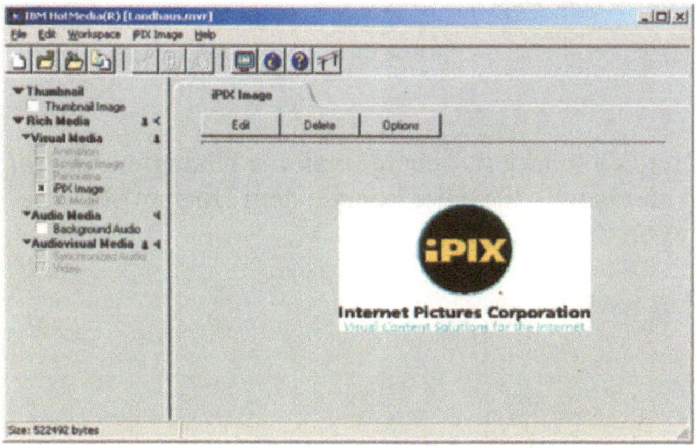

Abbildung 9.17
Das iPIX-Panorama wird in HotMedia importiert

Sobald das iPIX-Bild geladen ist, öffnet sich das Bearbeitungsfenster *Edit iPIX Image* (siehe Abbildung 9.18).

Abbildung 9.18
Im Fenster *Edit iPIX Image*
können Sie auf gewohnte
Weise im Panorama
navigieren

Hier können Sie im ersten Bearbeitungsfeld wie gewohnt im iPIX-Panorama navigieren. Wenn der für den Hotspot vorgesehene Bildbereich im Viewer erscheint, lassen sich über das rote Quadrat Hotspot-Bereiche markieren (siehe Abbildung 9.19).

Abbildung 9.19
Hotspots lassen sich
anhand eines roten
Quadrats markieren

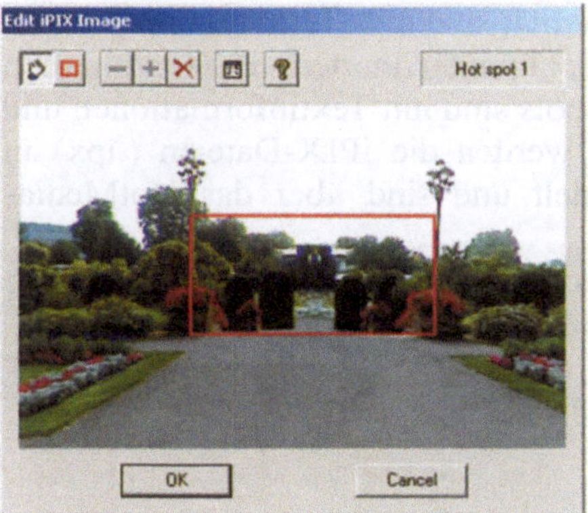

Ist ein roter Hotspot-Bereich markiert, gelangt man ins Dialogfenster *Hot Link Triggers* (siehe Abbildung 9.20). Hier können dem Hotspot verschiedene Attribute zugewiesen werden.

Abbildung 9.20
Im Bereich *Hot Link Trig-*
gers definieren Sie die
Hotspot-Eigenschaften

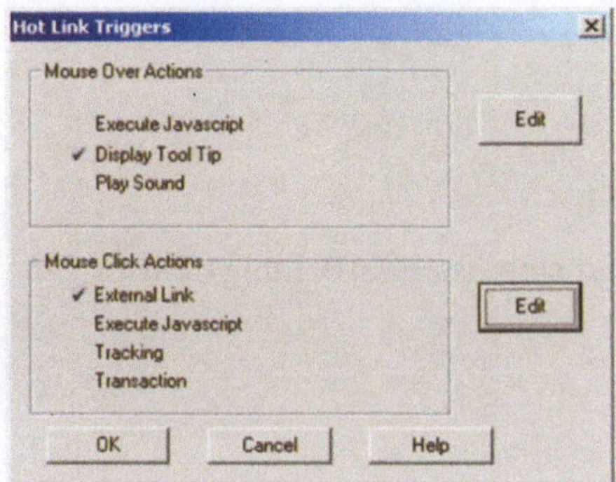

So lässt sich etwa unter *Mouse Over Actions > Display Tool Tip* ein Infotext eingeben, der im Viewer bei Überfahren der Hotspot-Fläche angezeigt wird (siehe Abbildung 9.21).

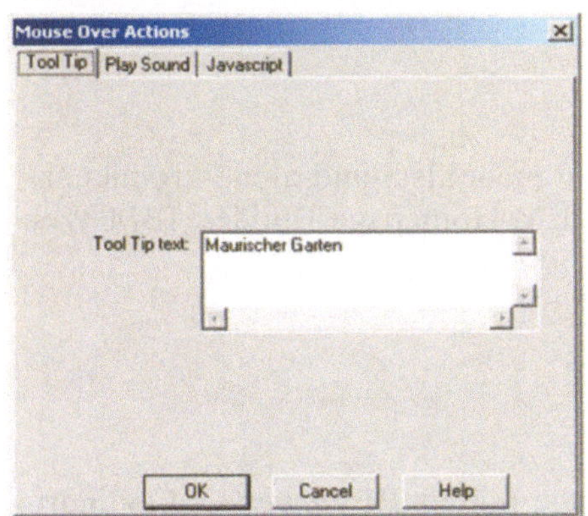

Abbildung 9.21
Über *Display Tool Tip* lässt sich ein Infotext für den Hotspot eingeben

Im Bereich *Mouse Click Actions > External Link* können Panoramen auf verschiedene Weise miteinander verlinkt werden (siehe Abbildung 9.22). Aktivieren Sie die Checkbox *Replace file*, wenn Sie HotMedia-Dateien miteinander verbinden möchten. Über *Play audio* wird eine Sounddatei mit dem Hotspot verknüpft. Das Feld *Link to HTML* steht für eine Verlinkung zu HTML-Dateien und URLs.

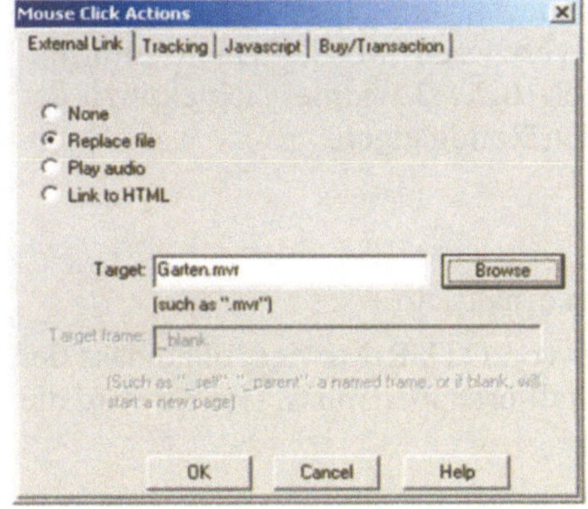

Abbildung 9.22
Im Bereich *External Link* werden die Panoramen miteinander verlinkt

Sind die Hotspots gesetzt und mit den Zieldateien verknüpft, wird die Hot-Media-Datei unter *File > Save As* gespeichert. Sie können sich gleichzeitig eine HTML-Datei erzeugen lassen, in der das HotMedia-Applet inklusive der zugehörigen Panoramadatei eingebunden ist. Diese Funktion wird unter *File > Publish* aktiviert. Nähere Informationen über den Hot-Media Viewer erhalten Sie in Kapitel 10.4.

Sie finden den hier vorgestellten Rundgang auf der CD unter: \Workshop\ Kap_09 virtuelle Rundgaenge\9_3_3 HotMedia

Vorteile

- Die Software bietet neben der Verlinkung von Panoramen und Objekten weitere Funktionen an. Sie können darüber hinaus Grafiken, Sound und Video einbinden.

Nachteile

- HotMedia wird derzeit von IBM nicht mehr als Stand-alone-Produkt angeboten. HotMedia ist integriert in IBM Homepage Builder, IBM Web Sphere Studio und iPIX Builder.

9.3.4 PTViewer

Eine HTML-Datei mit einem virtuellen PTViewer-Rundgang finden Sie auf der CD unter: \Workshop\Kap_09 virtuelle Rundgaenge\ 9_3_4 PTViewer

Für die Produktion virtueller Rundgänge mittels PTViewer sind zylindrische oder sphärische Panoramabildstreifen erforderlich. In Kapitel 6 haben Sie erfahren, wie Sie zylindrische Panoramabildstreifen produzieren können, während Kapitel 7 die Herstellung sphärischer Panoramabilder erläutert.

Die Bildstreifen erscheinen erst im Zusammenspiel mit dem Java-Applet PTViewer integriert in eine HTML-Datei für den Betrachter als interaktives Panorama. Über die Parameter des Applets können Hotspots definiert und angesteuert werden. Hierfür sind grundlegende Kenntnisse über die zahlreichen Parameter des PTViewer-Applets erforderlich. Daher wird an dieser Stelle auf Kapitel 10.2 verwiesen, wo Sie nähere Informationen über PTViewer erhalten. Kapitel 10.2.1.2 widmet sich explizit der Verlinkung von Panoramen zu virtuellen Rundgängen.

Vorteile

- Die Software PTViewer ist kostenlos erhältlich.
- PTViewer ermöglicht das Abspielen von QTVR-Movies, ohne dass der Benutzer das QuickTime-Plug-in installiert haben muss. Hierfür wird die Erweiterung PTMViewer verwendet.

Die Stand-alone-Variante des PTViewers finden Sie auf der CD unter: \Viewer\Mac\PTViewer\ Stand-alone bzw. \Viewer\PC\PTViewer\ Stand-alone

Nachteile

- Für die Darstellung von Panoramen im Stand-alone-Viewer wird eine andere PTViewer-Version benötigt als für die Publikation im Web. Bei einer gewöhnlichen Internetpublikation erscheinen die Bildstreifen erst im Zusammenspiel mit dem Java-Applet PTViewer integriert in eine HTML-Datei für den Betrachter als interaktive Panoramen oder Rundgänge. Für Offline-Publikationen bietet sich die Verwendung der Stand-alone-Variante an.

10. Publikation

Für die Publikation im Internet bieten sich vielfältige Möglichkeiten, die Panoramen und Objektmovies über so genannte Viewer darzustellen. Im Folgenden werden einige der im Web am häufigsten vertretenen Viewer vorgestellt. Ebenso erhalten Sie Informationen über die Möglichkeit, zylindrische Panoramabilder zusätzlich auf Papier zu veröffentlichen. Für die Publikation im Internet gibt es neben den hier vorgestellten Viewern weitere Lösungen. Eine Liste von Anbietern solcher Viewer-Software findet sich im Herstellerverzeichnis (siehe Kapitel B.1.7). Einen Überblick über die hier vorgestellte Viewer-Software inklusive eines tabellarischen Vergleichs der Funktionalität bietet Kapitel 13.

10.1 QuickTime VR

QTVR steht für QuickTime Virtual Reality und ist eine Erweiterung von Apples QuickTime-Technologie. QTVR erlaubt dem Benutzer, interaktiv eine fotorealistische virtuelle Welt zu erkunden. Im Gegensatz zu anderen Virtual-Reality-Systemen muss der Betrachter keinen Helm, keine Spezialbrille oder Handschuhe tragen. Die virtuelle Welt kann hier mit Hilfe von Maus und Tastatur durchwandert werden.

Seit Januar 1997 ist QuickTime VR integraler Bestandteil von QuickTime. Von dieser Version 2.5 bis zu Version 4 waren im Panoramabereich ausschließlich zylindrische Darstellungen möglich. Mit der Einführung von QuickTime 5 im April 2001 wurden erstmals kubische Panoramen (cubic QTVR) möglich. Die derzeit aktuelle Version QuickTime 6 beinhaltet Verbesserungen in der Audio- und Videokompression und verfügt nach wie vor über alle QTVR-Funktionen. QuickTime unterstützt folgende Medien: Video, Audio, Bilder, Text, MiDi-Files, 3D und VR (Objekte und Panoramen).

Um ein QTVR betrachten zu können, muss auf Ihrem Rechner der QuickTime-Player installiert sein. Das QuickTime-Plug-in steht zum Download bereit unter: http://www.apple.com/quicktime/download [Stand 02.04.2003]

Sie finden den QuickTime-Player auf der CD unter: \Viewer\Mac bzw.\Viewer\PC

Zur Datenkompression stehen bei QuickTime eine Reihe verschiedener Codecs zur Auswahl. Im Folgenden sehen Sie eine Übersicht der Video-Codecs, die derzeit von QuickTime unterstützt werden:

Animation, BMP, Cinepak, Component Video, DV PAL, DV/DVC Pro NTSC, DVC Pro PAL, Grafiken, H.261, H.263, JPEG 2000 (derzeit nur unter Mac OS X), Motion JPEG A, Motion JPEG B, MPEG-4 Video, Photo JPEG, Planar RGB, PNG, Sorenson Video, Sorenson Video 3, TGA, TIFF.

Wenn man Panoramen fürs Web produzieren möchte, ist die Art der Kompression ein entscheidender Faktor, da im Internet die Bandbreite der Übertragung begrenzt ist. Nicht alle der oben aufgeführten Kompressions-formen eignen sich gleichermaßen für QTVR. Im Folgenden werden Codecs mit guten QTVR-Eigenschaften näher vorgestellt.

Cinepak

Cinepak wurde schon 1990 entwickelt und damals zum Abspielen kleiner Filme von Zweifach-CD-ROM-Laufwerken verwendet. Daher ist die größte Stärke dieses Codecs die geringe CPU-Auslastung. So lassen sich mit Cinepak komprimierte Filme auf nahezu jedem Rechner mühelos abspielen. Allerdings ist die Bildqualität etwas schlechter als bei anderen Codecs wie beispielsweise Sorenson Video. Bei der Auswahl einer hohen Kompressionsqualität steigt die Dateigröße deutlich gegenüber den anderen beiden hier vorgestellten Codecs an.

Sorenson Video

Seit QuickTime 3 wird der Sorenson Video-Codec von QuickTime unter-stützt. Der Sorenson Video-Codec eignet sich hervorragend für QTVR-Anwendungen. Verglichen mit Cinepak ist hier eine bessere Bildqualität möglich, allerdings ist auch die CPU-Auslastung etwas höher. Bei heuti-gen Prozessor-Taktraten stellt dies jedoch fast kein Problem dar. Der Sorenson Video-Codec ist allerdings nicht geeignet, wenn QTVR-Movies bis zu den QuickTime-Versionen 1 oder 2 abwärtskompatibel sein sollen.

Foto-JPEG

Der Foto-JPEG-Codec verwendet den JPEG-Algorithmus zur Bildkom-pression. Auch wenn der JPEG-Algorithmus verlustbehaftet ist, eignet sich dieser Codec gut für die Kompression von Panoramen und Objektmo-vies. QTVR-Movies, die mit Foto-JPEG komprimiert wurden, laufen aufgrund der hohen Prozessor-Auslastung auf älteren Rechnern manchmal nicht sauber ab. Bei Drehbewegungen kann das Bild möglicherweise ruckeln.

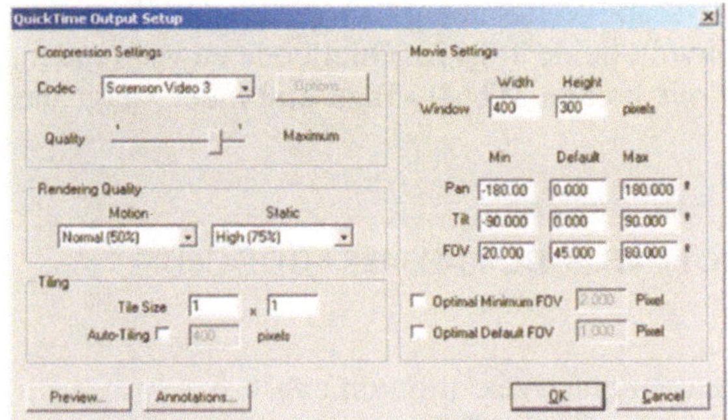

Abbildung 10.1
QuickTime-Einstellungen

Abbildung 10.1 zeigt am Beispiel der Software REALVIZ Stitcher eine Reihe von Einstellungen, die zum Rendern eines QTVR-Movies erforderlich sind. Neben der Kompressionsform (*Codec*) kann die Qualität (*Quality*) bestimmt werden, mit der das QTVR gerendert wird. Beide Faktoren haben entscheidenden Einfluss auf die Dateigröße. Je höher die Kompressionsqualität gewählt wird, desto besser ist sicherlich die Bildqualität des Panoramas oder Objektmovies. Allerdings erhält man bei besserer Bildqualität eine deutlich größere QTVR-Datei. Hier sollte eine Lösung gefunden werden, die gute Darstellungsqualität und relativ kleine Dateigrößen in sich vereint.

Unter *Rendering Quality* lässt sich die Bildqualität während der Drehbewegung (*Motion*) und im statischen Zustand (*Static*) festlegen. Für die Bewegung wird meist nicht die höchste Qualität benötigt.

Im Feld *Tiling* wird das Panoramabild in quadratische Stücke (*Tiles*) unterteilt, so dass beim Abspielen des QTVR-Movies nur die sichtbaren Bildbereiche in den Viewer geladen werden. Auf diese Art kann die CPU-Auslastung während des Abspielens gering gehalten werden. Zudem kann durch die Verwendung von Tiles schon während des Downloads im Panorama navigiert werden. Alle bereits geladenen Tiles sind abspielbar.

Im Bereich *Movie Settings* können Sie die Fenstergröße (*Window*) des QuickTime-Players festlegen. Über die Felder *Pan, Tilt* und *FOV* lassen sich Anfangblickwinkel des QTVR-Panoramas sowie minimaler und maximaler Zoomfaktor definieren.

Am besten ermitteln Sie die optimalen Einstellungen für das jeweilige Motiv und die geplante Verwendungsform über eine Testreihe.

10.1.1 Einbindung in HTML

Wenn man das QTVR-Panorama in eine HTML-Seite einbinden möchte, gilt es Folgendes zu beachten: Bei Verwendung des netscapespezifischen EMBED-Tags kommt es zu Kompatibilitätsproblemen mit dem Internet Explorer in den Versionen 5.5 und 6.0 für Windows. Das EMBED-Tag hat nie offiziell zum HTML-Standard gehört und sollte nicht mehr angewandt werden. Alternativ kann man QTVR-Movies mit dem OBJECT-Tag einbinden, da jedoch ältere Netscape-Versionen (4.x) dieses OBJECT-Tag noch nicht kennen, ist es sinnvoll, beide Tags im Quellcode zu verwenden. Wie man die QTVR-Datei mit beiden HTML-Tags einbindet, zeigt das folgende Beispiel:

```
<OBJECT
classid="clsid:02BF25D5-8C17-4B23-BC80-D3488ABDDC6B"
width="400"
height="316"
codebase="http://www.apple.com/qtactivex/qtplugin.cab">
<param name="src" value="panorama.mov">
<param name="autoplay" value="true">
<param name="controller" value="true">
<EMBED
src="panorama.mov"
width="400"
height="316"
autoplay="true"
controller="true"
pluginspage="http://www.apple.com/quicktime/download/">
</EMBED>
</OBJECT>
```

Eine HTML-Datei mit eingebundenem QTVR-Movie finden Sie auf der CD unter: \Workshop\ Kap_10 Publikation\ 10_1 QuickTime

Die Größe des QTVR-Movies beträgt hier 400 x 300 Pixel. Soll der QuickTime-Controller am unteren Rand des Movies sichtbar sein, rechnet man zur Höhe des QTVR noch 16 Pixel hinzu. Das QuickTime-Movie (hier: panorama.mov) muss für dieses Beispiel sich im selben Verzeichnis befinden wie die zugehörige HTML-Datei.

10.1.2 Specials

QuickTime ist in der Lage, im selben Player Panoramen, Video und Sound abzuspielen. QuickTime-Filme sind über Hotspots zu einem Rundgang verlinkbar, ohne dass ein zusätzliches Plug-in erforderlich ist.

Sie können zusätzlich zum QTVR-Movie in die HTML-Datei einen einfachen Soundloop einbinden. Die Sounddatei muss hierfür im QuickTime-Format vorliegen. Sie können mit Hilfe des QuickTime-Players Pro nahezu jede Sounddatei in das QuickTime-Format umwandeln. Wie man einen unsichtbar im Hintergrund laufenden Soundloop in eine HTML-Datei einbindet, zeigt das folgende Beispiel:

```
<OBJECT
classid="clsid:02BF25D5-8C17-4B23-BC80-D3488ABDDC6B"
hidden
codebase="http://www.apple.com/qtactivex/qtplugin.cab">
```

```
<param name="src" value="sound.mov">
<param name="autoplay" value="true">
<param name="controller" value="false">
<param name="cache" value="true">
<param name="loop" value="true">
<EMBED
src="sound.mov"
hidden
autoplay="true"
controller="false"
cache="true"
loop="true"
pluginspage="http://www.apple.com/quicktime/download/">
</EMBED>
</OBJECT>
```

Eine HTML-Datei mit eingebundenem QTVR-Movie und Soundloop finden Sie auf der CD unter: \Workshop\ Kap_10 Publikation\ 10_1 QuickTime

Die Sounddatei (hier: sound.mov) muss sich für dieses Beispiel im selben Verzeichnis befinden wie die zugehörige HTML-Datei. Nachteil dieser einfachen Lösung ist, dass der Benutzer keine Möglichkeit hat, den Sound zu stoppen. Die Beschallung lässt sich nur durch Abschalten der Lautsprecher oder durch Verlassen der Website beenden.

Tipps zum Kombinieren von QuickTime mit verschiedenen Medien finden Sie unter: http://developer.apple.com/techpubs/quicktime/qtdevdocs/ IQT_QTVR/3Chap/_Compositin_R_Panoramas.html [Stand 29.06.2003].

Für weitere Specials wie Surround-Sound, verlinkte Maps oder automatisches Drehen des Panoramas bietet die Squamish Media Group spezielle Software. Die angebotenen Tools heißen SoundSaVR, MapSaVR, NodeSaVR und RevolVR. Nähere Informationen erhalten Sie unter: http://www.smgvr.com [Stand 05.06.2003].

Mit der Software LiveStage Pro können sämtliche QuickTime-Funktionen modifiziert werden. Sie können Audio- und Videospuren hinzufügen und verändern sowie neue Benutzeroberflächen generieren. Weitere Informationen und eine Demo-Version zum Download finden Sie unter: http://www.totallyhip.com/lo/products/lsp [Stand 05.06.2003].

10.2 PTViewer

PTViewer ist ein Java-Applet, mit dem Panoramabilder und Objektmovies im Web dargestellt werden können. Ebenso ist das Abspielen von QTVR-Movies möglich, ohne dass der Benutzer das QuickTime-Plug-in installiert haben muss. Hierfür wird die Erweiterung PTMViewer verwendet.

Um Panoramen und Objektmovies mit PTViewer betrachten zu können, muss Java im Browser installiert und aktiviert sein. Das ist in der Regel der Fall. Bei Windows-Betriebssystemen ab der Version XP wird Java aller-

Sie finden den PTViewer auf der CD unter: \Viewer\ Mac bzw. \Viewer\PC

dings nicht mehr automatisch unterstützt. Stattdessen setzt Microsoft auf eine Eigenentwicklung namens JUMP to .NET. Wer unter Windows XP den Internet Explorer der Version 6 über eine ältere Browserversion installiert, behält die bislang verwendete Java-Engine. Die aktuelle Java-Version steht beim Java-Entwickler Sun zum Download bereit: http://java.sun.com/getjava/de [Stand 10.03.2003].

10.2.1 Einbindung in HTML

10.2.1.1 PTViewer für Panoramen

Die Panoramen werden mit dem Java-Applet PTViewer in eine Website eingebunden. Im Beispiel wird ein Panoramabild im JPG-Format mit dem Java-Viewer wie folgt in eine HTML-Datei integriert:

```
<APPLET
name=ptviewer
archive=ptviewer.jar
code=ptviewer.class
width=400
height=300>
<param name="file" value="panorama.jpg">
<param name=pan value="45">
<param name=tilt value="50">
<param name=fov value="80">
<param name=fovmin value="30">
<param name=fovmax value="120">
<param name=auto value="0.5">
</APPLET>
```

Für dieses Beispiel müssen sich das Panoramabild (hier: panorama.jpg) und das Java-Applet (ptviewer.jar) im selben Verzeichnis befinden wie die HTML-Datei.

Parameter des Java-Applets PTViewer

- width

  Legt die Breite des Panoramafensters in Pixeln fest.

- height

  Legt die Höhe des Panoramafensters in Pixeln fest.

- file

  Der Name des Panoramabildes, das mittels PTViewer dargestellt werden soll.

- pan

  Horizontale Drehposition beim Start des Panoramas. Sie können Werte von -180 bis 180 eingeben. Wird dieser Parameter nicht aufgeführt, ist der Drehwinkel automatisch null.

- tilt

  Vertikale Drehposition beim Start des Panoramas. Sie können Werte von -90 bis 90 eingeben. Wird dieser Parameter nicht aufgeführt, ist der Drehwinkel automatisch null.

- fov

  Zoomfaktor beim Start des Panoramas. Sie können Werte von 12 bis 165 eingeben. Wird dieser Parameter nicht aufgeführt, ist der Bildausschnitt automatisch auf Zoom 70 eingestellt.

- fovmin

  Minimaler Zoomfaktor. Sie können Werte von 12 bis 165 eingeben. Wird dieser Parameter nicht aufgeführt, ist der minimale Zoomwert automatisch auf 12 eingestellt.

- fovmax

  Maximaler Zoomfaktor. Sie können Werte von 12 bis 165 eingeben. Wird dieser Parameter nicht aufgeführt, ist der maximale Zoomwert automatisch auf 165 eingestellt.

- panmax

  Maximaler horizontaler Drehbereich. Sie können Werte von 0 bis 180 eingeben.

- panmin

  Minimaler horizontaler Drehbereich. Sie können Werte von 0 bis -180 eingeben.

- tiltmin

  Minimaler vertikaler Schwenkbereich. Sie können Werte von -90 bis 0 eingeben. Wird dieser Parameter für sphärische Panoramen nicht aufgeführt, steht der minimale Schwenkbereich automatisch auf -90.

- tiltmax

  Maximaler vertikaler Schwenkbereich. Sie können Werte von 90 bis 0 eingeben. Wird dieser Parameter für sphärische Panoramen nicht aufgeführt, steht der minimale Schwenkbereich automatisch auf 90.

- wait

  Es besteht die Möglichkeit, ein Vorschaubild im JPG- oder GIF-Format einzubinden, das während der Ladezeit gezeigt wird. Hierbei sind absolute und relative Pfadangaben möglich.

- auto

  Über den auto-Parameter lässt sich das Panorama beim Start automatisch rotieren. Es können Werte von -360 bis 360 eingegeben werden. Wobei negative Werte eine Drehung nach links bewirken und positive Werte eine Drehung nach rechts.

Weitere Informationen zu den Funktionen des PTViewers erhalten Sie unter:
http://www.all-in-one.ee/~dersch/PTVJ/doc.html [Stand 02.04.2003]
http://home.no.net/dmaurer/~dersch/PTVJ/doc.html [Stand 02.04.2003]

10.2.1.2 PTViewer für virtuelle Rundgänge

Über das PTViewer-Applet lassen sich Hotspots definieren und somit mehrere Panoramen zu virtuellen Rundgängen verbinden. Dieses Kapitel zeigt anhand eines Beispiels, wie Sie sphärische Panoramen mittels PTViewer miteinander verlinken können.

Es gibt zwei grundsätzliche Unterschiede bei der Verlinkung von Panoramen mittels PTViewer: Die erste Variante besteht darin, dass der Hotspot auf eine URL verweist. Die betreffende Website wird bei Klick auf den Hotspot ins Browserfenster geladen. Die zweite Lösung ermöglicht das Laden verschiedener Panoramen in die gleiche HTML-Datei. So muss nur das Panoramabild neu geladen werden, HTML-Inhalte und Java-Applet bleiben identisch. Dies ist die elegantere Lösung, da alle Parameter über eine Datei kontrolliert und verändert werden können. Diese Variante wird im Folgenden ausführlicher vorgestellt.

Wird der Hotspot-Parameter definiert, erscheint im Panorama an der über die x- und y-Koordinaten bestimmten Stelle eine 24 x 24 Pixel große Markierung. Über diesen Hotspot gelangt man zum nächsten Panorama. Die exakte Position eines Hotspots lässt sich komfortabel mit Hilfe eines Bildbearbeitungsprogramms ermitteln. Öffnen Sie hierfür die entsprechende Bilddatei und notieren Sie die x- und y-Koordinaten des gewünschten Bildbereichs. Hierbei muss die Maßeinheit im Programm auf Pixel eingestellt sein.

Wie das PTViewer-Applet inklusive Hotspots in eine HTML-Datei eingebunden wird, zeigt das folgende Beispiel:

```
<APPLET
name=ptviewer
archive=ptviewer.jar
code=ptviewer.class
width=400
height=300>
<param name=file value="ptviewer:0">
<param name=preload value="panorama2.jpg">
<param name=pano0 value="
{file=panorama1.jpg}
{auto=0}
{pan=-20}
{tilt=7}
{fov=70}
{fovmax=100}
{fovmin=20}
{hotspot0=x1887 y392 n'Panorama2' q u'ptviewer:newPanoFromList(1)'}
">
<param name=pano1 value="
{file=panorama2.jpg}
{auto=0}
{pan=0}
{tilt=8}
{fov=75}
{fovmax=100}
{fovmin=20}
{hotspot0=x1013 y629 n'Panorama1' q u'ptviewer:newPanoFromList(0)'}
">
</APPLET>
```

Eine HTML-Datei mit
einem PTViewer-Rund-
gang finden Sie auf der
CD unter: \Workshop\
Kap_10 Publikation\
10_2 PTViewer\
10_2_1_2 Rundgang

Für dieses Beispiel müssen sich alle Panoramabilder des Rundgangs (hier:
panorama1.jpg, panorama2.jpg) sowie das Java-Applet (ptviewer.jar) im
selben Verzeichnis befinden wie die HTML-Datei.

Wichtige Parameter im Zusammenhang mit dem Hotspot-Tag

Hier werden lediglich die für virtuelle Rundgänge relevanten Parameter
des PTViewer-Applets vorgestellt. Alle weiteren Parameter wie pan, tilt
oder auto sind in Kapitel 10.2.1.1 erklärt.

- file

  Definiert das Panorama, das zuerst geladen wird. So steht *ptviewer:0* für
  den Aufruf des Panoramas mit der Bezeichnung *pano0*.

- preload

  Unter preload wird die Ladereihenfolge der Panoramen angegeben, die für einen Rundgang in Hintergrund geladen werden. Hier geben Sie die exakten Dateinamen der Panoramen (hier: *panorama2.jpg)* ein.

- hotspot0=x1887 y392 n'Panorama2' q u'ptviewer:newPanoFromList(1)'

  Über die *x*- und *y*-Koordinaten bestimmt man eine 24 x 24 Pixel große Kreismarkierung. Sind die *x*- und *y*-Werte als Kleinbuchstaben aufgeführt, handelt es sich bei den Parameterwerten um absolute Pixelwerte. Sind *X* und *Y* hingegen großgeschrieben, handelt es sich um prozentuale Angaben bezüglich der Breite und Höhe des Panoramabildes.
  Soll der Hotspot den Namen des Zielpanoramas anzeigen, wird nach *n* der gewünschte Text in Hochkommata eingegeben. Dieser Text wird in der Statuszeile des Browsers angezeigt.
  Mit dem *q*-Parameter wird definiert, dass der betreffende Hotspot ständig sichtbar ist. Wird dieser Parameter nicht gesetzt, sind die Hotspots nur unter bestimmten Bedingungen sichtbar, etwa durch Betätigen der Leertaste beim Abspielen des Panoramas.
  Über *u* wird in Hochkommata der Pfad definiert, unter dem sich die Zieldatei befindet. Hierbei sind absolute und relative Pfadangaben möglich. Für virtuelle Rundgänge bietet sich die Verwendung der Funktion *newPanoFromList()* an. Mit der Ziffer in Klammer wird definiert, welches Panorama (*pano0, pano1* usw.) bei Klick auf den Hotspot ins Viewer-Fenster geladen werden soll.

Weitere Funktionen des PTViewers lassen sich über zusätzliche Parameter definieren. Nähere Informationen erhalten Sie unter:
http://www.all-in-one.ee/~dersch/PTVJ/doc.html [Stand 02.04.2003]
http://home.no.net/dmaurer/~dersch/PTVJ/doc.html [Stand 02.04.2003]

10.2.1.3 PTViewer für Objekte

Objektbildstreifen werden mit dem Java-Applet PTViewer und der Applet-Erweiterung PTObject in eine Website eingebunden. Im Beispiel wird ein Bildstreifen im JPG-Format mit dem Java-Viewer wie folgt in eine HTML-Datei eingebunden:

```
<APPLET
name=ptviewer
archive=ptviewer.jar
code=ptviewer.class
width=400
height=300>
<param name="applet0" value="
{code=ptobject.class}
```

```
{file=objekt.jpg}
{nhor=36}
{nver=1}">
<param name="inits" value="ptviewer:startApplet(0)">
</APPLET>
```

Für dieses Beispiel müssen sich der Bildstreifen (hier: objekt.jpg) und das Java-Applet (ptviewer.jar) im selben Verzeichnis befinden wie die HTML-Datei. Zum Abspielen des Objektmovies muss eine PTViewer-Version verwendet werden, welche die Klasse ptobject.class enthält.

Parameter des Java-Applets PTObject

Hier werden nur die Parameter des PTObject-Applets vorgestellt. Alle weiteren Parameter wie pan, tilt, auto oder wait sind in Kapitel 10.2.1.1 erklärt.

- file

  Der Name des Objektbildstreifens, der mittels PTObject dargestellt werden soll.

- nhor

  Die Anzahl an Einzelbildern auf horizontaler Ebene.

- nver

  Die Anzahl der Bildreihen in vertikaler Richtung.

Mehr Informationen über Erweiterungen von PTViewer (PTObject, PTMovie, PTZoom und weitere) erhalten Sie unter:
http://www.all-in-one.ee/~dersch/PTVJ/helpers.html [Stand 02.04.2003]

10.2.2 Specials

Sound kann mittels PTViewer ebenfalls in eine HTML-Datei eingebunden werden. Der Betrachter benötigt dazu kein weiteres Plug-in. Wer Java aktiviert hat, kann in den Genuss sämtlicher Erweiterungen des PTViewers kommen. Audiodateien können in den Soundformaten au, aiff, wav und midi abgespielt werden. Im vorliegenden Beispiel wird ein Soundloop im au-Format eingebunden, da dieses Audioformat auf jedem Rechner, der Java installiert hat, abgespielt werden kann. Hierbei ist es ratsam, die Audiodatei auf eine Auflösung von 8 bit und eine Samplerate von 8 kHz zu begrenzen.

Eine HTML-Datei mit eingebundenem Sound finden Sie auf der CD unter: \Workshop\ Kap_10 Publikation\ 10_2 PTViewer\ 10_2_2 Sound

Die Audiodatei kann wie folgt mit dem Java-Applet in eine HTML-Datei eingebunden werden:

```
<param name = sound0 value = soundloop.au>
<param name= inits value = ptviewer:PlaySound(0)>
```

Nähere Informationen über Zusatzfunktionen und Erweiterungen von PTViewer erhalten Sie unter:
http://www.all-in-one.ee/~dersch/PTVJ/helpers.html [Stand 02.04.2003]

10.3 iPIX

Sie finden sowohl das iPIX-Plug-in als auch den iPIX-Java-Viewer auf der CD unter: \Viewer\Mac bzw. \Viewer\PC

Für die Darstellung der iPIX-Bilder auf einer Website bieten sich zwei Möglichkeiten an. Verwendet man das iPIX-Image ohne Java-Applet benötigt der Besucher des Webangebots das iPIX-Plug-in. Dieses Plug-in steht zum Download bereit unter: http://www.ipix.com/support/download/plugin.shtml [Stand 02.04.2003]. Bei dieser Variante erhält man eine bessere Bildqualität und erhöhte Drehgeschwindigkeit des Panoramas. Die zweite Möglichkeit ist, das iPIX-Image unter Verwendung des iPIX-Java-Viewers einzubinden. Hier wird kein Plug-in benötigt, allerdings muss Java im Browser installiert und aktiviert sein. Falls Java noch nicht installiert ist, steht die aktuelle Java-Version beim Java-Entwickler Sun zum Download bereit: http://java.sun.com/getjava/de [Stand 10.03.2003].

10.3.1 Einbindung in HTML

Für die Publikation mit iPIX-Plug-in kann jede iPIX-Datei verwendet werden, unabhängig von gewählter Auflösung und Kompression. Bei der Publikation mit dem Java-Applet können ausschließlich iPIX-Dateien verwendet werden, die stark komprimiert sind (*Compression: Internet*). Dateien mit höherer Qualität können mit dem iPIX-Java-Viewer nicht abgespielt werden.

Wenn man iPIX-Panoramen, die über das Plug-in abgespielt werden sollen, in eine HTML-Seite einbinden möchte, gilt es Folgendes zu beachten: Bei Verwendung des netscapespezifischen EMBED-Tags kommt es zu Kompatibilitätsproblemen mit dem Internet Explorer in den Versionen 5.5 und 6.0 für Windows. Das EMBED-Tag hat nie offiziell zum HTML-Standard gehört und sollte nicht mehr angewandt werden. Alternativ kann man iPIX-Panoramen mit dem OBJECT-Tag einbinden, da jedoch ältere Netscape-Versionen (4.x) dieses OBJECT-Tag noch nicht kennen, ist es sinnvoll, beide Tags im Quellcode zu verwenden.

Die Plug-in-Variante bindet man mit folgendem Code in HTML ein:

```
<OBJECT
ID="IpixX1"
width=400 height=300
classid="clsid:11260943-421B-11D0-8EAC-0000C07D88CF"
codebase="http://www.ipix.com/download/ipixx.cab#version=6,2,0,5">
<!-- For MSIE 3,4+ -->
<param name="ipixfilename" value="panorama.ipx">
<!-- For Netscape 3,4+ -->
<EMBED
src="panorama.ipx"
border=0
width=400 height=300
palette="foreground"
type="application/x-ipix"
pluginsPage="http://www.ipix.com/cgi-bin/download.cgi">
</EMBED>
</OBJECT>
```

Eine HTML-Datei mit eingebundener iPIX-Datei finden Sie auf der CD unter: \Workshop\Kap_10 Publikation\10_3 iPIX\ 10_3_1 iPIX plugin

Für dieses Beispiel müssen alle iPIX-Dateien (hier: panorama.ipx) im selben Verzeichnis liegen wie die zugehörige HTML-Datei.

Das iPIX-Java-Applet wird mit folgendem Code in die HTML-Seite eingebunden:

```
<APPLET name="IpixViewer"
code="IpixViewer.class"
archive="IpixViewer.jar"
width="400" height="300">
<param name="url" value="panorama.ipx">
<param name="toolbar" value="on">
<param name="splash" value="wait.jpg">
<param name="splashbg" value="#000000">
<param name="initfov" value="80">
<param name="spinspeed" value="6">
<param name="spinstyle" value="flat">
</APPLET>
```

Eine HTML-Datei mit eingebundenem iPIX-Applet finden Sie auf der CD unter: \Workshop\ Kap_10 Publikation\ 10_3 iPIX\10_3_1 iPIX java

Das iPIX-Applet (IpixViewer.jar) muss sich für dieses Beispiel im selben Verzeichnis befinden wie das iPIX-Image (hier: panorama.ipx) und die zugehörige HTML-Datei.

Parameter des iPIX-Java-Applets

* width

  Legt die Breite des Panoramafensters in Pixeln fest.

* height

  Legt die Höhe des Panoramafensters in Pixeln fest.

* url

  Der Pfad, unter dem sich die iPIX-Datei befindet. Hierbei sind absolute und relative Pfadangaben möglich.

* spinspeed

  Über den spinspeed-Parameter lässt sich das iPIX-Panorama beim Start automatisch rotieren. Es können Werte von -10 bis 10 eingegeben werden. Wobei negative Werte eine Drehung nach links bewirken und positive Werte eine Drehung nach rechts.

* spinstyle

  Mittels des Parameters spinstyle wird die Art der Rotation bestimmt. Wählt man *flat*, dreht sich das Panorama auf horizontaler Ebene, während die Drehung unter *wave* zusätzlich die vertikale Ebene miteinbezieht.

* splash

  Es besteht die Möglichkeit, ein Vorschaubild im JPG- oder GIF-Format einzubinden, das während der Ladezeit gezeigt wird. Hierbei sind absolute und relative Pfadangaben möglich.

* splashbg

  Für dieses Vorschaubild kann eine Hintergrundfarbe gewählt werden. Die Farbwerte müssen als Hexadezimalzahlen (beispielsweise FFFFFF für Weiß) eingegeben werden.

* toolbar

  Mit diesem Parameter wird definiert, ob die Navigationsleiste sichtbar sein soll oder nicht. Für eine sichtbare Leiste wählen Sie *on*, soll die Leiste unsichtbar sein, muss *off* gewählt werden. Wird dieser Parameter nicht aufgeführt, ist die Navigationsleiste automatisch vorhanden.

10.3.2 Specials

Um den iPIX-Bildern Sound oder Hotspots hinzufügen zu können, benötigt man ein zusätzliches Programm namens HotMedia. Dieses Zusatz-Tool ist im Lieferumfang der iPIX-Software enthalten. Wie Sie mehrere iPIX-Panoramen zu einem virtuellen Rundgang verbinden, haben Sie bereits in Kapitel 9.3.3 erfahren. Man kann die mit Sound und Hotspots versehenen iPIX-Panoramen mit dem HotMedia-Java-Applet in Webseiten einbinden (siehe Kapitel 10.4).

10.4 HotMedia

HotMedia ist ein von IBM entwickeltes Java-Applet, mit dem Panoramen, Objektmovies und virtuelle Rundgänge im Web publiziert werden können. Zusätzlich lassen sich weitere Medien wie Video und Sound einbinden. Nähere Informationen zu HotMedia sowie eine Demo-Version der Software sind erhältlich unter: http://www-3.ibm.com/software/awdtools/hotmedia [Stand 02.04.2003].

Die Darstellung über dieses Java-Applet ist nur über die Einbindung in eine HTML-Datei möglich. Ebenso ist es erforderlich, dass Java installiert und im Browser aktiviert ist. Falls Java noch nicht installiert ist, steht die aktuelle Java-Version beim Java-Entwickler Sun zum Download bereit: http://java.sun.com/getjava/de [Stand 10.03.2003].

10.4.1 Einbindung in HTML

Die Panoramen oder Objektmovies werden mit dem HotMedia-Applet in eine Website eingebunden. Es besteht die Möglichkeit, sich von HotMedia aus eine HTML-Datei erzeugen zu lassen (siehe Kapitel 9.3.3) Im Beispiel wird ein Panoramabild im MVR-Format mit dem Java-Viewer wie folgt in eine HTML-Datei integriert:

```
<APPLET
code="hm35.class"
name="HotMedia"
width="400"
height="300">
<param name="mvrfile" value="panorama.mvr">
</APPLET>
```

Eine HTML-Datei mit eingebundenem HotMedia-Applet finden Sie auf der CD unter: \Workshop\ Kap_10 Publikation\ 10_4 HotMedia

Das HotMedia-Applet (hm35.class) muss sich für dieses Beispiel mit allen verwendeten Klassen (Bsp: hm35player.class) im selben Verzeichnis befinden wie die HotMedia-Datei (hier: panorama.mvr) und die zugehörige HTML-Datei.

10.4.2 Specials

Über das HotMedia-Applet können Panoramen, Objektmovies, Video und Sound abgespielt werden. Sie können die HotMedia-Datei mit einem Soundloop verbinden. Im Beispiel wird das in Kapitel 9.3.3 gezeigte iPIX-Panorama mit einem Hintergrundsound kombiniert. Hierzu muss die betreffende Datei mit der Software HotMedia geöffnet werden.
Im Hauptfenster wählen Sie im Bereich *Audio Media* die *Checkbox Background Audio* aus (siehe Abbildung 10.2).

Abbildung 10.2
Über die Funktion
Background Audio
lässt sich Hintergrund-
sound einbinden

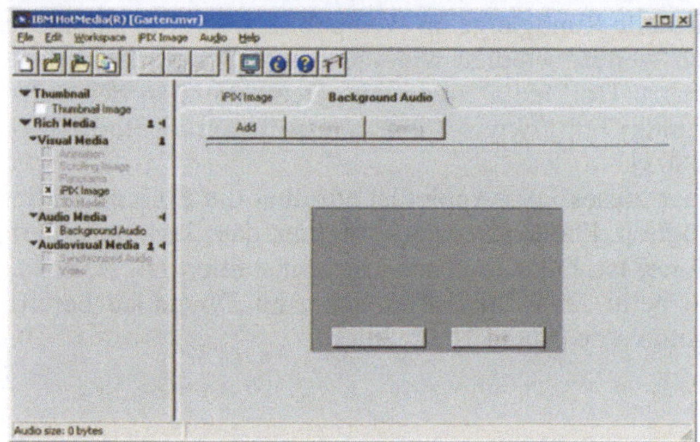

Über den Button *Add* gelangt man ins Auswahlfenster für die jeweilige Sounddatei. Es werden verschiedene Audioformate unterstützt (siehe Abbildung 10.3).

Abbildung 10.3
Im Dialogfenster
Add Audio wird die
Sounddatei ausgewählt

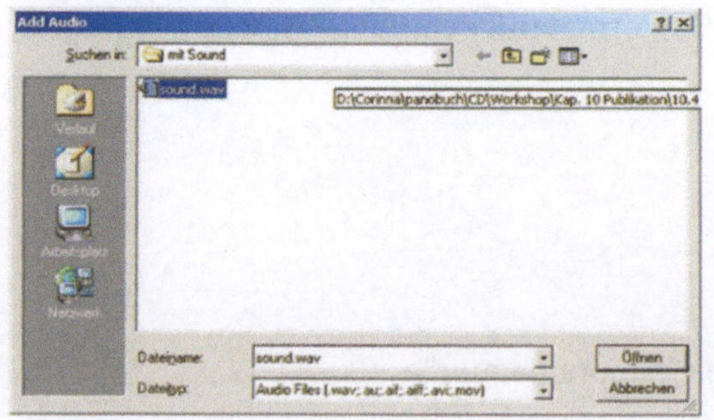

Die Audiodatei wird vor dem Importieren komprimiert (siehe Abbildung 10.4), Sie können hier zwischen drei verschiedenen Qualitätsstufen auswählen.

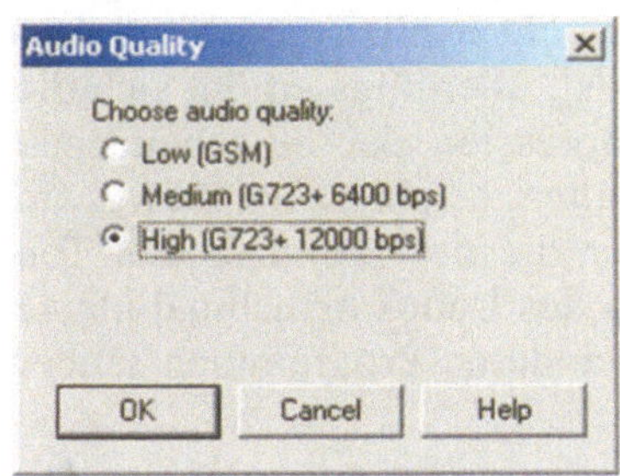

Abbildung 10.4
Im Feld *Audio Quality* lässt sich die Kompression bestimmen

Weitere Eigenschaften der Sounddatei lassen sich im Bereich *Background Audio* über den Button *Options* definieren (siehe Abbildung 10.5).

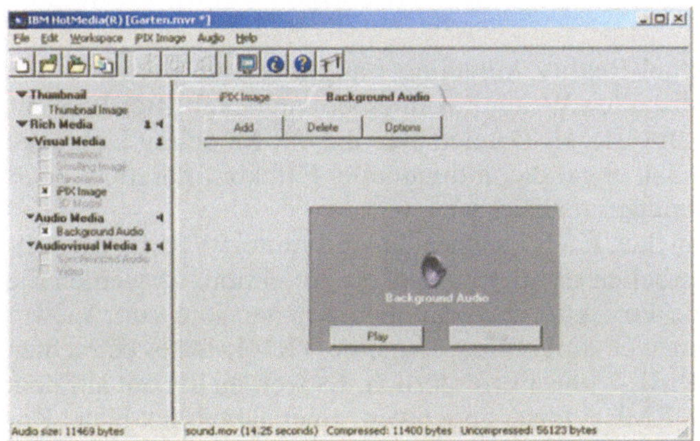

Abbildung 10.5
Über *Options* können weitere Eigenschaften der Audiodatei definiert werden

Im Dialogfenster *Audio Options* (siehe Abbildung 10.6) können Sie beispielsweise einstellen, dass der Sound ständig wiederholt werden soll. Diese Funktion aktivieren Sie mit der Checkbox *Loop continuously*. Im Feld *Automatically start playing audio* lässt sich festlegen, dass der Sound beim Aufruf der Datei automatisch abgespielt wird.

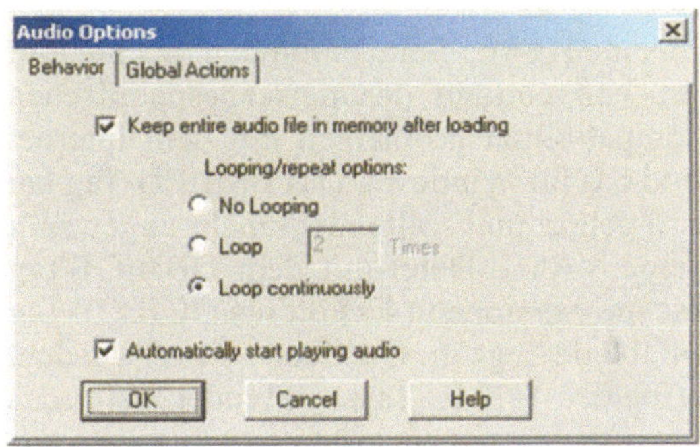

Abbildung 10.6
Im Dialogfenster *Audio Options* lassen sich Eigenschaften wie die Loopfunktion definieren

Eine HTML-Datei mit ein-
gebundenem HotMedia-
Applet finden Sie auf der
CD unter: \Workshop\
Kap_10 Publikation\
10_4 HotMedia

Die kombinierte Datei wird im Hauptfenster unter *File > Save As* gespeichert. Auf Wunsch kann direkt eine HTML-Datei über das Menü *File > Publish* erzeugt werden. Die resultierende Datei mit integriertem Sound wird wie jede andere HotMedia Datei in den HTML-Quellcode integriert (siehe Kapitel 10.4.1). Das Soundfile muss nicht explizit beigefügt werden, da es in die HotMedia-Datei integriert ist, allerdings erhöht sich die Dateigröße abhängig von Größe und Kompression der eingebundenen Audiodatei. Bei Bilddateien, die Sound enthalten, erscheint im Viewer am unteren Bildrand eine Audiosteuerung, über die der Benutzer den Ton steuern kann. Leider gibt es beim Abspielen des Loops manchmal kleine Aussetzer, während dieselbe Audiodatei in anderen Programmen sauber abläuft.

10.5 Cortona VRML-Viewer

Sie finden den Cortona
VRML-Client auf der CD
unter: \Viewer\Mac bzw.
\Viewer\PC

VRML steht für Virtual Reality Modeling Language und wurde für die Visualisierung von virtuellen Welten im Internet entwickelt. Bei Verwendung von 3D-Daten sind VRML-Dateien über die VR Modeling Language programmierbar. So ist etwa die individuelle Farbkonfiguration eines Objekts durch den Benutzer realisierbar.

Doch nicht nur Objekte, auch Panoramen sind mittels VRML darstellbar. VRML-Viewer arbeiten mit der kubischen Projektion, so werden die Würfelseiten für diese Projektion einzeln abgespeichert und vom Viewer für die Darstellung im Web aufgerufen. Um eine VRML-Datei betrachten zu können, ist ein VRML-Viewer erforderlich. Es werden derzeit auf dem Markt verschiedene VRML-Viewer angeboten, einen Überblick bietet Kapitel B.1.7. Hier wird exemplarisch der Cortona-Player vorgestellt, der unter http://www.parallelgraphics.com/products/cortona [Stand 02.04.2003] erhältlich ist.

10.5.1 Einbindung in HTML

Wenn man VRML-Panoramen in eine HTML-Seite einbinden möchte, gilt es Folgendes zu beachten: Bei Verwendung des netscapespezifischen EMBED-Tags kommt es zu Kompatibilitätsproblemen mit dem Internet Explorer in den Versionen 5.5 und 6.0 für Windows. Das EMBED-Tag hat nie offiziell zum HTML-Standard gehört und sollte nicht mehr angewandt werden. Alternativ kann man eine VRML-Datei mit dem OBJECT-Tag einbinden, da jedoch ältere Netscape-Versionen (4.x) dieses OBJECT-Tag noch nicht kennen, ist es sinnvoll, beide Tags im Quellcode zu verwenden. Wie man die VRML-Datei mit beiden HTML-Tags einbindet, zeigt das folgende Beispiel:

```
<OBJECT
classid="clsid:86A88967-7A20-11d2-8EDA-00600818EDB1"
codebase="http://www.parallelgraphics.com/bin/cortvrml.cab#Ver-
sion=4,0,0,76"
width="400"
height="300">
<param name="src" value="panorama.wrl">
<param name="vrml_background_color" value="#000000">
<param name="vrml_dashboard" value="true">
<param name="vrml_splashscreen" value="true">
<param name="contextmenu" value="true">
<EMBED src="panorama.wrl"
width="400"
height="300"
vrml_splashscreen="true"
vrml_dashboard="true"
vrml_background_color="#000000"
contextmenu="true"
type="x-world/x-vrml"
pluginsPage="http://www.parallelgraphics.com/products/cortona">
</EMBED>
</OBJECT>
```

Eine HTML-Datei mit eingebundener VRML-Datei finden Sie auf der CD unter: \Workshop\ Kap_10 Publikation\ 10_5 Cortona VRML

Die VRML-Datei (hier: panorama.wrl) und die eingebundenen Würfelseiten (panorama_nord, panorama_ost, panorama_sued, panorama_west, panorama_oben, panorama_unten) müssen sich für dieses Beispiel im selben Verzeichnis befinden wie die dazugehörige HTML-Datei.

Zusatzfunktionen wie Sound oder die Definition eines bestimmten Startviews bei Panoramen lassen sich nur über die VR Modeling Language programmieren. Nähere Informationen hierzu finden Sie unter: http://www.parallelgraphics.com/products/cortona [Stand 03.06.2003] http://www.vrmlsite.com [Stand 03.06.2003]

10.5.2 Specials

Über so genannte VRML extensions können zusätzliche Viewer-Funktionen geladen werden. Es können sowohl fotografisch aufgenommene als auch mit 3D-Software erzeugte Objekte und Panoramen dargestellt werden. Bei diesen 3D-Renderings können die Betrachter oftmals Eigenschaften wie Farbe, Größe und Bewegung der Panoramen oder Objekte verändern. Die Faktoren für diese Interaktivität werden mit der Virtual Reality Modeling Language (VRML) festgelegt. Nähere Informationen hierzu finden Sie unter: http://www.parallelgraphics.com/developer/ products/cortona [Stand 29.05.2003].

10.6 Panoramen auf Papier

10.6.1 Ausdruck mit Tintenstrahldrucker

Für den Ausdruck von Panoramabildern bietet sich das zylindrische Panoramaformat an. Wird das der Panoramaprojektion im Viewer zugrunde liegende Panoramabild gespeichert, kann es ohne Verzerrung ausgedruckt werden. Ebenso können sphärische Panoramabilder gespeichert und ausgedruckt werden, allerdings weisen diese sphärischen Bilder im oberen und unteren Bildbereich starke Verzerrungen auf. Diese flachen und damit ausdruckbaren Panoramabilder lassen sich mit nahezu jeder Stitching-Software erzeugen. Nähere Informationen hierzu bietet der tabellarische Software-Vergleich in Kapitel 12.

Papierformate
Panoramabilder können auf den meisten handelsüblichen Tintenstrahldruckern ausgedruckt werden. Durch das längliche Format lässt sich ein Panoramastreifen auf einem herkömmlichen DIN-A4- oder DIN-A3-Papier nur mit verhältnismäßig viel Weiß an den Rändern ausdrucken. Abhängig vom Format können auch zwei Panoramabilder auf einem Blatt positioniert werden, so lässt sich die Papierfläche optimal ausnutzen.

Banner-Papier
Von Fotopapierherstellern wie etwa Epson, Canon oder Agfa gibt es so genannte Banner-Papierformate, die sehr gut für Ausdrucke von Panoramabildern geeignet sind. Die maximale Bildbreite differiert von Hersteller zu Hersteller. Übliche Maße solcher Panoramapapiere für DIN-A4-Drucker sind beispielsweise 24,8 cm x 10 cm oder 59,4 cm x 21 cm.

Rollenpapier
Sollen größere Panoramabilder gedruckt werden, empfiehlt sich die Verwendung von so genanntem Rollenpapier. Diese Rollenpapiere gibt es sowohl für DIN-A4- als auch für DIN-A3-Drucker. Maximale Bildhöhe ist bei DIN-A3-Rollenpapier 44 cm, die Breite richtet sich nach der Rollenlänge und kann beispielsweise 20 m betragen. Hersteller von Foto-Rollenpapieren sind beispielsweise Epson, Hewlett Packard oder Fuji.

Um auf solchen Rollenpapieren drucken zu können, benötigt man einen geeigneten Tintenstrahldrucker mit Rollenpapierhalterung. Spezielle Modelle führen unter anderem Hersteller wie Epson, Canon und Hewlett Packard.

10.6.2 Ausbelichten

Bisher gibt es kaum Labore, die Ausbelichtungen in dem speziellen länglichen Panoramaformat anbieten. Man kann Panoramen natürlich auch auf den herkömmlichen Formaten mit dem Seitenverhältnis 2 : 3 ausbelichten lassen und die zwangsläufig entstehenden weißen Ränder später abschneiden. Die meisten Digital-Labore bieten eine maximale Bildgröße von 20 x

30 cm an. Beim Kodak-Labor (http://www.kodak.de [Stand 08.03.2003]) sind Ausbelichtungen beispielsweise in der maximalen Bildgröße von 50 x 70 cm möglich.

Das Digital Fotolabor Fischer in Bad Homburg (http://www.digital-fotolabor.de [Stand 08.03.2003]) bietet Ausbelichtungen im Panoramaformat an. Die maximale Bildbreite beträgt derzeit 30 cm.

Für Panoramaformate gibt es ein spezielles Roundshot-Labor in Leipzig (http://www.roundshot-labor.de [Stand 08.03.2003]). Hier können sowohl Papierabzüge von digitalen Panoramabildern als auch Vergrößerungen von analogen Panoramastreifen in Auftrag gegeben werden. Das Labor bietet einen Scan- und Printservice an. Die maximale Bildbreite liegt bei Vergrößerungen (bis zu 40fach) bei 80 m und bei Prints derzeit bei 50 m.

Roundshot-Labor

11. Vergleich der Aufnahmetechnik

Der Vergleich der Aufnahmetechnik macht für die Panoramafotografie mehr Sinn als für die Aufnahme von Objektmovies. Bei den Objektaufnahmen wird zwischen Singlerow- und Multirow-Technik unterschieden, doch die Verwendung von verschiedenen Kameras und Objektiven führt nicht zu so deutlichen Auswirkungen wie bei der Panoramafotografie. Daher beschränkt sich der Vergleich der Aufnahmetechnik in diesem Kapitel auf die Fotografie von Panoramen.

Je nachdem welches Motiv man fotografieren möchte und wie viel Geld man zur Verfügung hat, stehen für die Produktion von Panoramen verschiedene Möglichkeiten zur Auswahl. Hat man einen großen Etat und möchte Szenen ohne Bewegungen abbilden, empfiehlt sich eine digitale Panoramakamera mit Scantechnik. Für ein sphärisches Panorama wird ein Fisheye-Objektiv mit mindestens 180° Bildwinkel verwendet. Wer ein zylindrisches Panorama produzieren möchte, kann ein Objektiv mit kleinerem Bildwinkel verwenden. Ist die Helligkeit des Motivs ausreichend, kann mit dieser Technik schnell und einfach ein komplettes Panorama während einer Kameraumdrehung aufgenommen werden. Allerdings sind digitale Panoramakameras aufgrund ihrer Scantechnik für die Abbildung von Bewegungen nicht gut geeignet. Hier kommt es zu unschönen Bildfehlern, die sich bei schnell bewegten Objekten als schmale Farbstreifen bemerkbar machen. Bewegt sich das Objekt langsamer, gibt es breitere Verzerrungen. Diese Ergebnisse sind allenfalls für experimentelle Kunst-Panoramen verwendbar. Ist das abzubildende Motiv zu dunkel und lässt es sich auch mit speziellen Lichtsystemen nicht genügend aufhellen, kann das Scannen eines Panoramas bei höchster Auflösung 20 Minuten und länger dauern. Für Nachtaufnahmen in höchster Auflösung würde eine solche Kamera einige Stunden belichten. Die entstehende Abbildung kann für spezielle Effekte schön sein, für realistische Darstellungen dunkler Umgebungen ist diese Technik aber eher unbrauchbar. Unter direkter Sonneneinstrahlung kommt es bei Scankameras abhängig von den Belichtungseinstellungen häufig zu Blooming-Fehlern, sichtbar als vertikale weiße Streifen. Der Anwendungsbereich von diesen Kameras konzentriert sich auf die Panoramafotografie. Für herkömmliche Anwendungszwecke sind sie nicht geeignet. Zudem funktionieren die Steuerung der Kamera sowie das Speichern der Bilder nur über ein angeschlossenes Notebook mit entsprechender Software. Das komplette Equipment ist mit einem

Digitale Panoramakamera

Gesamtgewicht von rund sechs Kilogramm relativ schwer und es dauert verglichen mit anderen Methoden einige Zeit, bis alles aufgebaut ist, was die Einsatzmöglichkeiten etwas beschränkt. Die Anschaffung solcher Spezialkameras lohnt sich nur, wenn häufig Panoramen von unbewegten Szenen, wie etwa virtuelle Rundgänge durch Immobilien, produziert werden sollen.

HDR-Kamera

Es gibt von Spheron eine digitale Scankamera, die zusätzlich mit einer HDR-Funktion ausgestattet ist. Mit dieser Kamera können schnell und einfach sphärische HDR-Aufnahmen mit erhöhtem Kontrastumfang aufgenommen werden. Dieses Modell kostet rund 50.000 € und lohnt sich ebenfalls nur für Profifotografen, die sich auf Panoramen spezialisiert haben.

Analoge Panoramakamera

Bessere Eigenschaften in Sachen Belichtungszeit bieten analoge Panoramakameras. Hier kann eine Szene in wenigen Sekunden abgebildet werden. So stellen auch bewegte Objekte kein Problem dar, je nach Kameraeinstellung können diese scharf abgebildet werden. Der vertikale Schwenkbereich des späteren Panoramas hängt wie immer vom Bildwinkel des verwendeten Objektivs ab. Die Anwendung ist jedoch meist auf zylindrische Panoramen beschränkt. Da das Panoramabild auf Filmmaterial aufgenommen wird, muss die Entwicklungsdauer und die Zeit fürs Digitalisieren beim Produktionsprozess in Betracht gezogen werden. Ebenso die erhöhten Kosten für dieses breitere Filmformat.

Motive mit Bewegung

Für Szenen mit Bewegung ist es von Vorteil, insgesamt so wenig Aufnahmen wie möglich zu machen. Befinden sich die bewegten Motive im Randbereich eines Bildes, kommt es beim Stitchen zu unschönen Überblendungen oder es fehlt sogar ein Teil eines Objekts. Dies kann geschehen, wenn sich das Objekt aus dem Blickfeld der Kamera bewegt, während der Fotograf den Stativkopf für die nächste Aufnahme justiert.

Fisheye-Methode mit zwei Einzelbildern

Eine gute Möglichkeit, Bewegungen im Panorama abzubilden, bietet neben den analogen Panoramakameras die Fisheye-Methode. Hierbei wird durch die Verwendung eines 8-mm-Fisheye-Objektivs ein sphärisches Panorama erzeugt, indem zwei exakt gegenüberliegende Bilder aufgenommen werden. Durch den großen Bildwinkel über 180° ist die Abbildung von bewegten Objekten sehr gut realisierbar, solange sie sich nicht im Randbereich eines Einzelbildes befinden. Bei iPIX wird die Verwendung zweier solcher Bilder favorisiert. Mit dem iPIX Rotator-Stativkopf, der für einige Kameramodelle in einer speziellen Ausführung angeboten wird, können die beiden Hemisphären relativ schnell und ohne aufwendige Justierung aufgenommen werden (siehe Kapitel 7.2.4). Man ist dadurch sehr flexibel und kann aufgrund des verringerten Aufbaus Panoramen auch an Orten fotografieren, die schnelles Vorgehen erfordern, wie etwa Aufnahmen von belebten Innenstädten. Es sollte bei dieser Technik unbedingt darauf geachtet werden, die Bilder in höchstmöglicher Auflösung aufzunehmen, da durch die geringe Einzelbildanzahl auch die Gesamtpixelzahl des Panoramas und damit die Bildqualität nicht so hoch ist wie bei Techniken, die mehr Bilder einsetzen.

Für ein sphärisches Panorama kann statt mit zwei auch mit vier Fisheye-Bildern gearbeitet werden. Die Verwendung von vier Fisheye-Bildern bietet mehr Bildinformation und ermöglicht somit eine höhere Bildqualität. Zudem wirkt die Verzerrung durch die Fisheye-Linse nicht mehr so intensiv, da sich die Einzelbilder mehr überlappen als bei der iPIX-Technik.

Fisheye-Methode mit vier Einzelbildern

Wie bei der iPIX-Technik kann auch hier das Equipment relativ schnell aufgebaut werden. Wählt man leichte Komponenten, ermöglicht dies den Transport der kompletten Ausrüstung auch an ungewöhnliche Orte, wie etwa einen Berggipfel. Fisheye-Objektive haben den Vorteil, dass sie einen großen Bildwinkel abdecken und man dadurch mit einer verhältnismäßig geringen Anzahl von Einzelbildern ein sphärisches Panorama aufnehmen kann. Von den insgesamt vier Bildern wird je eines in jede Himmelsrichtung aufgenommen. Man hat mit diesen vier Bildern genug Bildmaterial für die anschließende Bildbearbeitung und zudem den Vorteil, dass man verhältnismäßig schnell ein komplettes sphärisches Panorama erstellen kann.

Mit der Multirow-Technik können zylindrische und sphärische Panoramen aufgenommen werden. Durch die Verwendung von beispielsweise lediglich zwei Bildreihen kann ein zylindrisches Panorama mit erhöhtem vertikalem Schwenkbereich produziert werden. Für ein sphärisches Panorama sind mehrere solcher Bildreihen erforderlich, um die gesamte Kameraumgebung abzubilden. Die Multirow-Technik bietet durch die Anzahl der Bilder eine hohe Auflösung, hat aber den Nachteil, dass bewegte Motive unter Umständen nur teilweise im gestitchten Panorama abgebildet werden. Dies kann bei Passanten oder im Straßenverkehr problematisch sein. Man kann diesen Effekt aber auch bewusst einsetzen und beispielsweise Personen mehrmals in einem Panorama abbilden. Das setzt voraus, dass die betreffenden Personen ihre Position nur auf Anweisung des Fotografen ändern. Durch die Anzahl der Einzelbilder erhöht sich die Aufnahmedauer des kompletten Panoramas. Ein großer Vorteil der Multirow-Technik ist, dass man kein teures Kamera-Equipment benötigt. Gute Ergebnisse können selbst mit einer digitalen Kompaktkamera erzielt werden. Für die Aufnahmen empfiehlt sich die Verwendung eines Multirow-Stativkopfes (siehe Kapitel 7.2.4). Ein solcher Stativkopf erleichtert das Finden und Justieren des Nodalpunktes und ermöglicht eine präzise Einstellung der horizontalen und vertikalen Kameraposition.

Multirow-Technik

Die Singlerow-Technik ist die vereinfachte Form des Multirow-Verfahrens, hier wird lediglich eine Bildreihe aufgenommen. Meist wird diese Aufnahmetechnik für die Produktion zylindrischer Panoramen eingesetzt. Der Nodalpunkt lässt sich mit den in Kapitel 6.2.5 vorgestellten Panorama-Stativköpfen justieren und so können schnell und effektiv Panoramareihen aufgenommen werden.

Singlerow-Technik

Neben der Projektionsform hat die Aufnahmetechnik und damit die Anzahl der Einzelbilder einen großen Einfluss auf die Bildqualität und die Anmutung für den Betrachter. Je mehr Bilder gemacht wurden, desto weniger verzerrt wirkt das Panorama auf dem Bildschirm. Grundsätzlich gilt: Je höher die Auflösung des Ausgangsbilds für die Panoramaprojektion,

Anzahl der Einzelbilder beeinflusst das Ergebnis

desto besser ist die Qualität des interaktiven Panoramas. Auch beim Stitchen ist es von Vorteil, eine hohe Auflösung zu haben, denn so steht mehr Bildinformation zur Verfügung, um Überlappungspunkte zu definieren.

12. Vergleich der Software

In diesem Kapitel werden die im Buch vorgestellten Software-Produkte
für Panorama-Stitching und zur Erzeugung von Objektmovies miteinander
verglichen. Spezielle Software-Anwendungen, die mit den Panoramakameras oder Parabolspiegeln ausgeliefert werden und deren Gebrauch
nur in Kombination mit den jeweiligen Produkten sinnvoll ist, werden hier
nicht in den Vergleich mit einbezogen.

REALVIZ Stitcher ist eine Stitching-Software zur Bearbeitung von
Panoramen und virtuellen Rundgängen. Objektmovies können mit der
Software nicht erzeugt werden. Man hat hier die Möglichkeit, Fotos, die
mit rechtwinklig abbildenden Objektiven gemacht wurden, zu stitchen.
Fisheye-Bilder können mit REALVIZ Stitcher nicht bearbeitet werden.
Die Bilder werden an den Überlappungskanten manuell übereinander gelegt, die Software blendet anschließend die Einzelbilder zu einem Panoramabild zusammen. Auf Wunsch können Farb- und Helligkeitsunterschiede
ausgeglichen werden. Es empfiehlt sich jedoch, diesen Bearbeitungsschritt
mit gesonderter Bildbearbeitungs-Software durchzuführen, da dort präzi-
sere Einstellmöglichkeiten bestehen. REALVIZ Stitcher ist außerdem in
der Lage, Verzerrungen zu beseitigen, die durch die Verwendung von
Weitwinkelobjektiven entstanden sind. Über die Funktion „Artifact Removal" können unerwünschte Bildbereiche beseitigt werden. Die Software
beherrscht viele Panoramaformate. Man kann zylindrische und kubische
QTVR-Movies, sowie zylindrische, sphärische und kubische Bilder in verschiedenen Dateiformaten erzeugen. Es besteht zudem die Möglichkeit,
Shockwave-Dateien für Director und VRML-Dateien für VRML-Viewer
zu exportieren. Überdies können Bilder sehr komfortabel von einem Panoramaformat in ein anderes konvertiert werden. Zusätzlich zum Stitchen
von Panoramen können mit dieser Software Hotspots definiert und so einzelne Panoramen zu virtuellen Rundgängen verknüpft werden.

Mit dem Software-Paket Panorama Tools (PTools) sind unter anderem
Korrekturen von Abbildungsfehlern möglich, das Stitchen von Panoramen
sowie die Herstellung von Objektmovies. Die PTools-Software ist für Anfänger nicht besonders intuitiv bedienbar, bietet jedoch sehr viele Bearbei-
tungsmöglichkeiten. Für das Stitchen von Panoramen empfiehlt sich der
Einsatz von grafischen Benutzeroberflächen wie PTGui oder PTMac. Diese Zusatz-Software vereinfacht das Arbeiten mit PTools, da sie die für den
jeweiligen Arbeitsschritt erforderliche PTools-Applikation automatisch

REALVIZ Stitcher

PTools

aufruft. PTools wird über ein Script gesteuert, in dem die genauen Parameter der Einzelbilder wie Panorama- und Dateiformat, Bildwinkel, Größe und Position festgehalten werden. Dieses Script wird gesondert abgespeichert und kann mit jedem Texteditor eingesehen werden. Das macht den dahinter stehenden Algorithmus sehr transparent. Die anderen hier vorgestellten Programme bieten diesen Einblick nicht, dort spielt sich alles im Hintergrund ab. Die Festlegung der Überlappungsbereiche geschieht bei PTools über bestimmte Stitching-Punkte, die an allen Nahtstellen zu den angrenzenden Bildern gesetzt werden. Man benötigt pro Nahtstelle mindestens drei Punkte. Je mehr Punkte definiert werden, desto präziser wird die Überlappungskante. Diese Stitching-Punkte sollten einen hohen Kontrastumfang aufweisen, andernfalls können sie nicht als Referenzpixel fürs Stitchen verwendet werden. Große monochrome Flächen wie etwa der Nachthimmel sind daher mit PTools schwierig zu bearbeiten. Die Koordinaten der Einzelbilder bestimmen einen Großteil des Scripts, anhand dessen die PTStitcher-Applikation von PTools die Bilder zusammensetzt. Außer dem reinen Stitchen der Einzelbilder zum Panoramabild stellt PTools eine Reihe zusätzlicher Software für die Bildbearbeitung zur Verfügung. So können optische Verzerrungen einzelner Bilder beseitigt, digitales Rauschen reduziert und Objektmovies erzeugt werden. PTools bietet eine Reihe von Panoramaformaten an, so sind zylindrische, sphärische oder kubische Darstellungen möglich. Mit der Software PTools und dem dazugehörigen Java-Applet PTViewer können zudem Hotspots definiert und somit virtuelle Rundgänge realisiert werden.

iPIX Builder

Die Software iPIX Builder ermöglicht ausschließlich die Produktion sphärischer Panoramen auf Grundlage von zwei Fisheye-Bildern. Zur Bearbeitung können hier die Positionen der beiden Halbkugeln in x- und y-Richtung definiert, die Radien größer oder kleiner gemacht sowie die Hemisphären gedreht werden. Je exakter die Position der beiden Fisheye-Bilder definiert ist und je unsichtbarer die Nahtkante erscheint, desto weniger muss hinterher retuschiert werden. Für die Bearbeitung dieser Nahtkante mit Photoshop muss das Bild im so genannten „editable"-Format gespeichert werden. Dafür benötigt man einen 30-stelligen Key, der für jedes Panorama 25 US-$ kostet. Für den finalen Speichervorgang ist wieder derselbe Key notwendig, sonst kann nicht gespeichert werden. Bei diesem Vorgang sollte man unbedingt alle erforderlichen Größen- und Qualitätsvarianten speichern. Was bei diesem letzten Speicherschritt nicht gespeichert wurde, kann nur unter Einsatz eines weiteren Keys verändert werden. Es ist vor allem in der Einarbeitungsphase sehr hinderlich, für jedes bearbeitete Panorama bezahlen zu müssen. Doch auch wenn man die Software beherrscht, wird man durch dieses Abrechnungsverfahren am Ausprobieren gehindert. Die iPIX-Software ist nicht in der Lage, so zahlreiche Datei- und Panoramaformate zu verarbeiten wie REALVIZ Stitcher oder PTools. Zudem wird beim Speichern lediglich die Auswahl unter festen Voreinstellungen angeboten. Über das mit der iPIX-Software mitgelieferte Zusatzprogramm HotMedia können Hotspots gesetzt werden und so virtuelle Rundgänge angelegt werden.

Mit der Software VR Worx ist die Bearbeitung von Panoramen und Objektmovies möglich. Zudem können virtuelle Rundgänge erzeugt werden. VR Worx unterteilt sich in drei Bestandteile: VR PanoWorx zum Stitchen von zylindrischen Panoramen, VR ObjectWorx zur Herstellung von Objektmovies und VR SceneWorx zur Verlinkung von Panoramen zu virtuellen Rundgängen. VR Worx unterstützt lediglich das QTVR-Format, der Export anderer Dateiformate ist nicht möglich. Die Software bietet als Komplettpaket vielfältige Einsatzmöglichkeiten. Der Workflow ist intuitiv erlernbar und zieht sich stringent durch alle drei Software-Bereiche. Im Bereich Panorama-Stitching läuft der Stitching-Vorgang automatisiert ab, die Bilder werden von der Software selbsttätig überlappt. Die Positionen der Einzelbilder können jedoch manuell optimiert werden. Bei der Produktion von Objektmovies können vielfältige Effekte eingesetzt werden, mit deren Hilfe die Qualität der Objektdarstellungen verbessert werden kann. Die Verlinkung von Panoramen und Objektmovies zu virtuellen Rundgängen lässt sich bei der Bearbeitung mit einer Grundrisskarte unterstützen. Auf diese Weise wird die Orientierung vor allem bei großen Rundgängen beträchtlich erleichtert.

Die Software easyPanoram ermöglicht die Produktion sphärischer und kubischer Panoramen. Zu Bearbeitung können ausschließlich Fisheye-Bilder verwendet werden. Sie haben zur Wahl, ob Sie zwei, drei oder vier solcher Bilder verwenden möchten. Zur Bearbeitung können hier die Positionen der Halbkugeln in x- und y-Richtung definiert, die Radien größer oder kleiner gemacht sowie zu den Kanten hin abgerundet werden. Zudem kann jedes Einzelbild gedreht werden, um die optimale Ausrichtung zu finden. Je exakter die Position der Fisheye-Bilder definiert wird, desto unsichtbarer erscheinen die Überlappungskanten. Die kubischen Panoramen können im VRML- und im Renderware-Format exportiert werden. Sphärisch projizierte Panoramabilder können für die Publikation mittels Java-Applet PTViewer gespeichert werden. Über das PTViewer-Applet besteht die Möglichkeit, Hotspots zu definieren und so virtuelle Rundgänge zu realisieren.

QTVR Edit Object ist nur für die Herstellung von Objektmovies im QTVR-Format geeignet. Aus einer Reihe von Objektdarstellungen wird zunächst mit Hilfe des Players QuickTime Pro ein einfacher QuickTime-Film erzeugt. Dieser Film enthält noch keine interaktiven Elemente und kann nur normal abgespielt werden. Dieses QuickTime-Movie kann mit Hilfe von QTVR Edit Object in eine interaktive QTVR-Objektpräsentation umgewandelt werden. Hierbei können Sie diverse Einstellungen bezüglich der Abspieleigenschaften vornehmen.

In der folgenden Tabelle findet sich eine kurze Gegenüberstellung der Software zur Produktion von digitalen Panoramen und Objektmovies.

Tabellarischer Vergleich der Software

Funktionen	REALVIZ Stitcher 3.5	PTools 2.6	iPIX Builder 5.0
Plattformen	Mac, Win	Linux, Mac, Win	Mac, Win
Preis	499 €	Freeware PTGui, PTMac: 49 €	99 US-$ (Software) 25 US-$ (pro Panorama)
Verwendungsform	Panoramen, virtuelle Rundgänge	Panoramen, Objektmovies, virtuelle Rundgänge	Panoramen, virtuelle Rundgänge (nur über die Zusatz-Software HotMedia)
Stitching-Technik	Singlerow, Multirow	Singlerow, Multirow	Singlerow (Fisheye)
Objektivtypen	nur rechtwinklig abbildende, keine Fisheyes	rechtwinklig abbildende und Fisheyes	nur 8-mm-Fisheyes
Korrektur von Abbildungsfehlern	Ja	Ja	Nein
Importformate	bmp, cin, iff, jpg, pgm, pict, png, pnm, ppm, rgb, sgi, tdi, tga, tif	bmp, jpg, png, pict, ppm, tif	bmp, jpg, tif
Exportformate	iff, jpg, pic, png, ppm, sgi, tga, tif	bmp, jpg, png, psd, tif	bmp, ipix, jpg
Projektionsformate	plan, zylindrisch, sphärisch, kubisch	plan, zylindrisch, sphärisch, kubisch	sphärisch, kubisch
Umwandlung von Projektionsformaten	Ja	Ja	Nein
Panoramaformate	cylindrical QTVR, cubic QTVR, Shockwave 3D, VRML, Cylindrical, Cubical, Spherical	Cylindrical, Equirectangular, QTVR, VRML, Live Picture Java	iPIX Image, cubic QTVR, Equirectangular

Tabellarischer Vergleich der Software

Funktionen	VR Worx 2.0	easy Panoram 1.3	QTVR Edit Object 2
Plattformen	Mac, Win	Win	Mac
Preis	299 US-$ (komplett) 89-149 US-$ (einzeln)	349 €	Freeware
Verwendungsform	Panoramen, Objektmovies, virtuelle Rundgänge	Panoramen	Objektmovies
Stitching-Technik	Singlerow	Singlerow (Fisheye)	–
Objektivtypen	rechtwinklig abbildende und Fisheyes (allerdings keine 8 mm)	nur 8-mm-Fisheyes	–
Korrektur von Abbildungsfehlern	Ja (bei VR PanoWorx)	Nein	–
Importformate	bmp, jpg, psd, pict, png, sgi, tga, tif	bmp, jpg	QuickTime
Exportformate	bmp, jpg, psd, pict, png, sgi, tga, tif	bmp, jpg	QTVR
Projektionsformate	zylindrisch	sphärisch, kubisch	–
Umwandlung von Projektionsformaten	Ja	Nein	–
Panoramaformate	cylindrical QTVR, Object QTVR	VRML, Equirectangular	Object QTVR

13. Vergleich der Viewer

Die verschiedenen Publikationsformen sowie deren Einbindung in Websites sind in Kapitel 10 näher erläutert. In diesem Kapitel erfolgt ein vergleichender Überblick über die gängigsten Viewer-Lösungen inklusive eines tabellarischen Vergleichs der hier vorgestellten Viewer.

Um cubic QTVR-Movies betrachten zu können, benötigt man das QuickTime-Plug-in in der Version 5 oder höher. Ältere QuickTime-Versionen beherrschen nur die zylindrische Panoramaprojektion, hier können keine kubischen QTVR-Movies dargestellt werden. Das QuickTime-Plug-in lässt sich kostenlos downloaden. Die Installationsdatei ist zirka 500 KB groß. QuickTime bietet die Möglichkeit, zusätzlich zu den Panoramen verschiedene andere Medien zu integrieren wie etwa Videos oder Sound. Auch Hotspots für virtuelle Rundgänge lassen sich problemlos einbinden. Der QuickTime-Viewer unterstützt alle diese Zusatzfunktionen, so dass keine weitere Software benötigt wird.

QuickTime-Player

QuickTime bietet verglichen mit anderen Viewer-Lösungen eine sehr gute Bildqualität. Wobei Qualität und Dateigröße vom gewählten Komprimierungs-Codec abhängen. Im Panorama lässt sich gut navigieren, die Mausbewegungen werden exakt umgesetzt. Dadurch erhält der Benutzer einen sehr realistischen Eindruck. Abhängig von den Einstellungen beim Erstellen der QTVR-Datei kann beim Ladevorgang bereits das komplette Panorama sichtbar sein, allerdings noch unscharf. Je mehr Bildinformation geladen ist, desto deutlicher wird das Bild. Es kann schon während des Downloads im Panorama navigiert werden. Der Benutzer wird so während des Ladevorgangs unterhalten und ist eher bereit, die Zeit zu warten, bis das Panorama komplett geladen ist. Bei den Objektmovies hingegen erscheint das erste Bild des Movies beim Aufruf der Datei, die restlichen Bilder werden nach und nach geladen. Daher ist erst nach Beendigung des Ladevorgangs eine komplette Objektdrehung um 360° möglich.

Java-Viewer benötigen kein extra Plug-in, jedoch muss Java installiert und im Browser aktiviert sein. Das ist meistens der Fall. Bei Windows-Betriebssystemen ab der Version XP wird Java allerdings nicht mehr automatisch unterstützt. Stattdessen setzt Microsoft auf eine Eigenentwicklung namens JUMP to .NET. Wer unter Windows XP den Internet Explorer der Version 6 über eine ältere Browserversion installiert, behält die bislang verwendete Java-Engine. Die aktuelle Java-Version steht beim Java-Entwickler Sun zum Download bereit. Die Installationsdatei ist zirka 10 MB

Java-Lösungen

groß. Java-Programme werden rechnerseitig in einen Bytecode übersetzt, zu dessen Ausführung ein Interpreter notwendig ist. Daher benötigen rechenintensive Anwendungen wie ein Panorama-Viewer relativ viel Rechenzeit und reagieren nicht ganz so schnell auf Mausbewegungen wie die Plug-in-Lösungen. Dies ist vor allem bei älteren Rechnern mit langsameren Prozessoren problematisch.

PTViewer   Bei den Java-Anwendungen muss das zugehörige Viewer-Applet bei jedem Aufruf der Website zusätzlich zur Bilddatei und den anderen Seiteninhalten heruntergeladen werden. Die Dateigröße des PTViewer-Applets beträgt 35 KB. Der Betrachter bekommt die Panoramen und Objekte erst nach Beendigung des kompletten Ladevorgangs zu Gesicht und kann auch erst dann navigieren. Sound und andere Specials können dem PTViewer über ein Zusatz-Applet hinzugefügt werden.

iPIX   Für die Darstellung von iPIX-Panoramen auf einer Website bieten sich zwei Möglichkeiten. Entweder über das Plug-in oder mittels Java-Applet. Wird das iPIX-Image ohne Java-Applet verwendet, benötigt der Besucher des Webangebots das iPIX-Plug-in. Die Installationsdatei des iPIX-Plug-ins hat eine Dateigröße von zirka 800 KB. Betrachtet man die Website mit dem Plug-in erhält man eine bessere Bildqualität und erhöhte Drehgeschwindigkeit des Panoramas. Für die Publikation mit iPIX-Plug-in kann jede iPIX-Datei verwendet werden, unabhängig von Auflösung und Kompression. Die zweite Möglichkeit besteht darin, das iPIX-Image unter Verwendung des iPIX-Java-Viewers einzubinden. Bei dieser Lösung benötigt man kein Plug-in, allerdings muss Java installiert und im Browser aktiviert sein. Der Java-Viewer hat eine hohe CPU-Auslastung und ist daher verglichen mit der Plug-in-Lösung langsamer. Außerdem muss auch hier das Java-Applet mit 47 KB zusätzlich zum iPIX-Bild und den anderen Seiteninhalten bei jedem Aufruf der Website mitgeladen werden. Bei der Publikation mit dem Java-Applet können ausschließlich iPIX-Dateien verwendet werden, die im kleinsten Format komprimiert wurden. Dateien mit höherer Qualität können mit dem Java-Viewer nicht abgespielt werden.

Erst nach dem vollständigen Laden des Java-Applets und des iPIX-Bildes kann darin navigiert werden. Bei der Plug-in-Variante ist die Vorschau ähnlich gelöst wie bei QuickTime. Sobald genügend Bildinformation geladen ist, sieht man bereits das komplette Panorama und kann sich frei darin bewegen, bis die vollständige Datei geladen ist. Man hat bei beiden iPIX-Lösungen die Möglichkeit, Sound und Hotspots einzubinden. Dies geschieht mit Hilfe der HotMedia-Software und über ein zusätzliches Java-Applet. Der Betrachter benötigt keine weitere Software, um diese Erweiterungen nutzen zu können.

HotMedia   HotMedia ist eine von IBM entwickelte Rich-Media-Anwendung, die für Webanwendungen über ein Java-Applet nutzbar gemacht wird. Über das HotMedia-Applet können Panoramen, Objekte, Grafiken, Sound und Video verknüpft werden. Die Hotspots werden rot umrandet dargestellt und können mit Text kombiniert werden. Auf diese Weise sind die Hotspots gut erkennbar und führen auch ungeübte Benutzer sehr gut durch Rundgänge. Der Betrachter kann die Panoramen und Objekte erst nach

Beendigung des kompletten Ladevorgangs betrachten und auch erst dann darin navigieren. Das HotMedia-Applet ist je nach Version zwischen 10 und 12 KB groß und wird bei jedem Aufruf der Website zusätzlich zu den Inhalten übertragen.

Um eine VRML-Datei betrachten zu können, ist ein VRML-Viewer erforderlich. Diese Viewer stehen als Browser-Plug-ins auf diversen Websites zum Download bereit. Hier im Buch wird exemplarisch der Cortona VRML-Client vorgestellt. VRML-Viewer arbeiten mit kubischer Projektion, so werden die Würfelseiten für diese Projektion einzeln abgespeichert und vom Viewer für die Darstellung im Web aufgerufen. Im Panorama kann während des Downloads navigiert werden. Alle bereits geladenen Würfelseiten werden im Viewer angezeigt. Die Installationsdatei des Cortona-Players ist zirka 1,5 MB groß. Über so genannte VRML extensions können zusätzliche Viewer-Funktionen geladen werden. Zusatzfunktionen wie Sound oder die Definition eines bestimmten Startviews bei Panoramen lassen sich nur über die VR Modeling Language programmieren. Es können sowohl fotografisch aufgenommene Objekte und Panoramen dargestellt werden als auch solche, die mit 3D-Software erstellt wurden. Bei diesen 3D-Renderings können die Betrachter oftmals Eigenschaften wie Farbe, Größe und Bewegung der Panoramen oder Objekte verändern. Die Faktoren für diese Interaktivität werden mit der Virtual Reality Modeling Language (VRML) festgelegt.

Die Navigation ist bei allen hier vorgestellten Viewern sehr ähnlich. Wird die Maus bei gedrückter linker Maustaste in eine Richtung bewegt, drehen sich Panoramabild oder Objekt ebenfalls in diese Richtung. Die Mausposition wird bei QTVR als Kreis (Panorama) oder Hand (Objekt) dargestellt, der PTViewer zeigt die aktuelle Position mit dem gewohnten Pfeil-Mauszeiger an. Die iPIX-Viewer haben je nach Art der Publikation unterschiedliche Maussymbole. Die Java-Lösung zeigt die jeweilige Mausposition als Pfeil. Bei der Darstellung über das Plug-in wird die Mausrichtung mit einer Hand und die Möglichkeit zum Zoomen mit einer Lupe angezeigt. Diese ständige Darstellung der Mausposition erleichtert zwar die Verständlichkeit der Navigation für den Betrachter, jedoch fühlen sich manche Benutzer durch zu große Navigationszeiger im Genuss der Panoramadarstellung gestört.

Eine Zoomfunktion bei Panoramen bieten außer dem Cortona VRML-Client alle Viewer gleichermaßen an. Der Zoomfaktor wird meist in der Panoramadatei festgelegt. Bei QTVR geschieht das beim Veröffentlichen, hier kann der Zoombereich numerisch eingegeben werden. Bei iPIX ist der Zoombereich in der Software festgelegt, es kann lediglich durch die Auswahl des Startblickwinkels vor dem Speichern der Anfangs-Zoomfaktor definiert werden. Beim PTViewer ist die Stärke des Zooms im Applet festgelegt und kann durch Eingabe der gewünschten Parameter in der HTML-Datei beeinflusst werden. Um dem Anwender die Möglichkeit zum Vergrößern und Verkleinern des Bildes zu geben, sollte man bei der Definition des Start-Zoomfaktors einen Mittelwert des gesamten Zoombereichs wählen.

Automatische Drehung   Fast alle Lösungen bieten die Möglichkeit, Panoramen und Objekte mit der so genannten Autorotate-Funktion beim Start der Anwendung automatisch in eine Richtung drehen zu lassen. Für ungeübte Benutzer wird so der Einstieg in diese Form der interaktiven Bilddarstellung erleichtert.

Um möglichst viele Anwender mit unterschiedlich ausgestatteten Rechnern zu erreichen, ist es ratsam, ein Panorama in verschiedenen Formaten anzubieten. Beispielsweise eine Java-Lösung und eine Plug-in-Variante. Diese Varianten werden am besten in unterschiedlicher Dateigröße angeboten, so können die Besucher der Website die für sie optimale Lösung auswählen.

Die folgende Tabelle enthält eine kurze Gegenüberstellung der Viewer-Software, insbesondere in Bezug auf die Funktionalität der Anwendungen. Weitere Informationen finden Sie unter: http://www.panoguide.com/publish/viewers.html [Stand 15.03.2003].

Tabellarischer Vergleich der Viewer

Funktionen	QuickTime 6.0	Cortona Player 4.1	iPIX Player 6.2
Viewer-Typ	Plug-in / ActiveX	Plug-in / ActiveX	Plug-in / ActiveX
Stand-alone-Player	Ja	Ja	Ja
Verwendungsform	Panorama, Objektmovies	Panorama, Objektmovies	Panorama
Projektionsform	zylindrisch, kubisch	kubisch	sphärisch
Zoom	Ja	Ja (allerdings nicht bei Panoramen)	Ja
Hotspots	Ja	Nein	Ja (über HotMedia)
Autorotate	Ja	Nein	Ja
Integrierbarkeit anderer Medien	Sound, Video, Bilder,	Sound (über VRML)	Sound (über HotMedia)
Navigierbarkeit während der Ladezeit	Ja	Ja	Ja

Tabellarischer Vergleich der Viewer

Funktionen	iPIX Java Viewer 4.0	HotMedia 3.5	PTViewer 2.1
Viewer-Typ	Java	Java	Java
Stand-alone-Player	Nein	Nein	Ja (mit der Stand-alone-Version 0.4)
Verwendungsform	Panorama	Panorama, Objektmovies	Panorama, Objektmovies
Projektionsform	sphärisch	zylindrisch, sphärisch	zylindrisch, sphärisch, kubisch
Zoom	Ja	Ja	Ja
Hotspots	Ja (über HotMedia)	Ja	Ja
Autorotate	Ja	Ja	Ja
Integrierbarkeit anderer Medien	Sound (über HotMedia)	Sound, Video, Bilder	Sound, Video, Bilder
Navigierbarkeit während der Ladezeit	Nein	Nein	Nein

14. Anwendungsmöglichkeiten

Für Architekten und Gutachter gewinnt die Dokumentation des momentanen Entwicklungsstands von Gebäuden immer mehr an Bedeutung. Mit herkömmlichen fotografischen oder filmischen Mitteln wird jedoch meist nur ein bestimmter Blickwinkel aufgezeichnet. Für die neutrale Darstellung einer räumlichen Situation sind diese Verfahren daher weniger geeignet. Mit Hilfe der digitalen Panoramen ist indessen eine vollständige Dokumentation von Räumen und Plätzen möglich. Beim Einsatz von sphärischen Panoramen können alle Details in der Kameraumgebung erfasst werden.

Dokumentation von Architektur

Solche Panoramen werden außer in der Architektur und Innenarchitektur in vielen anderen Bereichen eingesetzt. Vorstellbar sind ebenso die Einsatzgebiete Kultur, Museen, Archäologie, Tourismus, E-Learning, Messen und auch Darstellungen zur Verkaufsförderung wie etwa Innenansichten von Automobilen. Eine spezielle Anwendungsform sind Kunst-Panoramen, die beispielsweise aus Bildern zusammengesetzt werden, die ursprünglich nicht zusammengehören. Auf diese Weise ergeben sich interessante künstliche Welten.

Kunst und Kultur

In Großbritannien und den USA werden gelegentlich Panoramakameras bei der Spurensicherung und Dokumentation von Tatorten eingesetzt. Schauplätze von Verbrechen müssen nach einem gewissen Zeitraum wieder freigegeben werden und die Polizei fotografiert normalerweise nur die direkt mit der Tat in Verbindung gebrachten Details. Werden hingegen in allen Räumen einer Wohnung, in der ein Verbrechen geschehen ist, sphärische Panoramen aufgenommen, können während der Aufklärung des Falls in den Panoramabildern verschiedenste Details überprüft werden.

Tatortsicherung

Bei der Fotografie von Panoramen können mit Hilfe des Global Positioning Systems (GPS) die exakten Positionsdaten der jeweiligen Aufnahmestandorte erfasst werden. Auf diese Weise entstehen so genannte Mapping-Systeme. Hierbei handelt es sich um interaktive Karten, die für jedes Panoramabild zusätzlich die genauen Navigationsdaten anzeigen. Mapping-Systeme sind erweiterte virtuelle Rundgänge, hier können Panoramen mit Grafiken, Sound, Video und den GPS-Daten verknüpft werden.

Interaktive Karten mit GPS-Daten

Im Bereich der 3D-Grafik ist die natürliche Beleuchtung einer computergenerierten 3D-Szene ausschlaggebend für eine realistische Anmutung. Panoramen, die mit der High-Dynamic-Range-Technik (HDR) aufgenommen wurden, können als Grundlage für die Beleuchtung von 3D-Objekten

HDR-Panoramen dienen als Grundlage für Image Based Lighting

dienen. Anwendung findet diese Technik beispielsweise bei Science-Fiction-Filmproduktionen. Dort werden Modellszenen wie etwa Mondlandschaften mit speziellen sphärischen HDR-Kameras (SpheroCam HDR) aufgenommen. Das auf diese Weise erzeugte sphärische HDR-Bild kann als so genannte Lightmap für realitätsgetreue Lichteffekte auf einem computergenerierten Raumschiff verwendet werden. Dieser auf HDR-Bildern beruhende Beleuchtungseffekt bei 3D-Renderings nennt sich Image Based Lighting.

Objektmovies
Die Einsatzbereiche von Objektmovies sind vielfältig, so sind alle Arten der Produktpräsentation von technischen Geräten bis hin zu Möbeln vorstellbar. Auch im Modebereich kommen solche Objektmovies zum Einsatz, teilweise sogar mit echten Models, die auf entsprechend großen Drehtellern aufgenommen werden. Klassischer Anwendungsbereich der Objektmovies sind Shopsysteme im Internet. Durch die Präsentation der Produkte von allen Seiten und die haptische Empfindung bei der Drehung der Objekte wird ein Mehrwert erzeugt, der die Kunden zum Kauf anregen kann.

15. Ausblick

Die in den vorigen Kapiteln präsentierten Stitching-Programme sind ausschließlich in der Lage, Bilder mit gleicher Größe und Brennweite zu stitchen. Darüber hinaus müssen bei den meisten Verfahren die Überlappungsbereiche manuell festgelegt werden. Am Wilhelm-Schickard-Institut für Informatik im Bereich Graphisch-Interaktive Systeme (GRIS) der Universität Tübingen wird derzeit eine Software entwickelt, die es erlaubt, Bilder mit unterschiedlicher Brennweite zu stitchen. Zudem ist die Software in der Lage, die Bilder automatisch zusammenzusetzen. Die Überlappungsbereiche werden selbsttätig erkannt, vorausgesetzt, die Bilder haben einen ausreichend hohen Kontrastumfang. So kann die Software korrespondierende Punkte in den Einzelbildern erkennen und diese zusammenfügen. Bislang erstellt die Software plane Bilder, es wird momentan an der zylindrischen und sphärischen Projektion dieser Panoramen gearbeitet. Nähere Informationen zum Stand der Software-Entwicklung erhalten Sie unter: http://www.gris.uni-tuebingen.de/~biber [Stand 12.05.2003].

Software mit automatisiertem Stitching-Prozess

Außer den hier vorgestellten Panoramen, die aus Standbildern gefertigt werden, gibt es auch Bewegtbild-Panoramen, die Videobilder als Grundlage verwenden. Der Betrachter bekommt hier den Bildausschnitt eines Videos präsentiert und kann darin auf bekannte Weise mit der Maus navigieren. Ein Beispiel dafür bietet die Firma iMove Spherical Video. Auf deren Website ist das benötigte Plug-in erhältlich und es können einige Beispielvideos angesehen werden: http://www.imoveinc.com [Stand 31.03.2003]. Das System arbeitet mit einer 6-Linsen-Videokamera, die alle Bildbereiche auf einmal erfasst. Die sechs Einzelvideos werden mit spezieller Software zu einem sphärischen Video zusammengefügt. Ein ganz ähnliches System bietet die Firma Immersive Media an. Nähere Informationen erhalten Sie unter: http://immersivemedia.com [Stand 31.03.2003].

Videopanoramen

Die Firma iPIX vertreibt ebenfalls ein System für sphärische Videopanoramen, die so genannten iPIX-Movies. Hier wird das bei iPIX gebräuchliche 8-mm-Fisheye-Prinzip angewandt. Es gibt spezielle Doppel-Fisheye-Objektive für Videokameras, die es ermöglichen, gleichzeitig die beiden Fisheye-Videospuren aufzuzeichnen. Mit der iPIX-Movie-Software werden die beiden Video-Hemisphären zu einem sphärischen iPIX-Movie gestitcht. Auf der iPIX-Website können Sie einige Beispiele betrachten: http://www.ipix.com/products/im/movies/index.shtml [Stand 31.03.2003].

Anwendungsgebiete für
Videopanoramen

Für solche Videoanwendungen sind vielfältige Einsatzmöglichkeiten vorstellbar. Diskussionsrunden, Sportereignisse oder Konzerte, bei denen verschiedene Aktionen zeitgleich stattfinden, sind potentielle Einsatzgebiete für eine 360°-Videoaufzeichnung. Man kann dem Betrachter so einen individuellen Blick hinter die Kulissen ermöglichen, der beispielsweise bei Konzertveranstaltungen normalerweise nicht realisierbar wäre. Weitere Einsatzbereiche können Musikclips, Werbefilme oder Firmenpräsentationen sein. Hier bekommt der Betrachter die Möglichkeit, im Video zu navigieren und selbst bei mehrfachem Betrachten desselben Clips immer wieder neue Details zu entdecken.

Fotogrammetrie

Momentan wird von der Firma Spheron eine Software entwickelt, mit der es möglich sein wird, anhand von zwei sphärischen Panoramabildern Räume und Gegenstände exakt zu vermessen. Dieses auf Fotos basierende Messverfahren nennt sich Fotogrammetrie. Während die planare Fotogrammetrie schon seit längerer Zeit praktiziert wird, bildet die Entwicklung der sphärischen Fotogrammetrie eine interessante Neuerung. Aus zwei vollsphärischen Aufnahmen können über einen Bündelausgleich diverse Abstände in den betreffenden Räumen exakt berechnet werden. Anwendung findet die Fotogrammetrie in Architektur, Kultur und Archäologie, sie kann jedoch beispielsweise auch bei der Vermessung von Geländen zum Einsatz kommen. Wann die Software auf den Markt kommt, stand zum Zeitpunkt der Recherche noch nicht fest. Nähere Informationen erhalten Sie unter: http://www.spheron.com [Stand 29.04.2003].

HDR-Viewer

Es wurde ein neuer HDR-Viewer angekündigt, mit dem sphärische High-Dynamic-Range-Panoramen betrachtet werden können. Die spezielle HDR-Funktion ermöglicht es, dass beim Betrachten des Panoramas jederzeit zwischen den verschiedenen Helligkeitsstufen gewechselt werden kann. Auf diese Weise können sowohl sehr helle als auch sehr dunkle Bildbereiche detailliert betrachtet werden. Neben den bei den meisten Viewern üblichen Funktionen wie Schwenken und Zoomen ist es bei diesem Viewer möglich, im Bild auf und ab zu shiften. Das bedeutet, man kann sich von einer Stelle aus parallel hoch und runter bewegen, was in etwa vergleichbar ist mit dem optischen Eindruck, den man beim In-die-Knie-Gehen hat. Informationen zu diesem HDR-Viewer erhalten Sie unter: http://www.spheron.com [Stand 29.04.2003]. Der HDR-Viewer wird nach Beendigung der Testphase bei Spheron zum Download bereitstehen.

Computergenerierte
Objektmovies aus zwei
Einzelbildern

Für computergenerierte Objektmovies gibt es seit kurzem einfachere Lösungen als die Verwendung einer Vielzahl von Einzelbildern. Mit spezieller Software wie 1-2-3D ist es möglich, aus lediglich zwei Abbildungen eines Objektes automatisch ein 3D-Drahtgittermodell zu generieren. Die Fotos des betreffenden Objekts können dem Drahtgittermodell als Oberflächentextur dienen. So wird ein realistischer Eindruck erzeugt. Zudem kann das Objekt auf diese Weise relativ einfach von allen Seiten gezeigt werden. Weitere Informationen zu der Software 1-2-3D erhalten Sie unter: http:// www.motionparallax.com/1-2-3Dinstructions.htm [Stand 28.04.2003].

Für die Darstellung von Räumen wird derzeit von Spheron ein ähnliches Verfahren entwickelt. Hierbei dienen sphärische Panoramabilder als Grundlage für die Nachbildung kompletter Räume in 3D-Programmen. Aus dem Panoramabild wird mit spezieller Software automatisch ein Drahtgittermodell des Raumes inklusive aller darin befindlichen Gegenstände erstellt. Das Panoramabild dient gleichzeitig als Oberflächentextur für dieses Drahtgittermodell. Auf diese Weise können Räume schneller als bisher üblich modelliert werden. Voraussetzung für diesen zeitsparenden Produktionsweg ist allerdings die Verwendung einer digitalen Panoramakamera. Ab wann die Software auf dem Markt erhältlich sein wird, stand zum Zeitpunkt der Recherche noch nicht fest. Nähere Informationen erhalten Sie unter: http://www.spheron.com [Stand 29.04.2003].

Computergenerierte Raumdarstellungen über sphärische Panoramen

Über einen neuentwickelten Browser ist es möglich, virtuelle 3D-Welten zu erkunden. Dort können Panoramen und Objekte frei platziert und betrachtet werden. Ebenso besteht die Möglichkeit, 3D-Objekte mit Musik, Text und Bildern zu kombinieren. Dieses erste Activeworlds-Universum in Deutschland nennt sich 3D-Netz und ermöglicht den Benutzern das gemeinsame Durchwandern dieser 3D-Welt. Hierbei können die Besucher über einen Chat miteinander kommunizieren und so beispielsweise Online-Galerien gemeinsam besuchen. Weitere Informationen zum 3D-Netz sowie den Download des Browsers bietet der Hersteller unter: http://www.3dnetz.de [Stand 30.04.2003].

Interaktive 3D-Welt

A. Literatur und Quellen

A.1 Literaturverzeichnis

- Altmann, Ralph: Digitale Fotografie & Bildbearbeitung
  Midas / PRO, Zürich 2001
- Apple QuickTime Authoring Studio User's Manual
  Apple Computer Inc., Cupertino 1997
- Bedienungsanleitung Roundshot 28/220
  SEITZ Phototechnik AG, Lustdorf 2002
- Bedienungsanleitung Roundshot Super Digital II
  SEITZ Phototechnik AG, Lustdorf 2002
- Biere, Julien: Professionelle Dia-AV
  Photographie-Verlag, Schaffhausen 1998
- Comment, Bernard: Das Panorama
  Nicolai'sche Verlagsbuchhandlung, Berlin 2000
- easyPanoram Bedienungsanleitung
  Nightshift Multimedia, Hamburg 2003
- Falk, David u.a.: Ein Blick ins Licht
  Springer-Verlag, Berlin 1990
- Gulie, Steven: QuickTime for the Web
  Morgan Kaufmann, London 2001
- Häßler, Ulrike u.a.: Digitale Fotografie
  Springer-Verlag, Berlin 1998
- Hedgecore, John: Meine große Fotoschule
  Christian-Verlag, München 1995
- iPIX Builder Manual
  Internet Pictures Corporation, Oak Ridge 2001
- Kastenholz, Frank u.a.: QuickTime 6
  Galileo Press, Bonn 2003
- Kneißl, Michael: Scannen wie die Profis
  dtv / KNO, München 2000

- Koren, Gerhard: Adobe Photoshop 7
Galileo Press, Bonn 2003

- McClelland, Deke: Die Photoshop 6 Bibel
mitp-Verlag, Bonn 2001

- Nischke, Michael: Panoramafotografie
Augustus-Verlag, Augsburg 1994

- REALVIZ Stitcher User Guide
REALVIZ, S.A., Valbonne 2002

- Richter, Günther: Foto-Handbuch
vfv-Verlag, Gilching 1991

- Richter, Günter: Weitwinkelfotografie
vfv-Verlag, Gilching 1988

- Schmidt, Udo: Digitale Fotografie
Franzis / PRO, Poing 2002

- Spheron Cam User Manual
Spheron VR AG, Waldfischbach-Burgalben 2003

- Strutz, Tilo: Bilddatenkompression
Vieweg Verlag, Wiesbaden 2000

- VR Worx Manual
VR Toolbox Inc., Pittsburgh 1999

A.2 Internetquellenverzeichnis

- http://360vr.com/ptvr/anasazi.html [Stand 08.03.2003]
- http://developer.apple.com/techpubs [Stand 20.05.2003]
- http://developer.apple.com/techpubs/quicktime/qtdevdocs/IQT_QTVR/3Chap/_Compositin_R_Panoramas.html [Stand 29.06.2003]
- http://germany.real.com [Stand 15.04.2003]
- http://home.no.net/dmaurer/~dersch/Index.htm [Stand 12.02.2003]
- http://home.no.net/dmaurer/~dersch/PTVJ/doc.html [Stand 02.04.2003]
- http://immersivemedia.com [Stand 31.03.2003]
- http://java.sun.com/getjava/de [Stand 10.03.2003]
- http://java.sun.com [Stand 20.03.2003]
- http://michel.thoby.free.fr [Stand 19.03.2003]
- http://selfhtml.teamone.de [Stand 28.01.2003]
- http://www-3.ibm.com/software/ad/hotmedia/about [Stand 30.03.2003]
- http://www-3.ibm.com/software/awdtools/hotmedia [Stand 02.04.2003]

- http://www.3dnetz.de [Stand 30.04.2003]
- http://www.adobe.de [Stand 13.01.2003]
- http://www.all-in-one.ee/~dersch/barrel/barrel.html [Stand 23.03.2003]
- http://www.all-in-one.ee/~dersch/PTVJ/doc.html [Stand 02.04.2003]
- http://www.all-in-one.ee/~dersch/PTVJ/helpers.html [Stand 02.04.2003]
- http://www.alteredearth.com [Stand 12.02.2003]
- http://www.alteredearth.com/vr/cubicvr/shaft1.htm [Stand 08.03.2003]
- http://www.apple.com [Stand 28.01.2003]
- http://www.apple.com/hardware/gallery [Stand 08.03.2003]
- http://www.apple.com/quicktime/download [Stand 10.03.2003]
- http://www.apple.com/quicktime/gallery/cubicvr [Stand 08.03.2003]
- http://www.cirkutpanorama.com [03.04.2003]
- http://www.clickheredesign.com.au [Stand 29.03.2003]
- http://www.debevec.org [Stand 06.03.2003]
- http://www.debevec.org/HDRShop [Stand 24.03.2003]
- http://www.digital-fotolabor.de [Stand 08.03.2003]
- http://www.digitalkamera.de [Stand 12.03.2003]
- http://www.digitalkamera.de/Info/Workshop/Panorama/NodalPoint3-de.asp [Stand 10.03.2003]
- http://www.dphoto.de/know/terms.php [Stand 10.04.2003]
- http://www.easypanoram.de [Stand 27.05.203]
- http://www.eyesee360.com/photowarp [Stand 13.05.2003]
- http://www.ex.ac.uk/bill.douglas/collection/panorama/barker.html [Stand 10.03.2003]
- http://www.foto-net.de [Stand 10.04.2003]
- http://www.gregdowning.com [Stand 06.03.2003]
- http://www.grigull.com [Stand 01.04.2003]
- http://www.gris.uni-tuebingen.de/~biber [Stand 12.05.2003]
- http://www.imoveinc.com [Stand 31.03.2003]
- http://www.ipix.com [Stand 30.03.2003]
- http://www.ipix.com/support/download [Stand 02.04.2003]
- http://www.ipix.com/products/im/movies [Stand 31.03.2003]
- http://www.ipixstore.com [Stand 14.05.2003]
- http://www.kaidan.com [Stand 15.03.2003]
- http://www.kaidan.com/nightri.html [Stand 08.03.2003]
- http://www.kekus.com [Stand 21.02.2003]

- http://www.kodak.de [Stand 08.03.2003]
- http://www.kodak.de/DE/de/consumer/pictureCD [Stand 31.01.2003]
- http://www.microsoft.com/germany [Stand 24.02.2003]
- http://www.motionparallax.com [Stand 28.04.2003]
- http://www.netscape.de [Stand 23.02.2003]
- http://www.outline.be/quicktime/musee3d.html [Stand 08.03.2003]
- http://www.panoguide.com [Stand 19.02.2003]
- http://www.panoguide.com/publish/viewers.html [Stand 15.03.2003]
- http://www.panorama-hardware.de [Stand 10.02.2003]
- http://www.panorama-museum.de [Stand 10.03.2003]
- http://www.panoscan.com [Stand 20.02.2003]
- http://www.parallelgraphics.com/developer [Stand 29.05.2003]
- http://www.parallelgraphics.com/products/cortona [Stand 03.06.2003]
- http://www.pbs.org/wnet/newyork/hidden [Stand 08.03.2003]
- http://www.photocd.de [Stand 31.01.2003]
- http://www.ptgui.com [Stand 21.02.2003]
- http://www.realviz.com [Stand 08.01.2003]
- http://www.roundshot.ch [21.03.2003]
- http://www.roundshot-labor.de [Stand 01.04.2003]
- http://www.smgvr.com [Stand 05.06.2003]
- http://www.soh.nsw.gov.au/virtual_tour/vrtour.html [Stand 08.03.2003]
- http://www.sorenson.com [Stand 10.02.2003]
- http://www.spheron.de [Stand 20.02.2003]
- http://www.totallyhip.com/lo/products/lsp [Stand 05.06.2003]
- http://www.ueckermann.de [Stand 15.02.2003]
- http://www.vertrieb.marc-kairies.de [Stand 31.03.2003]
- http://www.vrhotwires.com/beetle-pano.mov [Stand 08.03.2003]
- http://www.vrmlsite.com [Stand 03.06.2003]
- http://www.yadegarasisi.com [Stand 10.03.2003]
- http://www.worldserver.com/turk [Stand 29.03.2003]
- QuickTime VR Mailingliste. Hier werden Tipps von Profis angeboten und es kann im Archiv nach bestimmten Themen gesucht werden. Anmeldung und Infos unter:
  http://lists.apple.com/mailman/listinfo/quicktime-vr [Stand 12.03.2003]
- Immersive Imaging Mailingliste. Hier sind Informationen und Tipps für die Panoramaproduktion mit PTools erhältlich. Anmeldung unter:
  http://groups.yahoo.com/group/PanoTools [Stand 15.05.2003]

A.3 Bildquellen

Die Abbildungen in den Kapiteln 4.1.1, 4.1.3 und 4.1.4 sind Screenshots der Software PTools. Copyright © 1998-2001 Helmut Dersch. Alle Rechte vorbehalten.

Die Abbildungen in Kapitel 4.2 sind Screenshots der Software HDR Shop. Copyright © 2001 University of Southern California. Alle Rechte vorbehalten.

Die Abbildungen in den Kapiteln 6.3.1, 6.3.2, 8.3.3 und 9.3.2 sind Screenshots der Software VR Worx. Copyright © 2003 VR Toolbox, Inc. Alle Rechte vorbehalten.

Die Abbildungen in den Kapiteln 6.3.4, 7.3.1, 7.3.2 und 9.3.1 sind Screenshots der Software REALVIZ Stitcher. Copyright © 2003 REAL-VIZ, S.A. Alle Rechte vorbehalten.

Die Abbildungen in Kapitel 6.3.3 sind Screenshots der Software PTGui. Copyright © 2002 New House Internet Services, B.V. Alle Rechte vorbehalten.
Die Abbildungen in Kapitel 7.2.1.1 sind Screenshots der Software Roundshot Super Digital. Copyright © 2003 SEITZ Phototechnik AG. Alle Rechte vorbehalten.

Die Abbildungen in Kapitel 7.2.1.2 sind Screenshots der Software SpheronCam. Copyright © 2003 Spheron VR AG. Alle Rechte vorbehalten.

Die Abbildungen in Kapitel 7.3.3 sind Screenshots der Software iPIX Builder. Copyright © 2003 Internet Pictures Corporation. Alle Rechte vorbehalten.

Die Abbildungen in Kapitel 7.3.4 sind Screenshots der Software easyPanoram. Copyright © 2003 Nightshift Multimedia. Alle Rechte vorbehalten.

Die Abbildungen in Kapitel 8.3.2 sind Screenshots der Software QTVR Edit Object. Copyright © 2003 Apple Computer, Inc. Alle Rechte vorbehalten.

Die Abbildungen in Kapitel 9.3.3 sind Screenshots der Software HotMedia. Copyright © 2003 IBM Corp. Alle Rechte vorbehalten.

Die Abbildungen der Roundshot-Kameras (Abb. 6.1 und Abb. 7.3) wurden freundlicherweise von Werner Seitz (Roundshot) zur Verfügung gestellt.

Die Abbildung der SpheroCam HDR (Abb. 7.6) wurde freundlicherweise von Marcus Weiß (Spheron) zur Verfügung gestellt.

Die Panoramabilder in Kapitel 6.2.2 wurde freundlicherweise von Torben Ohme zur Verfügung gestellt.

Die Panoramabilder in den Kapiteln 6.2.1.1 und 7.2.1.1 wurden freundlicherweise von Marc Kairies zur Verfügung gestellt.

Das Panoramabild in Kapitel 7.2.1.2 wurde freundlicherweise von Tim Kondermann zur Verfügung gestellt.

Das 3D-Modell, das in den Kapiteln 8.2.2 und 8.3.3 abgebildet ist, wurde freundlicherweise von Amazing 3D Graphics zur Verfügung gestellt.

Alle weiteren Bilder stammen von der Autorin.

B. Herstellerverzeichnis

B.1 Software

B.1.1 Software für zylindrische Panoramen

REALVIZ Stitcher
http://www.realviz.com [Stand 28.02.2003]

Panorama Tools (PTools)
http://www.path.unimelb.edu.au/~dersch [Stand 28.02.2003]
http://www.all-in-one.ee/~dersch [Stand 28.02.2003]

PTMac, PTGui und PTAssembler (User Interfaces für PTools)
http://www.kekus.com [Stand 28.02.2003]
http://ptgui.com [Stand 28.02.2003]
http://www.tawbaware.com/ptasmblr.htm [Stand 28.02.2003]

VR PanoWorx (Bestandteil von VR Worx)
http://www.vrtoolbox.com [Stand 28.02.2003]

iSeeMedia PhotoVista Panorama (Bestandteil von Reality Studio)
http://www.iseemedia.com [Stand 28.02.2003]

3D Vista
http://www.3dvista.com [Stand 28.02.2003]

QTVR Authoring Studio
http://www.apple.com/quicktime/qtvr/authoringstudio [Stand 28.02.2003]

Panorama Factory
http://www.panoramafactory.com [Stand 28.02.2003]

Ulead Cool 360
http://www.ulead.com/cool360 [Stand 28.02.2003]

Pixtra OmniStitcher
http://www.pixtra.com [Stand 28.02.2003]

PanaVue Image Assembler
http://www.panavue.com [Stand 28.02.2003]

D Vision Works D Joiner
http://www.d-vw.com [Stand 28.02.2003]

PixAround PixMaker
http://www.pixaround.com [Stand 28.02.2003]

Corel Photo-Paint
http://www.corel.com [Stand 28.02.2003]

B.1.2 Software für sphärische Panoramen

Panorama Tools (PTools)
http://www.path.unimelb.edu.au/~dersch [Stand 28.02.2003]
http://www.all-in-one.ee/~dersch [Stand 28.02.2003]

PTMac, PTGui und PTAssembler (User Interfaces für PTools)
http://www.kekus.com [Stand 28.02.2003]
http://ptgui.com [Stand 28.02.2003]
http://www.tawbaware.com/ptasmblr.htm [Stand 28.02.2003]

REALVIZ Stitcher
http://www.realviz.com [Stand 28.02.2003]

iPIX
http://www.ipix.com [Stand 28.02.2003]

easyPanoram
http://www.easypanoram.de [Stand 30.03.2003]

Panoweaver
http://www.easypano.com [Stand 28.02.2003]

PanaVue Image Assembler
http://www.panavue.com [Stand 28.02.2003]

D Vision Works D Joiner
http://www.d-vw.com [Stand 28.02.2003]

iMove Spherical Photo Solution
http://p3.imoveinc.com [Stand 28.02.2003]

B.1.3 Software für Objektmovies

VR ObjectWorx (Bestandteil von VR Worx)
http://www.vrtoolbox.com [Stand 28.02.2003]

Panorama Tools – PTStripe
http://www.path.unimelb.edu.au/~dersch [Stand 28.02.2003]
http://www.all-in-one.ee/~dersch [Stand 28.02.2003]

QuickTime-Player Pro
(Umwandlung einer Bildsequenz zu einem QuickTime-Movie)
http://www.apple.com/quicktime/upgrade [Stand 28.02.2003]

QTVR Edit Object
(Umwandlung eines QuickTime-Movies in ein QTVR-Objektmovie)
http://developer.apple.com/quicktime/quicktimeintro/tools
[Stand 28.02.2003]

QTVR Authoring Studio
http://www.apple.com/quicktime/qtvr/authoringstudio [Stand 28.02.2003]

iSeeMedia PhotoVista 3D Objects
http://www.iseemedia.com [Stand 28.02.2003]

SpinimageDV (Bietet Software plus Drehteller)
http://www.spinimagedv.com [Stand 28.02.2003]

3D Vista
http://www.3dvista.com [Stand 28.02.2003]

PixAround PixMaker
http://www.pixaround.com [Stand 28.02.2003]

B.1.4 Software für virtuelle Rundgänge

VR SceneWorx (Bestandteil von VR Worx)
http://www.vrtoolbox.com [Stand 28.02.2003]

REALVIZ Stitcher
http://www.realviz.com [Stand 28.02.2003]

Photovista Virtual Tour (Bestandteil von Reality Studio)
http://www.iseemedia.com [Stand 28.02.2003]

Panorama Tools – PTViewer
http://www.path.unimelb.edu.au/~dersch [Stand 28.02.2003]
http://www.all-in-one.ee/~dersch [Stand 28.02.2003]

QTVR Authoring Studio
http://www.apple.com/quicktime/qtvr/authoringstudio [Stand 28.02.2003]

HotMedia
http://www-3.ibm.com/software/ad/hotmedia [Stand 28.02.2003]

3D Vista
http://www.3dvista.com [Stand 28.02.2003]

CubicConnector
http://www.clickheredesign.com.au [Stand 28.02.2003]

B.1.5 Software zur Umwandlung von Panoramaformaten

REALVIZ Stitcher
http://www.realviz.com [Stand 28.02.2003]

Panorama Tools (PTools)
http://www.path.unimelb.edu.au/~dersch [Stand 28.02.2003]
http://www.all-in-one.ee/~dersch [Stand 28.02.2003]

PTMac, PTGui und PTAssembler (User Interfaces für PTools)
http://www.kekus.com [Stand 28.02.2003]
http://ptgui.com [Stand 28.02.2003]
http://www.tawbaware.com/ptasmblr.htm [Stand 28.02.2003]

QTVR Authoring Studio
http://www.apple.com/quicktime/qtvr/authoringstudio [Stand 28.02.2003]

PanoPost
http://www.kaidan.com/Detail.bok?no=75 [Stand 28.02.2003]

Panorama Factory
http://www.panoramafactory.com [Stand 28.02.2003]

CubicConverter
http://www.clickheredesign.com.au [Stand 28.02.2003]

B.1.6 HDR (High Dynamic Range)-Software

HDR Shop
http://www.debevec.org/HDRShop [Stand 03.03.2003]

Photogenics HDR
http://www.idruna.com/photogenicshdr [Stand 03.03.2003]

Full Dynamic Range Exposer
http://andreas-schoemann.de/fdrexposer [Stand 03.03.2003]

Photomatix
http://www.multimediaphoto.com/photomatix

B.1.7 Viewer-Software

QuickTime-Player
http://www.apple.com/quicktime/download [Stand 14.03.2003]

PTViewer
http://www.all-in-one.ee/~dersch/PTVJ/doc.html [Stand 14.03.2003]
http://home.no.net/dmaurer/~dersch/PTVJ/doc.html [Stand 14.03.2003]

iPIX-Plug-in
http://www.ipix.com/support/download/plugin.shtml [Stand 14.03.2003]

HotMedia
http://www-3.ibm.com/software/awdtools/hotmedia [Stand 14.03.2003]

VRML Cortona-Player
http://www.parallelgraphics.com/products/cortona [Stand 14.03.2003]

VRML Blaxxun Contact
http://www.blaxxun.com/services/support/download [Stand 14.03.2003]

VRML Cosmo-Player
http://www.cai.com/cosmo [Stand 14.03.2003]

Zoom Image Server (iSeeMedia-Plug-in)
http://www.iseemedia.com/products/zoom [Stand 14.03.2003]

Zoomify
http://www.zoomify.com/zoomifyer [Stand 14.03.2003]

Java
http://java.sun.com/getjava [Stand 14.03.2003]

B.1.8 3D-Software

Cinema 4D
http://maxon-computer.com [Stand 14.03.2003]

Maya
http://www.aliaswavefront.com [Stand 14.03.2003]

3D Studio Max
http://www.discreet.com/products/3dsmax [Stand 14.03.2003]

Softimage
http://www.softimage.com [Stand 14.03.2003]

B.1.9 Software zur Bildbearbeitung

Photoshop
http://www.adobe.de/products/photoshop [Stand 15.04.2003]

Gimp
http://www.gimp.org [Stand 18.04.2003]
http://www.gimp.de [Stand 18.04.2003]

Photo Impact
http://www.ulead.de/pi [Stand 15.04.2003]

Picture It
http://www.microsoft.com/germany/ms/pictureit [Stand 15.04.2003]

Panorama Tools (PTools)
http://www.path.unimelb.edu.au/~dersch [Stand 28.02.2003]
http://www.all-in-one.ee/~dersch [Stand 28.02.2003]

PTMac, PTGui und PTAssembler (User Interfaces für PTools)
http://www.kekus.com [Stand 28.02.2003]
http://ptgui.com [Stand 28.02.2003]
http://www.tawbaware.com/ptasmblr.htm [Stand 28.02.2003]

Lens Doc
http://www.andromeda.com [Stand 15.04.2003]

B.2 Equipment

B.2.1 Kamerahersteller

Canon
http://www.canon.de [Stand 04.03.2003]

Fuji
http://www.finepix.de [Stand 04.03.2003]

Leica
http://www.leica-camera.com [Stand 04.03.2003]

Minolta
http://www.minolta.de [Stand 04.03.2003]

Nikon
http://www.nikon.de [Stand 04.03.2003]

Olympus
http://www.olympus.de [Stand 04.03.2003]

Pentax
http://www.foto.pentax.de [Stand 04.03.2003]

Sony
http://www.sony.de [Stand 04.03.2003]

Konica
http://www.konica.de [Stand 04.03.2003]

Kodak
http://www.kodak.de [Stand 04.03.2003]

Agfa
http://www.agfa.de [Stand 04.03.2003]

Voigtländer
http://www.voigtlaender.de [Stand 04.03.2003]

Yashica
http://www.yashica.de [Stand 04.03.2003]

B.2.2 Objektivhersteller

Canon
http://www.canon.de [Stand 04.03.2003]

Leica
http://www.leica-camera.com [Stand 04.03.2003]

Minolta
http://www.minolta.de [Stand 04.03.2003]

Nikon
http://www.nikon.de [Stand 04.03.2003]

Olympus
http://www.olympus.de [Stand 04.03.2003]

Pentax
http://www.foto.pentax.de [Stand 04.03.2003]

Rollei
http://www.rollei.de [Stand 04.03.2003]

Sigma
http://www.sigma-foto.de [Stand 04.03.2003]

Tamron
http://www.tamron-europe.com [Stand 04.03.2003]

Tokina
http://www.tokina-usa.com [Stand 04.03.2003]

Yashica
http://www.yashica.de [Stand 04.03.2003]

Carl Zeiss
http://www.zeiss.de [Stand 04.03.2003]

B.2.3 Hersteller von Parabolspiegeln

EyeSee 360
http://www.eyesee360.com [Stand 01.03.2003]
http://www.kaidan.com [Stand 01.03.2003]

Behere
http://www.behere.com [Stand 01.03.2003]

Remote Reality
http://www.remotereality.com [Stand 01.03.2003]

B.2.4 Hersteller von Panoramakameras

Roundshot
http://www.roundshot.ch [Stand 28.02.2003]

Spheron
http://www.spheron.de [Stand 28.02.2003]

Panoscan
http://www.panoscan.com [Stand 28.02.2003]

Eyescan
www.kst-dresden.de [Stand 28.02.2003]

B.2.5 Hersteller von Panorama-Stativköpfen

Manfrotto
http://www.manfrotto.com [Stand 28.02.2003]

Kaidan
http://www.kaidan.com [Stand 28.02.2003]

Peace River Studios
http://www.peaceriverstudios.com [Stand 31.01.2003]

Accupan
http://www.accupan.com [Stand 28.02.2003]

Roundshot
http://www.roundshot.ch [Stand 28.02.2003]

B.2.6 Hersteller von Drehtellern für Objektmovies

Kaidan
http://www.kaidan.com [Stand 28.02.2003]

Accupan
http://www.accupan.com [Stand 28.02.2003]

Peace River Studios
http://www.peaceriverstudios.com [Stand 31.01.2003]

Roundshot
http://www.roundshot.ch [Stand 28.02.2003]

Corybant West
http://www.corybantwest.com [Stand 31.01.2003]

Anything 3D
http://www.anything3d.com [Stand 31.01.2003]

CD-ROM mit Beispieldateien

Diesem Buch liegt eine CD mit Beispieldateien (unter „Workshop") und Demo-Versionen der Software (unter „Demo-Versionen" bzw. „Viewer") bei. Im Buch wird in den jeweiligen Kapiteln auf die CD verwiesen, dort befinden sich dieselben Bilder, die in den jeweiligen Kapiteln im Buch gezeigt werden. Neben den Bildern sind zur besseren Nachvollziehbarkeit des Workflows schon bearbeitete Projektdateien der jeweiligen Software angelegt. Die beigefügten Rohbilder können zu Testzwecken natürlich auch mit anderen Software-Produkten, die ähnliche Funktionen anbieten, bearbeitet werden. Dies ist bei den Objektmovies relativ unkompliziert, so können alle hier vorgestellten Programme sowohl Singlerow- als auch Multirow-Objektmovies erzeugen. Auch bei der Produktion von zylindrischen Panoramen können die Rohbilder problemlos mit allen vorgestellten Programmen gestitcht werden. Lediglich bei den sphärischen und kubischen Panoramen sind nicht alle Programme in der Lage, sowohl „normale" Bilder als auch Fisheye-Bilder oder Bilder von Panoramakameras zu verarbeiten. Einen tabellarischen Überblick über die Funktionen der einzelnen Software-Produkte bietet Kapitel 12.

Um die interaktiven Panoramen und Objektmovies anschauen zu können, benötigen Sie das QuickTime-Plug-in, das iPIX-Plug-in, einen VRML-Viewer (beispielsweise den Cortona-Player) und Sie sollten Java in Ihrem Browser aktiviert haben. Wo Sie die erforderlichen Plug-ins herunterladen können, erfahren Sie unter Systemvoraussetzungen und im Readme-Text auf der beiliegenden CD. Einige Software-Hersteller haben uns freundlicherweise die Installationsdatei ihres Plug-ins zur Verfügung gestellt. Sie finden diese Dateien auf der CD im Ordner „Viewer".

Für nahezu alle hier vorgestellten Software-Produkte gibt es Demo-Versionen zum Download auf den Hersteller-Websites. Die Links sind jeweils im entsprechenden Kapitel aufgeführt, damit Sie sich die Software zum Testen herunterladen können. Einige Software-Hersteller haben uns genehmigt, Demo-Versionen ihrer Produkte auf der Buch-CD zu veröffentlichen. Sie finden diese Programme im Ordner „Demo-Versionen" auf der beigefügten CD.

Im Software-Bereich schreitet die Weiterentwicklung der Produkte sehr schnell voran. Daher lohnt sich vor der Installation von Programmen von der Buch-CD auf alle Fälle ein Besuch auf der Website des Herstellers. Hier sind gegebenenfalls aktuellere Versionen der Software erhältlich.

Systemvoraussetzungen:

PC:

ab Windows 98, 128 MB RAM, 400-MHz-Prozessor, 4fach-CD-ROM-Laufwerk, mindestens 100 MB freier Speicherplatz auf der Festplatte, Soundkarte, Farbmonitor mit einer Farbtiefe von 24-bit und einer Auflösung von mindestens 800 x 600 Pixel (empfohlen werden 1024 x 768 Pixel)

MAC:

ab Mac OS 8.6, 128 MB RAM, 400-MHz-Prozessor, 4fach-CD-ROM-Laufwerk, mindestens 100 MB freier Speicherplatz auf der Festplatte, Soundkarte, Farbmonitor mit einer Farbtiefe von 24-bit und einer Auflösung von mindestens 800 x 600 Pixel (empfohlen werden 1024 x 768 Pixel)

Um die Panoramen und Objektmovies betrachten zu können, werden folgende Viewer benötigt. Die Download-Links sind jeweils angegeben:

- QuickTime-Plug-in ab Version 5

  http://www.apple.com/quicktime/download [Stand 10.03.2003]

- iPIX-Plug-in

  http://www.ipix.com/support/download.shtml [Stand 10.03.2003]

- VRML Cortona-Player

  http://www.parallelgraphics.com/products/cortona [Stand 10.03.2003]

- Außerdem muss Java installiert und im Browser aktiviert sein

  http://java.sun.com/getjava/de [Stand 10.03.2003]

Glossar

Auflösung

Unter Auflösung versteht man die Anzahl der Bildpunkte (Pixel) in horizontaler und vertikaler Richtung. Je höher die Auflösung, desto detailreicher ist die Darstellung des betreffenden Bildes. Die Auflösung kann als absoluter Wert (1024 x 768 Pixel) oder als relativer Wert (72 **dpi**) angegeben werden. Die relative Auflösung gibt an, wie viele Bildpunkte pro Längeneinheit in einem Bild vorhanden sind.

Bildwinkel

Die von einem Kameraobjektiv erfasste Fläche nennt sich Bildwinkel. Dieser Winkel ist abhängig vom Aufnahmeformat und der Brennweite des Objektivs. Der Bildwinkel wird in Grad angegeben.

Blooming

Hierunter versteht man eine unerwünschte Überstrahlung im Bild, meistens in Form von Spitzlichtern. Muss ein Element des **CCD-Chips** bedingt durch das Motiv sehr viel Licht aufnehmen, entsteht dort eine extrem hohe elektrische Ladung. Diese wird dann auch an benachbarte Elemente weitergegeben. Die ausgelesene Bildinformation ist dann immer weiß ohne weitere Zeichnung.

CCD-Chip

Abkürzung für **C**harge **C**oupled **D**evice. Der CCD-Chip ist ein Bauelement, das aus mehreren Fotozellen besteht. Diese Fotozellen geben abhängig vom Lichteinfall eine Spannung ab, die im CCD-Chip als elektrische Ladung gespeichert wird.

Chromatische Aberration

Abbildungsfehler bei Objektiven, der entsteht, wenn Lichtstrahlen, abhängig von ihrer Wellenlänge, unterschiedlich von einer Linse gebrochen werden und somit nicht exakt auf demselben Punkt auf der Bildebene auftreffen. Sichtbar wird dieser Fehler durch Unschärfen und Farbsäume.

Codec

Abkürzung für **Compressor** / **Dec**ompressor. Codecs werden meist im Videobereich zur Kompression des Bildmaterials verwendet, beispielsweise der Sorenson-Codec.

Cubical

Würfelförmige Projektion, die für jede der sechs Seiten eines Würfels ein quadratisches Bild verwendet.

Cylindrical

Zylindrische Projektion, bei der die vertikale Blickrichtung begrenzt ist. Ein zylindrisches Bild ist für den Druck geeignet.

DPI

Abkürzung für die englische Bezeichnung **Dots Per Inch**. Das Maß dpi bezeichnet bei einem Ausgabegerät (Bildschirm oder Drucker) die Anzahl der Bildpunkte pro Zoll (2,54 cm).

Equirectangular

Rechtwinklige Darstellung einer sphärischen Ansicht, auch sphärisches Bild genannt.

Field of View (FOV)

Englische Bezeichnung für den **Bildwinkel**. Die von einem Kameraobjektiv erfasste Fläche, abhängig vom Aufnahmeformat und der Brennweite des Objektivs. Der Bildwinkel wird in Grad angegeben, jeweils in Bezug auf 360°.

Fotogrammetrie

Die Fotogrammetrie ist ein Messverfahren zur Bestimmung der Form, Größe und Lage eines Objektes mit Hilfe von Fotografien. Die Messungen werden nicht am Objekt selbst, sondern in den Bildern vorgenommen.

Gammawert / Gammakurve

Der Gammawert beschreibt den Tonwertumfang (die Farbverteilung zwischen dem Schwarz- und dem Weißpunkt) eines Bildes. Monitore, Kamerachips, Filmmaterial etc. haben in der Regel spezifische Gammakurven, die durch eine so genannte Gammakorrektur aneinander (zumindest näherungsweise) angepasst werden können.

Global Positioning System (GPS)

System zur weltweiten Ortsbestimmung des Nutzers durch Satelliten. GPS wird in der Schifffahrt und zunehmend auch für Kfz-Navigationssysteme genutzt.

High Dynamic Range (HDR)

Der Dynamic Range bezeichnet den Dynamikumfang eines Bildes zwischen hellen und dunklen Stellen im Motiv. HDR beschreibt ein Verfahren, in dem annähernd der reale Kontrastumfang einer Szene auf dem Aufnahmemedium wiedergegeben wird. Bei HDR-Bildern werden für jedes Pixel nicht nur die Farbinformation gespeichert, sondern auch die Summe des Lichts, die an dieser bestimmten Stelle auftrifft.

HTML

Abkürzung für **H**yper**T**ext **M**arkup **L**anguage. HTML ist die Sprache, mit der Webseiten entwickelt werden. Es handelt sich nicht um eine Programmiersprache, daher fehlen Schleifen, Bedingungen und andere Steuerelemente, die Programmiersprachen auszeichnen. Befehle werden als **Tags** bezeichnet, die Bestandteile einer Webseite als Objekte oder Elemente.

Image Based Lighting

Die natürliche Beleuchtung einer 3D-Szene ist ausschlaggebend für eine realistische Anmutung. Beim Image Based Lighting wird die Lichtinformation, die in Form eines HDR-Bildes eingefangen wurde, für die Beleuchtung einer computergenerierten Szene verwendet.

Interpolation

Berechnung eines unbekannten Wertes aus mindestens zwei bekannten Werten. Dieses Verfahren wird häufig zur Vergrößerung oder Verkleinerung von Bildern eingesetzt durch Hinzurechnen bzw. Eliminieren von Pixeln. Die Güte des Interpolationsverfahrens entscheidet über die resultierende Bildqualität.

Java-Applet

Als Applets bezeichnet man "unselbstständige" Java-Programme, die in eine Webseite integriert sind, im Gegensatz zu Java-Applikationen, welche selbstständig laufende Programme sind.

Koeffizient

Multiplikator von veränderlichen Größen bei mathematischen Funktionen.

Nodalpunkt

Der Punkt, um den Kamera und Objektiv gedreht werden müssen, damit kein **Parallaxefehler** zwischen Bildvordergrund und -hintergrund entsteht. Vorder- und Hintergrund dürfen sich beim Schwenken nicht gegeneinander verschieben. Das optische Zentrum einer Kamera- und Objektivkombination wird als Nodalpunkt bezeichnet.

Parallaxefehler

Die Parallaxe ist der Winkel, den zwei Geraden bilden, die von verschiedenen Standorten auf einen Punkt gerichtet sind. Dieser Winkel und somit auch der Abstand der beiden Gegenstände zueinander müsste gleich bleiben. Ist das nicht der Fall, spricht man vom Parallaxefehler. Dieser Fehler tritt vor allem dann sichtbar in Erscheinung, wenn sich Objekte relativ dicht vor der Kamera befinden. Man kann diesen Fehler vermeiden, indem man die Kamera auf dem Stativ so befestigt, dass das optische Zentrum der Kamera- und Objektivkonstruktion genau auf der Drehachse des Stativs liegt.

PPI

Abkürzung für die englische Bezeichnung **Point Per Inch**. Das Maß ppi bezeichnet bei Eingabegeräten (Scanner) die Anzahl der gewonnenen Bildpunkte pro Zoll (2,54 cm).

Rectangular

Rechtwinklige Abbildung eines mit einem „normalen" Objektiv aufgenommenen Bildes.

Rektilinear

Ein rechtwinklig abbildendes Objektiv wird auch als rektilineares Objektiv bezeichnet. Wobei rektilinear die Eigenschaft beschreibt, gerade Linien und Winkel auch als solche abzubilden. In der Regel werden diese Objektive als „normale" Objektive bezeichnet.

Rendern

Englische Bezeichnung für „darstellen" oder „wiedergeben". Rendering beschreibt den Rechenprozess beim Generieren von Digitalbildern. Im CAD- und 3D-Bereich werden die Modelle bei der Bearbeitung in einer einfachen Qualität auf dem Bildschirm dargestellt. Für die Bildausgabe werden ausgewählte Bildbereiche durch Rendering optisch aufgewertet.

Spherical

Kugelförmige Projektion, bei der die komplette Kameraumgebung in einem Panoramabild dargestellt wird.

Spline

Spline-Kurven dienen beispielsweise dazu, gerundete Linien (CAD), Querschnitte von Objekten (3D-Modellierung) oder Bewegungspfade (Animationen) festzulegen. Spline-Flächen erlauben, organisch runde Körper zu bilden. Sie schmiegen sich an Kontrollpunkte an, die im Raum platziert sind. Durch Verschieben dieser Kontrollpunkte werden die Splines geformt. Von den verschiedenen Spline-Kurven und -Flächen sind die Bézier-Kurven am bekanntesten.

Stitchen

Der Begriff „Stitchen" kommt aus dem Englischen und bedeutet wörtlich übersetzt „Nähen". Man bezeichnet damit das nahtlose Zusammenfügen von Einzelbildern zu Panoramen.

Tag

Die Webseiten im Internet sind mit der Sprache **HTML** formatiert. Die einzelnen Kommandos bezeichnet man als Tags (englisch für „Markierung"). Sie werden in spitzen Klammern eingeschlossen: <Tag>.

Thumbnail

Englische Bezeichnung für „Daumennagel". Hierbei handelt es sich um die kleine Voransicht eines digitalen Bildes. Thumbnails werden normalerweise verwendet, um eine größere Menge von Bildern zu überblicken. Bei Klick auf ein Thumbnail wird üblicherweise das größere Bild dargestellt.

URL

Abkürzung für **U**niform **R**esource **L**ocator. Die URL ist die exakte Adresse einer Datei im Internet. Durch diese Adresse ist ein Internetangebot eindeutig identifizierbar und adressierbar.

Verzeichnung / Verzerrung

Ein häufiger Objektivfehler, der dazu führt, dass gerade Linien gekrümmt abgebildet werden. Ist die Verzeichnung in Richtung des Betrachters gewölbt, nennt man sie kissenförmig. Wenn die Abbildung optisch vom Betrachter weg gewölbt ist, spricht man von tonnenförmiger Verzeichnung.

Vignettierung

Mit Vignettierung bezeichnet man die häufig auftretende Abdunkelung der Bildecken. Während die Bildmitte korrekt belichtet wird, erscheinen die Bildränder mit zunehmendem Abstand vom Bildmittelpunkt leicht unterbelichtet. Dieser Abbildungsfehler tritt verstärkt bei Weitwinkelobjektiven auf.

VRML

Abkürzung für **V**irtual **R**eality **M**odeling **L**anguage. VRML ist eine Sprache, die zur Beschreibung von dreidimensionalen, computergenerierten Szenen benutzt wird. Sie wird dazu eingesetzt, virtuelle Welten im Internet darzustellen.

Zeilensprungverfahren

Darstellungsmethode im Videobereich, bei welcher der Bildaufbau nicht Zeile für Zeile erfolgt, sondern nacheinander erst alle geraden und dann alle ungeraden Zeilen geschrieben werden. Das Zeilensprungverfahren (Interlaced) benötigt nur die halbe Bildfrequenz im Vergleich zur Darstellung ohne Zeilensprung. Die auf diese Weise erzeugten Bilder neigen allerdings zum Flimmern.

Index

V

Vergleich
    Aufnahmetechnik   187
    Software   191
    Viewer   197
Verzeichnung   15, 37, 231
    lineare   15, 37
    perspektivische   16, 40
Videokameras   25, 54, 205
Viewer   165, 197
    Cortona VRML-Viewer   182, 199
    iPIX   176, 198
    HotMedia   179, 198
    PTViewer   169, 198
    QuickTime   165, 197
Vignettierung   17, 41
Virtual Walks   5, 149, 172
Virtuelle Rundgänge   5, 149, 172
VRML   182, 199
VR ObjectWorx   141
VR PanoWorx   67, 70
VR SceneWorx   154
VR Worx   67, 70, 141, 154, 193

W

Walk Around   131, 133
Website   167, 170, 176, 179, 182
Weitwinkelobjektiv   11, 13, 15, 37
Workshop
    Kubische Panoramen   93
    Objektmovies   127
    Sphärische Panoramen   93
    Virtuelle Rundgänge   149
    Zylindrische Panoramen   59

Z

Zeilensprungverfahren   55, 232
Zoom-Navigation   199, 200
Zoomobjektiv   15, 17, 22, 53
Zylindrische Panoramen   59